本书受浙江省高校重大人文社科攻关计划项目资助
（构建精准化教师培训模式：基于教师社会功能的
超扫描研究 2018GH018）

像心理学家一样看教育

Xiang Xinlixuejia Yiyang Kan Jiaoyu

孙炳海　高建伟　著

高等教育出版社·北京

内容提要

教师是人类灵魂的工程师，是人类文明的传承者。教师的综合素质受多种因素影响，其中心理因素尤其重要。本书精选100余篇科普短文，用活泼生动的文字、深入浅出的心理学理论解读教师生活的方方面面，帮助教师面对工作与生活中的各种问题，试图用心理学研究成果帮助教师掌握相应的技能和方法，从而提升教师的综合素质。

本书适合各级各类教师以及对教育问题感兴趣的人士阅读参考。

图书在版编目（CIP）数据

像心理学家一样看教育 / 孙炳海,高建伟著. --北京：高等教育出版社,2019.11
ISBN 978-7-04-051414-8

Ⅰ. ①像… Ⅱ. ①孙… ②高… Ⅲ. ①教育心理学 Ⅳ. ①G44

中国版本图书馆 CIP 数据核字(2019)第 036044 号

策划编辑 姚云云　责任编辑 姚云云　封面设计 王　鹏　版式设计 杜微言
插图绘制 于　博　责任校对 张　薇　责任印制 尤　静

出版发行 高等教育出版社
社　　址 北京市西城区德外大街4号
邮政编码 100120
印　　刷 北京市大天乐投资管理有限公司
开　　本 787mm×960mm　1/16
印　　张 17.25
字　　数 250千字
购书热线 010-58581118
咨询电话 400-810-0598
网　　址 http://www.hep.edu.cn
　　　　 http://www.hep.com.cn
网上订购 http://www.hepmall.com.cn
　　　　 http://www.hepmall.com
　　　　 http://www.hepmall.cn
版　　次 2019年11月第1版
印　　次 2019年11月第1次印刷
定　　价 55.00元

物 料 号 51414-00

前言

科学心理学以可量化的实验来研究心理学，摈弃了很多主观臆测，突出了心理学的科学属性。科学心理学是培育自尊自信、理性平和、积极向上的社会心态的精神养料。它的传播顺应了社会主义新时代发展的要求。在新媒体时代的今天，教师可以通过各种途径接触到大量有关心理学的信息，但这些信息泥沙俱下，科学心理学与伪心理学并存。而学术界长期以来致力于科学心理学的理论研究，在满足实际应用领域还需要深入的实践。如何让心理学更好地服务于教师一直是科学心理学尤其教育心理学工作者思考的一大问题。

本书作者孙炳海教授在20年的心理学教学科研和指导中小学教师职业发展过程中，经常会遇到教师们关心的一些有趣的教育教学现象与问题，作者对这些现象与问题进行了梳理，试图用心理学的理论和实验来解释说明，并对教学实践提出有针对性的意见或建议，尝试以此服务广大教师。

本书的第一个特点是为读者提供有用的科学心理学理论和有趣的科学心理学方法。文中100多个案例均为学生和教师日常生活中发生的一些有趣的现象、值得人们思考的事件。透过案例，本书将带领读者走进科学心理学的世界。每篇文章都用生动有趣的生活案例引入那些看似高深的心理学知识，并有严谨的实验和理论做支撑，且以有用可行的举措来收尾。“案例–实验（理论）–策略”这种简洁明了的呈现方式更有利于教师和学生问题的解决和知识的创新。

本书的第二个特点是100多个案例的理论与方法相对独立，有利于读者利用碎片化的时间学习，但它们合在一起又不失教育–社会心理学的整体性。读者可以根据个人兴趣，以问题解决为中心，通过零存整取式的学习策略，将碎片化知识积累重组成整体性的知识体系。因此，整本书通过短小精湛的科普短文为读者呈现实用的心理学知识，提供问题解决策略，将碎片化的知识不断积累和扩充，逐步构建起一个整体的科学心理学知识体系。全书共收集文章115篇，分为技能与策略、习惯与健康、沟通与交往、调适与成长、课外与校外五编。这些文章从帮助读者了解生活现象背后的认知和动机开始，逐步使读者懂得如何将心理学技术运用于沟通与交往、如何把握教育与管理的基本规律、提升专业技能；帮助读者认识并养成良好习惯以提高工作效率、促进健康；让读者学会自我调适，促进自身成长。本书通俗易懂，可以帮助读者将专业的心理学知识与实际生活相联系，体会心理学知识在教育教学实践与生活中灵活运用的奥妙，最终促使读者举一反三，能像心理学家那样分析教育教学中的问题。

美国心理学家乔治·凯利(George Cayly)说过，“每个人都是科学家”。就是说所有的人都有动机想去理解冲击我们的刺激，如同科学家试图预测并控制事件的发生一样。这可以帮助读者建构一种思想、一种观念，而每一个建构就是一个科学心理学的原理，有助于我们对教育教学现象与问题进行解释与处理，使我们每个人都可以成为“心理学家”！

最后，本书是集体智慧的结晶，是各位同仁共同努力的结果。柏琴、赵轩、骆振冰、唐红梅、邵雨婷、黄敏敏、陶云瑛、汪文娟、张一帆、周玲彦、朱晓宇、陈晨、冯小丹、王雅楠、肖威龙、许小菲、岳腾宇、赵肖倩、黄嘉昕、金玲玲、欧红蕾、孙长康、孙乾、王钦蓉、尹相文、张凤都为本书贡献了自己的智慧与力量，在此一并感谢！

2019年6月

目录

第一编

技能与策略

在学习和工作中，要想取得优异的成绩，没有一定的技能或相应的策略是相当困难的。教学中同样如此：教师采用有效的教学策略，可以改善自己的教学效果；学生使用恰当的学习策略，在相同时间内，可以习得更多知识。在本编中，我们将从学与教的技能与策略方面进行详细探讨。

在此之前，教师们可能经常产生以下疑问：应该如何使用教学媒体才能达到教学效果？学生在课堂上注意力不集中，该如何处理？在教育过程中，又应该如何批评、赞美学生……对于学生来讲，上课拍照的记录方式真的利于课后整理吗？在学习过程中制订的计划又是否有效呢……总之，针对这一系列问题，本编将会给出新颖的观点和相应的实验证据，同时给出可操作性的建议。掌握这些方法无论是对教师教学还是对学生学习都是有益的。

1. 维持课堂纪律的锦囊妙计

没有规矩，不成方圆。良好的课堂秩序对教师的教学效果和学生的学习效果具有促进作用。良好的课堂秩序与教师的言传身教是分不开的。教师的言行对学生的思想、行为和品德具有潜移默化的影响，它是一种重要的教育力量。教师在班级管理和教育教学过程中，比起批评、责骂与训斥等方式，选择身教这种教育方式会带来更好的效果。

课堂管理中的“最小干预原则”

在课堂教学中，教师常常受到课堂纪律的困扰，一些情况下，因为纪律问题还影响到了教学秩序和效果（高琪，张锐，2017）。最小干预原则是教师维持课堂纪律的重要方法。它由美国教育心理学家斯莱文（Slavin）提出，是指教师在处理日常课堂行为问题时，能够在最小的范围内，以最简洁的方法来纠正学生的行为，做到既有效，又不影响整体课堂。例如个别学生不听讲，有其他小动作。这时教师采取暗示等方法，既制止了个别学生的不良行为，使之马上改正，又不会影响整个课堂氛围。这就是坚持最小干预原则的“无痕”管理。

具体策略有：第一，使用言语提示；第二，使用非言语线索提示，如用眼神示意学生不要讲话；第三，表扬符合要求的行为，以提醒学生不符合要求的相反行为；第四，反复提示；第五，提出警告，令其明白行为后果。

高明的教师从不维持课堂纪律

有些教师在课堂上讲得眉飞色舞、唾沫横飞，可底下的学生却睡得口水横流，抑或不动声色地玩着手游。学校教师该如何处理课堂纪律问题呢？高明的教师告诉我们，课堂上不要花费太多的时间来维持课堂纪律。心理学的研究表明，课堂维持纪律的时间与教学效果成反比。

心理学家琼斯（Jones）研究认为，正常的情况下，教师会因为处理学生的违纪行为而失去 50% 的课堂教学时间。有研究发现，高明教师在课堂传播有效信息的时间占 80% 以上，一般教师课堂有效利用率只有 60% 左右，而新手教师仅为30%左右。教育心理学的研究表明，课堂维持纪律的时间与教学效果成反比。而且，课堂是传播与创造知识的神圣殿堂，教师花时间维持课堂纪律对于遵守纪律的学生来说是不公平的，所以不到迫不得已，在课堂上尽量不要花时间维持纪律。

如何做到不需要在课堂上花时间来维持纪律

首先，教师要想办法把自己的课堂设计得精彩纷呈。课堂教学是一个动态的过程，教师们应该以活泼多样的方式呈现课程内容和教学方法。善用动画、音乐、表演等教学手段，激发出学生的学习兴趣，让学生能全身心投入到课堂，从而没有心思干扰课堂秩序。

其次，让学生主动参与课堂教学。正如美国心理学家布鲁纳(Bruner)所言：学习者不应该是信息的被动接受者，而应该是知识获取过程的主动参与者。所以在课堂中教师要大胆放手让学生自己去探索，让学生变被动听讲为主动参与。

最后，要善于使用最小干预原则，消除学生的不良行为。比如面对一个玩手机的学生，教师不中断教学，而是使用一个眼色去提醒他；当学生无动于衷时，可以装作随意走过去轻轻示意一下。

2. 学生走神:教师的“不变性”使然

2010 年,《羊城晚报》报道了华南师范大学师生在广州大学城 10 所学校中做的一项调查。调查结果显示,课堂上仅有 26% 的同学认真听课,有 34.5% 的学生是在看课本、专业书或者其他课外书,而其他同学则在做与学习无关的事情,比如玩手机、聊天、睡觉、神游发呆等,这种现象被称为“隐性逃课”。大家往往会认为这是学生自身的约束力较差导致的,但产生这种“隐性逃课”的现象教师是否也有责任呢?

教师的“不变性”让学生的大脑自动偷懒

有千百种理由可以解释“隐性逃课”现象,但不能只怪学生课堂上不集中精力,缺乏约束力,很有可能是由于教师的“不变性”导致学生的注意力不能聚焦于教师和课堂。这种“不变性”常指教学内容一成不变,教学方式一成不变,甚至是教师的讲稿一成不变。有研究表明,我们的大脑在对熟悉的和相似的刺激材料或情境进行加工时会“偷懒”,消极怠工。这就不难理解,为什么学生会对一个在课堂上一成不变的教师懈怠了。

课堂有意注意的基本规律

有意注意,又叫随意注意,是人所特有的一种心理现象,它是有目的、需要一定意志努力的注意。比如,上课时使自己专心听讲,集中精神,努力不受外界的干扰就是有意注意。它的自觉性好,“续航”时间长,但耗能多,容易出现疲劳而造成有意注意稳定性不足,注意力分散。于是,经过一定时间之后,同学们的注意会不自觉地离开课堂,产生一种周期性起伏的现象。

2012 年台湾某大学的一项调查考察了 1 094 位大学生课堂注意力的变化情况,发现学生一开始精神都是集中的,到了课程中间部分注意力渐渐分散,而到快下课时学生的精神又回来了。研究者还调查了 125 位大学教师教学专注力的变化,他们发现教师一开始专注力欠佳,后来才慢慢进入状态,愈讲愈在状态,快下课时“油”逐渐消耗殆尽(图 2-1)。由此可见,教师专注力在教学状态中时,往往是学生注意力最低的时候,因此,教师需要了解学生的注意力的变化规律,善用学生注意力的高峰期。

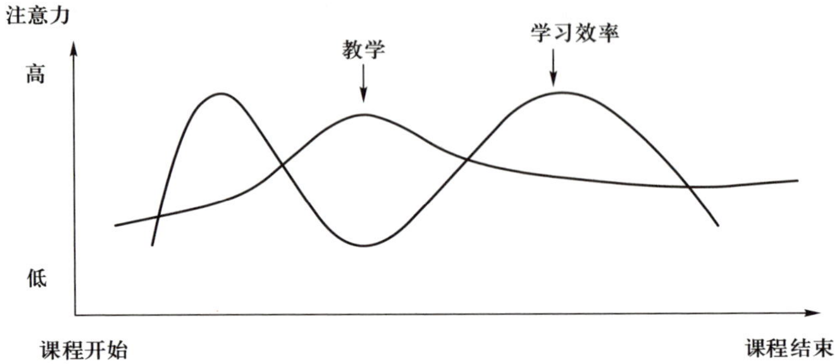

图 2-1　教师教学过程专注力的变化

高手教师的课堂:跌宕起伏,变换无穷却仍有焦点

随着信息技术的不断发展,学校开始进入教师与手机争夺学生注意力的时代,有的学校通过没收手机、屏蔽信号、扣分、设置手机收纳袋等措施倡导“无手机课堂”,多布雷宁(Dobrynin,1963)认为注意力能够不断地被保持是由个体经常保持着的意志努力和活动本身的吸引力所决定的。所以对于“教师和手机争夺学生注意力”的现象,最根本的解决措施是改变教师的教学内容和教学方式,创造能够吸引学生的课堂。那么教师如何利用学生课堂注意力发展的规律和学科的教学规律,让学生做到心无旁骛呢?

呈现引人入胜的教学内容。用案例、典故、视频导入,承上启下引出主题,开门见山地确定课堂目标,指明重难点。然后可以链接相关的新闻时事、引用调查数据、做实验、提出问题等,引发学生的学习兴趣,为接下去的重点学习内容做一个铺垫。

与多媒体相结合的教学方式。相对于书本上枯燥的文字,和多媒体相结合的教学方式更能激发学生的学习兴趣。因此教师可以摒弃传统的“填鸭式”“满堂灌”的教学方式,把图片、音频、视频等应用到课堂中,让学生身临其境，使学生的注意力时时集中在课堂之中。

短而有力的课堂总结。 在快下课时，教师可以把焦点放在总结与分享上。课程结尾可以有多种形式，如教师做一个总结，也可以让学生采用一分钟报告(one minute report)的方法，写下今日学到的重点或提出疑问，或者教师直接布置作业。

3. 什么样的 PPT 更利于学生学习

随着信息技术在教育领域的普遍应用,可用于辅助教学的计算机软件也越来越多。其中,Office 系列软件之一 PowerPoint(以下简称 PPT)凭借着操作简单,制作方便,呈现效果突出等特点在各类教育中应用十分广泛。但是有些教师总被批评 PPT 做得太花哨,动画特效太多,颜色过于艳丽,让人看得眼花缭乱。这样的 PPT 会分散学生注意力。而有些教师的 PPT 则过于单调,无法吸引学生的注意力。那么 PPT 究竟该怎么做呢?是该"花枝招展"还是"素面朝天"呢?

心理学研究发现,在教学中使用多媒体,如果能够有效地利用多种线索,不仅有利于促进学习者对知识的理解和问题的解决,还有助于学习者快速形成内在结构。

PPT 线索具有引导注意、组织知识和整合知识的作用

对于 PPT 的使用方式,广大教师有着两类截然不同的看法。有的教师关注 PPT 的内容,将学习重点全部呈现在 PPT 上;而有的教师在关注 PPT 内容的同时,更关注内容的呈现方式。如果还能涉及不同学习线索,则 PPT 的效果会更好。因为心理学研究告诉我们,清晰的线索对学习者的知识理解和问题解决能力具有促进作用。

PPT 中的线索具有引导注意、组织知识和整合知识三大作用(Mautone & Mayer,2001)。引导注意是指引导学习者注意 PPT 中特定的位置和信息。组织知识功能是指线索能够建立 PPT 的连贯结构或强调其本身的组织关系。整合知识是指线索能将 PPT 中的知识有机融合,使之更具条理、系统性,方便学习者对知识进行重构、迁移。莫通等人(Mautone & Mayer,2001)对此进行了系统的实验研究。实验Ⅰ测试了多种线索形式(导读、连接词、加粗、斜体),结果发现线索对注意具有引导作用,并且线索组学习成绩更高。实验Ⅱ使用声音和语调作为线索来强调学习内容的逻辑和组织关系(符合线索信息组织功能的界定),结果发现声音线索组的保持测验和迁移测验的成绩

均高于非线索组,进而说明的线索对知识的组织和整合作用。

利用 PPT 线索和知觉流畅性教学

线索确实对学生学习起到重要作用,我们在实际教学中应当如何利用线索呢?

第一,利用加粗、高亮、颜色反转等吸引学生注意力,将其注意力指向重要知识点。

第二,一屏内不宜呈现太多文字性内容,仅将高度概括化的文本内容呈现,其余可通过口述来帮助学生理解。

第三,正确的使用 PPT 动画效果可以潜在地表达知识点之间的逻辑关系(并列、类属、对立、否定等)。

另外,可以利用声音、语调线索影响知觉流畅性。知觉流畅性是指个体对于知觉到的外部信息加工难度的主观体验。影响学生知觉流畅性体验的因素有:教师讲述流畅性及学习内容的字体、字体颜色、字体大小、字迹清晰程度等。研究者发现,同样的学习内容,讲述者对于所讲内容越熟练、字迹越清晰,学习者学习起来会越简单。

教师在 PPT 的制作过程中,所制作的 PPT 要符合知觉流畅性的基本原理,PPT 的字体颜色、字体大小、图片选取、教师对 PPT 的讲述等都应该要搭配适宜,让学生不会因为 PPT 制作的原因而难以理解知识点。

注意广度要求 PPT 简洁

美国著名的心理学家米勒(Miller)于 1956 年发表了著名的文章《神奇的数字 7±2:我们信息加工能力的局限》来说明个体认知加工能力的局限性。他做了一个实验,要求被试在短时间内尽量多地记住屏幕一闪而过的数字,结果大部分能记住 7 个左右,整体成绩在 5~9 个之间。研究结果表明,个体的短时记忆的广度大约为 7±2 个组块。

这个结论可以给教师一点启示,教学过程中展示的 PPT 每页不宜放过多的文字,也不宜放过多知识点。因为人的注意广度有限,学生在短时间内无法注意到所有的知识点。相反,如果只是呈现一些关键字,则更有利于学生知识的加工和存储。

4. 干预课堂偏差行为

偏差行为指在社会生活中，人们不同程度地偏离或违反了既有社会规范的行为。学生的偏差行为通常包括迟到、旷课、扰乱秩序、顶撞教师、作弊、偷窃、校园暴力，等等。课堂偏差行为则主要表现为不认真听讲、扰乱课堂秩序。很多教师会把学生课堂偏差行为归因于懒惰、缺乏学习动机、没有教养等，其实，学生的偏差行为还与学生对班级的归属感有着密切的联系。

归属感与学生的偏差行为

事实上，德瑞克（Dreikurs）等人认为，归属感是学生的基本需求之一，几乎所有的学生都希望成为自己班级中重要的一员。如果教师和班级中的其他成员给予他们足够的重视和尊重，那么他们就会找到这种归属感。这时他会配合环境的要求，全心全意地合作。反之，当学生觉得他的行为无法被群体所接纳时就不会对班级产生归属感。学生无法在班级中获得这种归属感便经常转向错误的目标，包括：寻求关注、寻求权力、寻求报复和自暴自弃（Dreikurs et al. ，2013）。

由于在班级中缺乏归属感而产生的偏差行为使学生对自己在团体中的位置有着错误的目标，用错误的方法与人相处。教师应该从学生的心理动机来了解学生的行为，而不是主观臆测学生的行为原因。一旦教师意识到学生的错误目标，就必须采取行动，纠正学生的动机，重新引导其做出适当行为。

学生偏差行为的处理技巧

教师处理课堂偏差行为时的最重要的原则是：增加学生归属感，运用那些能够起作用、最简单的干预策略来纠正不适当行为，尽量不干扰课堂教学的正常进行。当小的捣乱行为重复发生或变本加厉，可能蔓延并造成混乱时，教师就必须采取行动制止这种行为。

一、非言语的反应

非言语的反应是一种使学生回到任务上来的非惩罚性的方式。施里格雷（shrigley）研究了 523 种偏离任务的行为，发现 40% 的行为能够通过非言语的反应纠正。其中5%的行为能够通过忽视而得到纠正,14%的行为能够通过非言语的信号得到纠正,12%的行为能够通过教师站在学生的旁边得到纠正,9%的行为能够通过抚摸那个学生得到纠正(杜萍,2008)。非言语的方法成功地制止了许多偏离任务的行为。在实际操作时,教师应优先考虑使用以下方法。

(1) 忽视。忽视是一种撤销强化的方式,有意识地忽视微小的不当行为,有时是减轻不当行为的最好做法。

(2) 目光接触。用眼神与学生接触,用表情向学生传达信息。当能建立这种习惯时,教师只需用目光接触的方法就可以让学生集中注意力,如果需要的话,可以再加上点头或者看向学生的书本等示意动作。

(3) 身体的接近。一般情况下只需要走到学生身边,不需要再做别的事情,就能够制止偏差行为。如果学生知道他们应该做什么,教师的出现就会促使他们去做自己该做的事。如果学生对于接近性的控制没有反应,教师则需要做更多的指导与干涉。

(4) 触摸和手势。当学生离教师很近时,比如说在小组教学中教师就可运用触摸来引起学生的注意。轻轻地拍一下学生,也可能再加上指书的手势,用不着言语表达就传递了要学生专心参与的信息。另外,教师也要能够通过摇头、点头等来交流和传递意见。

二、言语反应

言语也能够用作对于不当行为的非惩罚性的、轻微的反应。言语反应的目的是使学生回到任务上来。各种言语反应的主要形式如下。

(1) 要求答问。上课时,吸引学生注意力最简单的方法就是向他们提出问题再要求他们回答。这种要求自然地迫使学生注意听,而无须提到违纪者的名字。

(2) 点名。教师可以将某个学生的名字插在一段话里以使他注意听讲。学生由于被提到了名字,很可能会从走神的状态中回到正在进行的学习任务中。

(3) 表扬与不良行为相反的正确行为。表扬其他学生的良好行为也能使产生偏差行为的学生表现出类似的行为。当产生偏差行为的同学也开始学习时,教师应当既往不咎,对其良好行为给予表扬。

三、适当的惩罚

为了避免惩罚的不良后果,对不良行为学生实施惩罚应该注意以下几点。

（1）惩罚的必然性比严厉性更为重要。所谓必然性是必须让学生知道,做出不良行为之后必然要受到惩罚,而严厉的惩罚容易引发学生的仇视与敌对态度。轻微但必然的惩罚实际上给学生传递着这样的信息:“我不能容忍这种行为,但我很关心你,希望你能尽快回到正常的班级活动中来。”

（2）尽可能地以自然的后果作为惩罚方式。如果学生在上课时浪费时间,自然结果的惩罚方式就是剥夺他的下课或休息时间;如果学生发脾气,把东西丢得满教室都是,自然后果的惩罚是要他把教室整理干净。

（3）惩罚一定要公平、公正、客观。如果教师按照自己的心情,任意地决定是否进行惩罚以及如何进行惩罚,学生感受到的是教师为了发泄情绪而惩罚他们,因此,学生将会反过来责怪教师而不是责怪自己。在惩罚的过程中,教师要保持冷静,避免动怒。

（4）不要以额外的学习或作业作为惩罚。学习应是一种积极的体验,而不应将其作为一种施加于学生身上的消极刺激。

5. 不充分惩罚的恶果:学生的问题行为越来越严重

近年来,网络上不断出现关于校园霸凌事件的报道,有些学生被殴打致残,身心受到巨大创伤;有些学生甚至不堪其辱,最终自杀。这些发生在校园里的悲剧都是个体从一个个小的问题行为中积累发展起来的。学生管理的经验与实证研究都表明“不充分的惩罚会让学生原来的问题行为越来越严重”,“如果惩罚的代价远小于不良行为带来的社会成本,结果是适得其反的”。

惩罚:有时候并不能真正减少问题行为

在心理学中,惩罚是指当有机体自发做出某种反应后,随即呈现一个厌恶刺激(或不愉快情境),以期消除或抑制此类反应再次发生的过程。一般认为,惩罚可以起到减少或消除某种行为的目的。比如,只要有人随地吐痰,就电击他,那么随地吐痰的行为便应该随之减少或消除。又比如,只要有人违反交通规则,就罚款,那么违反交通规则的行为便应该随之减少或消除。但是,为什么社会上违反规则的行为依然很多,学校里学生违反规定的问题行为并没有减少呢?

象征性的罚款反而让情况更糟

有一家以色列的托儿所,发现总有一些家长因为各种事情在接孩子时迟到,幼儿园不得不安排至少一位教师在下班时间过后继续照看这几个孩子。为了减少家长迟到的问题,托儿所规定:只要没有按时来接自己孩子的家长,一律罚款3块钱。奇怪的是,此规定一出,接孩子迟到的家长不但没有减少,反而大大增加了。

类似的现象还出现在影碟出租店和书籍出租店等地方,只要罚金不是太高,人们都很乐意接受罚款。如果没有罚款,那些迟到的家长需要为自己的行为找到一个合理的理由并对托儿所的工作人员赔礼道歉,这需要付出一定的社会成本。而由于这个象征性的罚款成本很低,许多家长就可以凭借着较低的经济成本,“堂而皇之”地迟到了,或者说迟到得“心安理得”了。

管理学生，口头警告可不行

在学生的日常管理过程中，针对犯错误的学生，学校在多数情况下都是通过口头警告的方式对这些学生进行处理。可是，这样的处理方法往往并不能取得良好的效果，反而会让学生在心理上找到平衡，导致日后犯更大的错误。为此，学校在处理犯错误的学生时，虽然要慎重地使用惩罚，但必要时对犯错的学生使用恰当的惩罚措施还是非常有必要的。

第一，先知错再受罚。惩罚学生之前要先让学生知道自己错在哪里，让学生明白自己是因为什么才受到惩罚的。如果不让学生明白为什么，那么学生以后仍然有可能犯同样的错误。

第二，有错必究，评估错误可能造成的影响。在学生管理中，如果学生犯了错误，不管是有心的还是无意的，学校都必须对此进行查处。要让学生明事理。莫以恶小而为之，做错了就要学会承担后果。不一定给予最为严厉的惩罚，但要对其造成的可能结果进行评估，处置意见要与可能结果相对称。

第三，以可替代行为补偿造成的可能损失。犯了错误的本质是对社会或他人甚至自己造成了损失，学校要形成以替代行为补偿造成的损失或可能造成的损失的意识。对待犯错误的学生，仅通过口头警告是不够的，必须惩罚适度，要让学生意识到自己的错误行为对他人或社会造成了损失，并让学生通过自己的补偿行为弥补可能造成的损失。

6. 何种“惩罚”能让学生心服口服

惩罚是带有一定风险但又不可或缺的一种教育行为，其意义在于使学生意识到自己的错误行为，并在此基础上让他们的道德认识得到提升、社会性得到发展。虽然惩罚会给学生带来痛苦的体验，但其最终指向是为了学生的发展，这便是具有教育价值的惩罚内涵，我们将这种意义上的惩罚称为德育惩罚（黄晓磊，黄伟，2014）。

慎用报复性或泄愤式惩罚

然而在学校实际的教育活动中，除了教育行政主管部门一再明令禁止体罚外，心理学家也都认为要慎用惩罚，尤其是报复性或泄愤式的惩罚。首先，惩罚可能摧毁师生间应有的和谐关系，妨碍情感的交流；其次，惩罚只能暂时压制不良行为，不能使它永久根绝；再次，严厉的惩罚往往连带引发学生的焦虑或憎恨情绪，从而导致学生不喜欢教师，不喜欢学校；最后，惩罚容易造成学生的恐惧心理，有碍创造力和潜能的发展（王科学，2013）。

如何正确运用惩罚进行管理

现在的学生自尊心较强，学校对学生不良行为的惩罚更要注意方式、方法。下列原则和做法，能够让学生对惩罚“心服口服”，有利于教师提高惩罚的正面价值，降低负面影响，使惩罚更具教育意义。

惩罚之前说明受罚理由。学校对学生采取惩罚措施之前，应当让学生充分认识到这是针对什么错误行为的惩罚。其次，学校应有明确的惩罚理由，在惩罚的同时也给予其他学生间接学习的机会，其他同学也能减少犯此类错误的概率。

惩罚轻重应视问题而定。学校惩罚学生时，应该根据学生错误的严重程度来决定惩罚的方式。一般而言，大错大罚，小错小罚，让学生能受到训诫即可。学校不能单纯地为了惩罚学生而施加惩罚，要明白惩罚只不过是一种让学生减少错误问题再发生的手段。同时，学校应避免体罚及造成学生身体上的伤害，尽量使用口头警告或者劳动惩罚等方式。最后，学校要对惩罚建立完整的体系，减少不公平感，这样才能树立教师在惩罚学生时的威严，使学生更能接受惩罚。

惩罚应该尽量私下进行。有些教师为获得“杀一儆百，杀鸡儆猴”的效果，常常在教室等公开场合对学生进行处罚。虽然教师的初衷往往不是为难学生，而是给其他学生一种警告，但有时容易造成学生的难堪。基于维护学生自尊的立场，惩罚应尽量采取“规过于私室”的方式。这样学生能更好地接受惩罚，使得惩罚获得更好的效果。

惩罚规定应该具体明确。学校及教师制定的各项惩罚规定应具体明确，学生需要知道自己受罚的原因和形式。即根据问题的轻重设立等级，再将每一等级中会受到惩罚的错误行为表达明确，之后根据错误等级和形式的不同，设立明确的惩罚方式。有些教师经常用“态度散漫”这类模糊的概念来描述学生的问题，其实这样的做法是有问题的。

教师施罚时应保持冷静。教师处于愤怒或情绪冲动的状态时，不容易控制自己的情绪或用词，可能会无意间伤害到学生。因此实施惩罚时，教师应该控制好自己的情绪，不要将自己的个人情绪施加到学生身上，应以心平气和的态度来处理学生的问题。

教师施罚后应予以积极的辅导，避免惩罚的副作用。惩罚只是教育活动的手段而非目的，教师施罚时可能会有以下副作用产生：学生可能因为受罚而怨恨教师，不利于建立良好的师生关系；学生可能因受罚，而远离教师和学校；学生受罚时，心里易形成“双避冲突”的困境，有碍心理健康。为避免惩罚副作用的产生，教师应了解学生不当行为背后的需要，帮助学生自我了解、自我评估和自我控制行为表现，并积极施予辅导，使其身心避免受到伤害。此外，教师应营造关爱和扶持的良好师生气氛，使学生不会因为一时受罚而疏远教师。

7. 批评学生:做锦上添花的“加法”

在面对日常生活中学生犯下的错误时,有些教师会不留情面地对学生的问题进行指责,这不但没有起到帮助学生的作用,反而恶化了师生关系;有些教师采用“先扬后抑”“先褒后贬”的方法,效果也不理想。为什么将批评和嘉奖结合在一起的效果也不是很理想呢?怎样才能让学生很好地接受批评并改正错误呢?人际关系中的“递增效应”可能会帮你找到答案。

“递增效应”增加对方对你的好感

管理学家阿伦森(Aronson)曾经做过一个实验。他先将实验人员分成4组,然后要求他们分别对被试进行评价,借以观察被试对哪一组最具好感。第一组始终对被试褒扬有加,第二组始终对之贬损否定,第三组先褒后贬,第四组先贬后褒。结果发现,绝大部分被试对第四组最具好感,而对第三组最为反感。其实,人们在日常生活中也经常发现和实验中的结果相似的事件,比如许多销售员称货给顾客时总是先放一点,再一点点地添入,而不是先放一大堆在称盘里,再一点点地拿出,这样称货的方式往往能够卖出更多的货物,这正是递增效应的巧妙应用。

递增效应又称阿伦森效应,是指人们喜欢那些对自己奖励、赞扬不断增加的人或物,不喜欢那些对自己奖励、赞扬不断减少的人或物。这主要是挫折感在作怪,从倍加褒奖到小的赞赏乃至不再赞扬,这种递减会导致一定的挫折心理。一次小的挫折一般人都能比较平静地加以承受,但继之不被褒奖反而被贬低,挫折感便会陡然增大,这就不大能被一般人所接受了,递增的挫折感很容易引起人的不悦及心理反感。这就给教师在教学活动中如何批评学生提供了启示(郦腊凤,2005)。

把批评变得动听

在师生或同伴交往中,我们喜欢那些对我们赞扬不断增加的人,不喜欢那些对我们赞扬不断减少的人;一个对我们的喜欢逐渐增加的人,比一贯喜欢我们的人更令我们喜欢。教师可以充分利用递增效应来降低学生的挫折感，让师生关系变得更加融洽，从而取得更好的教学效果。当然在不同的情况下递增效应发挥的作用不同，应考虑具体的对象、内容、时机和环境。

第一，要增加对学生的欣赏，更要增加学生对教师的欣赏。教学经验往往告诉教师要给学生最好的第一印象，可结果却发现这些教师最后并不能得到学生的青睐，这正是犯了好印象递减的错误。在和学生相处的过程中，要不断地提高教师个人的专业水平、教学能力、品德和素养，不断提高教师的个人魅力，使学生对于教师的欣赏不断增加。

第二，批评学生时不要“一棍子打死”。教师在需要对学生的错误进行批评时，不要直接加以指责，也不要直接断定一个学生的好坏，而是给学生一个努力的方向和期限。然后定期跟踪评价他的反馈，对他的进步加以赞赏，并指出仍需改进的问题，从而引导学生在“递增”的愉悦中改正缺点。

第三，处理好褒与贬的顺序。教师要牢记，批评学生的最终目的并不是教训学生，而是使得学生通过这次的批评认识到自己的错误并得到进步。所以在批评学生时，教师可先指出学生的错误和毛病，让学生明白这种行为是不可取的。在得到学生明白了自己的错误的反馈之后，再表扬他在这件事或者其他事情中的优点或值得赞赏的地方，这样能让学生感觉到教师对他的肯定在增加从而降低其挫折感，减少其抵触情绪，这样，批评会更有效。

8. 隐藏侵犯线索,减少学生侵犯行为

2015 年,云南一名女生被七八名女生扒掉衣服殴打,并拍摄裸照上传到 QQ 空间;2016 年在海南的一个乡间小道上,一名刚满 15 岁的女生遭多人殴打、扒衣服的视频也被传到网上……校园霸凌事件层出不穷,这样的事情必定会对当事人的生理和心理造成严重的伤害。

目前我国高度重视校园霸凌现象,2016 年 5 月 9 日国务院教育督导委员会办公室发布关于开展校园欺凌专项治理的通知。要求各地各中小学校针对发生在学生之间,蓄意或恶意通过肢体、语言及网络等手段,实施欺负、侮辱造成伤害的校园霸凌事件进行专项治理。从管理层面来看,管理者可以通过减少环境中的侵犯线索来降低校园欺凌事件的发生率。

武器效应:环境对人的潜在影响

武器效应(Weapons Effect)是指环境中存在武器会增加人们的侵犯行为。1978 年著名社会心理学家伯科威茨(Berkowitz)以"武器效应"研究为根据,进一步修正了挫折-侵犯理论。他认为,人的挫折并不直接导致侵犯行为,正如考试失败,并不一定会导致侵犯他人。遭遇挫折主要是会导致侵犯行为的情绪准备状态-愤怒。侵犯行为的发生,还要依赖情境侵犯线索的影响,即如果出现与侵犯有关的刺激便会增强侵犯行为。

伯科威茨(Berkowitz,1977)设计了一个巧妙的实验验证了"武器效应"的存在。实验中,他先让实验助手故意制造挫折情境以激怒被试,然后安排被试获得一个电击激怒自己实验助手的机会。电击时有两种情境:一种是可以看到桌子上放着一只左轮手枪,一种是只看到一只羽毛球拍。实验结果与研究者的假设相符,即被激怒的人们看到手枪时,比看到羽毛球拍实施了更多的电击,手枪增强了人们的侵犯行为。这个实验告诉我们,社会暴力事件与环境中存在着的刺激暴力事件的"武器"有关联。正如伯科威茨所说的:"枪支不仅仅使暴力成为可能,也刺激了暴力。手指扣动扳机,扳机也带动手指。"武器恰恰为处在愤怒情绪中的人提供了线索和更多的行为暗示,对

其破坏性行为起了推波助澜的作用。

利用"武器效应"防止校园霸凌事件恶化

校园霸凌事件的发生、发展跟环境中存在着刺激霸凌事件的"武器"有关联。因此,"武器效应"的原理对防止校园霸凌事件恶化具有启发意义。

学校中应该避免出现刀、棍棒等"武器"。学生们在学校生活中有时会遇到挫折进而产生愤怒的情绪,如果这时候愤怒的学生周围存在着"武器",那么就很可能会导致甚至加剧侵犯行为。所以,学校应该努力净化校园环境,校园中要避免出现"武器"。

教会学生合理控制情绪。学生产生愤怒情绪并不可怕,可怕的是不会控制情绪。因此,在日常的教育教学中应该教会学生理性对待情绪。如果学生产生愤怒情绪,要教会学生通过体育运动、大喊、哭泣等方式将愤怒情绪宣泄出来。教师还要给予学生精神上的鼓励与支持,让学生在一个充满正能量的环境中学习和生活。

关注有偏差行为的学生。对于班级中存在偏差行为,尤其是暴力倾向的学生要随时关注,了解其问题所在,尽量纠正其不良行为模式,以免给其他学生带来伤害。

及时处置。一旦发生霸凌事件,要及时发现、调查处理,涉嫌违法犯罪的,要及时向公安部门报案并配合立案查处,不可姑息。

9. 反向计划有利于学生达成目标

古语有云:凡事预则立,不预则废。这句话充分说明了在达成目标过程中制订计划的重要性。日常生活中,大到投资理财,小到完成作业,我们都需要制订系统可行的计划。但是,我们经常有这样的体会:计划很完美,却容易半途而废。这是我们的惰性使然,还是制订计划的方式出了错? 2017 年的研究发现,反向计划(倒推式计划)比正向计划更有利于达成目标,因此计划半途而废主要是我们制订计划的方式出错了。

反向计划比正向计划更促进目标达成

反向计划,也叫倒推式计划,是以逆向时间顺序进行的计划。即先计划离现在最远的步骤,然后逐步计划近一些的步骤,最后计划离现在最近的步骤。以学生准备期末考试为例,通常正向计划的第一步是阅读书本的第一章节,做课后习题,最后是对笔记进行全面回顾。反向计划则是从期末考试结束时点往前推,先确定回顾所有笔记的时间,再是何时完成习题,最后是当下应该做的事情。

帕克(Park et al. ,2017)等人想要探讨不同的计划方式对个体实现目标的影响。实验征集了 62 名美国大学生参与这个长达 7 天的研究。这个研究包含两个阶段,第一阶段在实验室完成。首先要求参与者书写为期 7 天的学习计划,计划中要包含课程要求,比如完成小组任务、抄写重要概念、网上测试学习、阅读书本等。之后参与者需要完成动机测试,并被告知 7 天后会对学习的内容进行测试。

研究者随机将参与者分为两组,第一组是按照正向的时间顺序制订计划,即制订从目前的状态一步一步达成目标的计划。第二组按照逆向时间顺序制订计划,即倒推式计划,从目标达成的状态倒推到目前的状态,根据预测的差距制订计划。

实验的第二阶段,告知参与者自行完成任务,并在接下来的 7 天(第 1 天、第 4 天和第 7 天)会收到 3 封邮件,询问坚持计划的程度和完成任务的程度（完成程度由 0% 到 100%）。研究的最后，所有参与者都需要完成一项真实的学业测试，最后统计并比较他们的学业成绩。

研究结果表明，与正向计划组相比反向计划组的参与者不仅有更大的动机，更少的时间压力，而且学业成绩更高，产生了更好的目标相关表现（图 9-1）。

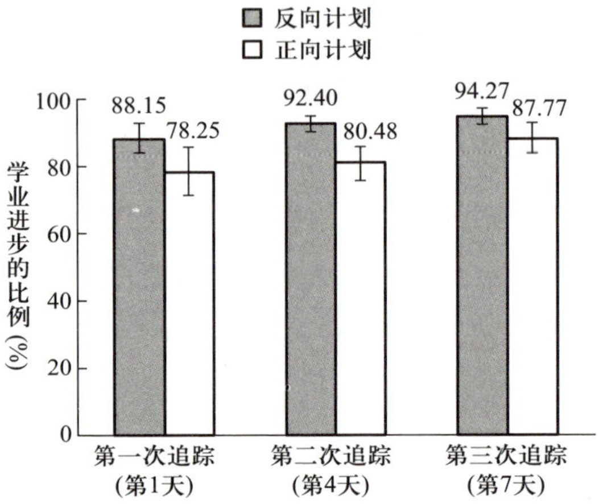

图 9-1　不同方式制订计划个体学业进步的比较

学会利用反向计划的优势促进目标达成

帕克等人的研究表明反向计划比正向计划更有利于目标达成。为何反向计划比正向更具有优势呢？可能有以下原因：第一，想象目标已经达成可以增加个体的自信，减少焦虑，从而增加努力行为；第二，从目标达成阶段倒推实现的步骤，最后到个体现有的状态，可以促使个体对每一个步骤所需的时间和目标有更加清晰的认识，有一种督促个体实现现在的目标以便之后有时间进行下一个目标的力量。

因此，在现实生活中，当我们面对复杂情况或很多不确定因素时，反向计划（倒推式计划）对达成目标尤为有益。所以现在就试一试吧——给自己列一个清晰明确的反向计划，再去实施并感受一下效果如何，跟以前的计划相比有没有什么改善。如果有，那说明这个方法非常适合你，你又找到了一种高效学习的方式！

千里之行，始于足下，无论达成目标的技巧有多少，我们总得脚踏实地，切实地实施每一步计划。将计划落实，才是我们最需要努力的事情。完美的计划只是锦上添花，完成目标才是最终目的，能否达到最理想的结果，完全掌握在你自己手中。

10. 教师语速快不一定会传递更多信息

正如世界上没有两片相同的叶子,世界上也没有两个完全相同的人。不同的人有着各自不同的说话方式和特点,有的人说话语速很快,能够地将自己脑海中的想法快速地表达出来,而有的人则说话很慢,在表达自己的想法之前还会经过一段时间的思考。很多人认为,21 世纪的我们正处在一个快节奏的社会生活中,跟说话快的人一起交流意味着能够在短时间内获得更多的信息,也就提高了效率;相反,和说话慢的人一起交流则意味着低效。然而,2017 年的一项研究发现,事实并不是这样的！无论我们说话的速度是快还是慢,在相同时间内能够传递的有效信息是一样多的。

信息输出是有特殊通道的

个体在每秒钟所能传递的信息量是有限的,而且限制相当严格。人们通常会使用一个狭窄的信息通道来进行交流,这样就能够确保在说话时不会提供过多或过少的信息。按照信息论的观点,如果个体在进行信息输出时选择单一的词汇,就会传递更多的"词汇信息";而如果个体选择更复杂的句式,比如被动语态,则会传递更多的"结构信息"。布朗大学普瑞瓦(Priva,2017)的研究发现,那些说话快的人会使用更多的常用词和更为简单的句式,而那些语速慢的人则会使用更不常见的词以及更为复杂的句法来表达自己的想法。

信息传递:鱼和熊掌不可兼得

2017 年,普瑞瓦运用分析对话的方式研究了说话速度与信息传递量之间的关系。研究中,他们分析了 398 个人的演讲内容。演讲内容包括两组独立的对话数据:一个是总机语料库(Switchboard Corpus),它包括了 2 400 段注释过的电话对话;另一个是七叶树语料库(Buckeye Corpus),它由 40 段冗长的面试对话组成。研究人员对这些讲话进行了多次测量来判断每个说话者提供信息的速度(在一段固定时间内他们传递的词汇和结构信息)以及他们的语速(他们在那段时间内说了多少单词)。最终,研究者发现,在考虑了词汇信息和结构信息的情况下，当个体说话的速度变快时，信息的传输量就会降低。由此可见，既想要说话速度快，又想传递较多的信息是不可能的，鱼和熊掌不能兼得。

快慢不是重点，重要的是把话说清楚

为什么说话的速度与信息的传递量之间不是一个正比例关系呢？原因有二，一是说话人组织语言存在困难，无法在较短的时间内组织太多的信息；二是听者无法在一个太快的节奏下消化和理解、接受信息。因此，这一研究结果对教师，特别是新入职教师在课堂教学活动中的表现有很大的启发。在教学中，教师能否把握好自己的语速对于教学效果会产生不同的影响。

如果教师讲话太快，部分学生会无法消化和理解教师所讲授的知识。虽然教师觉得自己在一节课上讲了很多内容，但是学生真正能够学到的东西却很少，大部分学生可能都是迷迷糊糊地听完整堂课。对于这些学生来说，他们面临的时间压力很大，需要在短时间内理解教师所传递的大量信息，这也会导致他们从教师那里接收到的信息不能得到精细的加工，最终可能取得较差的学习效果。

作为教师，应该在课堂上注意自己的语速与说话风格，争取放慢语速，并用一些简单句来为学生讲授知识。一方面，在教师慢语速授课的条件下，学生处理接收到的信息时面临的时间压力相对较小，信息处理相对于教师快语速授课条件下也更为充分，他们能够更好地理解和接受教师传递的信息。另一方面，如果教师能够放慢语速讲课，那么他们会有更多的时间来组织自己的语言，与书面语相比，学生们会更易理解教师自己的语言。同时，教师还要注意简单句的运用，因为相较于句式复杂的句子，同学们更容易理解简单句。通俗易懂的句子更利于学生理解复杂的知识点。

因此，教师在课堂上需要做到把握自己的语速，争取放慢语速，同时利用一些简单句来讲授知识点，使学生能够更好地理解并接受信息，最终取得更好的教学效果。

11. 教学中运用“我信息”会更有效

当学生犯错误的时候，教师应该采用什么方式对待学生呢？严厉地批评、指责，或是温和地说教、劝勉？这恐怕要因人、因时、因事而异。在这里我们不展开复杂深入、全面的讨论，仅给大家提供一个“我信息”的概念。“我信息”可以帮助学生客观地分析事情的利弊，充分地和学生共享自己的真实感受，能让学生感同身受，通常会取得良好的教育效果。

“我信息”更亲和，“你信息”更伤人

“我信息”(I-message)通常是表达自己的真实感受及需要，不包括对他人不良行为的评价。“你信息”(you-message)是对学生或事物加以批判、猜想、评价、判断的信息，一般以“你”字为开头或含有“你”字，矛头指向对方。“我信息”是以尊重、友善的态度对待学生，而“你信息”大多是表达自己不满的感受，会将注意力集中到学生的不良行为表现，如“这件事情你做得不对”，“我觉得你在这方面有问题”等，这种表达方式容易引起学生内心的反抗。“我信息”更亲切，“你信息”会更伤人，原因很简单，“我信息”是一种尊重、友善的表达，而“你信息”是一种具有敌对的、攻击性的表述。采用这种对抗的方式表达自己的不满很难改变学生的行为。

表达不满有妙招，“我信息”让你更有亲和力

当学生出现不良行为时，教师有责任指出来并帮助学生改正。但怎样表达自己的不满，让富有个性的学生能够接受，对教师来说是一个必须面对的问题，这时运用“我信息”，可以取得很好的效果。下面是一则实例：

令教师不满的事由：学生未经教师许可擅自离校。

“我信息”回应：“你未经许可离开学校(事实的陈述)，我感到很担心，也感到很生气(教师心中的感受)，我无法继续上课而到处找你(学生的行为对教师造成的影响)。”

这段“我信息”包含了以下内容：对学生的不当行为做客观的陈述；对学生不当行为的后果教师表达出自己心中的感受；陈述学生不当行为对教师所

造成的影响(张玲波,2015)。从上面的例子可以看出,教师在表达“我信息”时,使用的是友善和相互尊重的口气,不对学生不良行为进行评价,而是将注意力集中在说话者的真实感受上,使学生了解到自己的行为给他人带来的影响与后果,从而产生同理心,自发地改变原先不当的行为。因此,通过“我信息”表达自己的不满,可避免许多潜在的师生冲突,有利于建立良好的师生关系。

教师向学生发送“我信息”时,一般可以按照如下的步骤进行。

第一,先认清楚自己内心真正的感受。将注意力集中在说话者(教师)身上,我具体受到何种影响、我的感觉如何?例如有时愤怒之下的真实感受其实是害怕、伤心、失望。

第二,发送完整的“我信息”。采用“学生的行为+教师自己的感受+对自己的具体影响”这样的形式,目的在于让对方了解真正的原因。例如:“当我在晚上查寝室时没有看到你,我很担心,生怕你出了什么事。我一晚都没有休息。”一般以“当……的时候……”的方法起头,让学生了解你是对事不对人。

12. 南风效应:用“温情”管理学生

1930年初,世界经济不景气,绝大多数公司都通过裁员、降低工资等方式来应对危机。日本松下公司虽然也受到了极大伤害,销售额锐减,商品积压如山,资金周转不灵,但他们采取了与其他公司完全不同的做法:工人一个不减,生产实行半日制,工资按全天支付。与此同时,公司要求全体员工利用闲暇时间去推销库存商品。松下公司的这一做法获得了全体员工的一致拥护,大家千方百计地推销商品,只用了不到3个月的时间就把积压商品推销一空,使松下公司顺利渡过了难关。松下公司在危难的时刻仍然对他们的员工给予“温情”,也正是这份“温情”帮助公司上下齐心顺利渡过难关,可见“温情”的力量多么强大。心理学上关于“温情”的研究有著名的“南风效应”。

什么是南风效应

南风效应(South Wind Law)源于一则北风和南风比赛谁先把行人的衣服脱掉的寓言故事。其中北风因寒冷刺骨使行人将衣服裹得更紧,而南风因温暖舒适满足了人们的生理需求,成功地脱下了行人的衣服。南风效应告诉我们:温暖胜于严寒。运用到教育领域,南风效应告诉我们,关爱教育胜于冷酷批评,教师要像南风一样温暖、深入人心,才能让“差生”自觉脱掉“错误的大衣”;而如果像北风一样刻薄,不讲技巧,只会使“差生”“把大衣裹得更紧”。在教师管理学生的实践中,教师应该要尊重和关心学生,多点“人情味”,使学生真正感受到教师给予的温暖。

“温情”的管理方式为何会起作用

马斯洛(Maslow,1943)认为人有七种基本需要,分别为:生理需要、安全需要、归属与爱的需要、尊重需要、求知与理解的需要、审美的需要和自我实现的需要(图12-1)。这些需要从低级到高级排成七个层级,前四种需要为缺失需要,而后三种是成长需要,只有当缺失需要得到满足或者部分满足后才能出现对成长需要的追求。“打骂、唠叨”的教育方式不会使学生的缺失需要得到满足,而“温情”的教育方式会使学生的归属与爱、尊重的需要得到满足，从而使学生有较强的动机去完善自我。

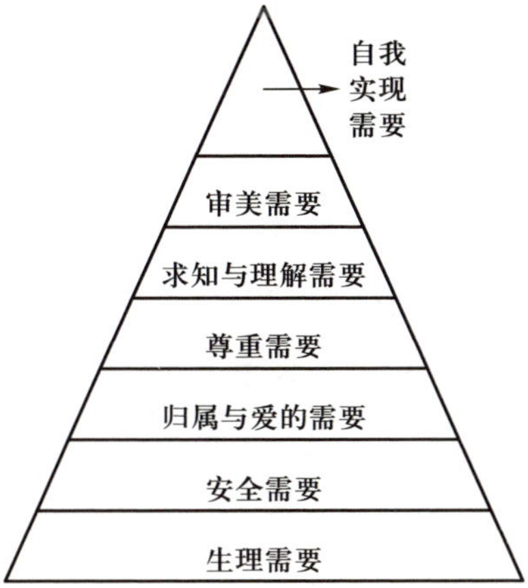

图 12-1　马斯洛需要层次模型

南风效应对学生管理工作的启示

每个学生都是一个独立的个体，每个学生都希望得到他人的尊重。在学校学生管理工作中运用南风效应，对于构建和谐的师生关系，提高学生管理工作的效率，促进教育事业的发展必将起到一定的推进作用。

第一，创设一种和谐温馨的气氛。 教育工作者要在心灵沟通层面上建立起尊重和接纳学生的信念，采取符合学生实际和需要的管理方式，给学生一个愉快的心境。师生关系越融洽，学生接受教育的抵触心理就越小。

第二，认可赞赏学生。 教育工作者应该对学生抱有殷切的期望，相信每个人都可发展成才，充分发挥他们的潜能和主体地位，客观、理智、科学地处理教育过程中出现的各种问题。

第三，要真诚地鼓励，不要虚假地表扬。 教师对学生的“表扬”可以分为两种，一种是“真诚的表扬”，另一种是“廉价的表扬”。“真诚的表扬”来自教师对学生行为的真诚的认可和赞赏，而“廉价的表扬”是在还没有弄清楚学生有什么地方值得表扬的时候就对学生说“你很不错啊”“你很了不起”之类笼统的表扬。在教育过程中，如果学生做了一些值得表扬的事情，教师应该以真诚的话语代替廉价的表扬，满足他们对于尊重的需求，也帮助他们看到自己的长处。

13. 巧用手势，促进教学

手势是体态语的核心，在日常交流中无处不在。说话者的手势会影响听众对其演讲内容的理解。在讲课时，教师的手势能够表达一定的信息、思想和情感，教师需要配以恰当、适度、得体、自然的手势来强化讲课的效果，促进学生对于教学内容的理解和记忆。恰当的手势，具有指示方位和替代语言的作用；能使抽象变具体，从而降低思维的难度；还能拉近师生之间的心理距离。研究表明，教师手势能够有效促进学生学习，在教学中扮演着重要的角色。

手势在教学中的关键作用

2016 年，丘奇（Church）等人探讨教师的手势在面对面教学和视频教学中的效果。被试是 63 名 7～10 岁的儿童，其中 36 名为女生。所有被试随机接受 4 种不同的教学方式。第一种是无手势现场教学，第二种是无手势视频教学，后两种教学方式与前两者的区别是增加了手势。被试的任务是解答 12 个数学等价问题，比如 3+4+5＝__+5。在被试说出答案前，教师会先进行指导。在 4 种教学方式中，教师说话的节奏和语调都基本一致。同时为了避免面部表情对教学效果的影响，教师一律背对学生，面向黑板进行教学指导。

研究结果表明，接受现场教学和视频教学的学生在得分上没有显著差异，这两类教学产生了同样的教学效果。但是有手势的教学比单一的语言指导（无手势）更能帮助学生获得好的学习效果。进一步研究发现，相比于现场教学，手势对视频教学的影响更强烈（Church et al. 2016）。

教师如何运用教学手势

该研究表明教师利用手势能够帮助学生理解教学内容，提升学生的学习效果。手势具有传达信息、传递感情的重要作用。那么，教师该如何运用手势促进教学呢？

巧用手势，化抽象为形象。教师在表达一些事物的形状、高度、体积时，话语总是较为抽象。当教师用手势来描摹的时候，总能引起学生生动、明确的联想。比如用两手之间的距离表示“悲伤那么大”。加入相应的手势,不仅促进学生的理解,同时加深记忆。

多用柔和的手势。课堂上,柔和的手势会在无形中拉近师生间的心理距离。当同学在讲台上演示、讲解或板演时,下面的学生可能会小声议论,这时教师面向学生,用食指靠近嘴唇,轻声地“嘘——”,这就表示让大家安静下来。教师的这一手势既制止了学生私下说话的行为,又避免了对讲台上同学的干扰。当教师要指示某个物体时,可以伸直并拢手指,掌心向上,腕关节微微弯曲,指尖与手臂形成一条微弯的线条。这样的手势相比于单单伸直食指,指尖与手臂形成生硬的直线条手势要合适、得体的多。

多用手势鼓励、赞美学生。当学生在课堂上表现突出时,教师可以对学生竖起大拇指或是“V”形手势、“O”形手势(这种手势的含义是“OK”,有“很好”“了不起”的意思),也可以和学生握手或者为学生鼓掌,这些都是对学生精彩的课堂表现进行鼓励、赞美的很好方式。低年级学生的情绪感染力较强,当学生表现较好时,可以自然地摸摸学生的头、拍拍学生的肩膀,以增加对学生的认可。对于高年级的学生,可以在鼓掌的同时赞美几句。这对学生来说都是莫大的进步动力。

14. 边记忆边测试，成绩会更好

期末临近，同学们都想取得一个好成绩。于是，有的同学选择挑灯夜战、埋头苦背的复习策略，结果发现自己的成绩却差强人意；而有的同学选择边记忆边进行自我测试的学习方式，看似轻松，却取得了不错的成绩。有人不禁苦恼：我明明这么用功，怎么就考不好呢？2016 年的一项研究发现，在学习的过程中加点小测试能够有效加深学习者对知识的记忆和理解，边记忆边测试的学习方式更能够帮助同学们取得好成绩。

机械学习效果差

机械学习指的是不理解所学材料的含义，而仅对其死记硬背的学习方式。在日常学习中，很多同学就经常依靠不断地看、念或写来记忆。机械学习缺乏对事物意义的理解，没有将新知识与已有的知识相联系，从而使得新学习的知识、概念等难以融入个体原有的认知结构中，导致新知识很难被吸收、转化为个体的知识成分。1884 年，艾宾浩斯（Ebbinghaus）曾以学习拜伦（Byron）的《唐璜》诗文与学习无意义音节做比较。他发现诵读 80 个字音的诗，只需 8 次就可正确背出，而对于同样数量的无意义音节，则需要诵读约 80 次才能背出。因此，如果不理解知识，仅仅依靠死记硬背来记忆，不仅耗时费力，而且效果差、易遗忘，导致花费了大把时间付出了比别人多的努力却没有获得好成绩。长期靠死记硬背来学习还会使得学习者不爱思考、思维僵化、抵触学习，甚至丧失对学习的兴趣。理解学习材料的意义能帮助学习者加深记忆。除此之外，在学习的过程中加点小测试也同样有效。

边记忆边测试：一种有效的记忆模式

2016 年，美国科学家托马斯（Thomas）等人在《科学》（*Science*）上发表了一项新的研究，这项研究表明，通过考试来学习，能够保护记忆力不受负面压力的影响。

在研究中，研究者要求 120 名被试学习 30 个单词和 30 个图片。其中一组被试，采取定时测试的方法，让他们尽可能多的自由回忆可以记住的项目。

另一组采用反复温习的方式，即在计算机屏幕上重复显示需要识记的项目。24 小时之后，每组一半的被试进行一次意外的即兴演讲，并且在两名裁判、三名同伴和一台摄像机前解决数学问题（压力场景）。之后，在压力场景下测试被试的记忆成绩。结果发现，使用定时测试方法学习且中途接受压力场景考验的人的记忆受压力影响最少，他们记住了 30 个单词，而同组另一半没有接受压力场景考验的被试则只记住了 10 个单词。另外那些通过反复温习方式来学习的学生平均只记住了 7 个单词。

这项研究体现了定时测试的记忆方法、一定的压力场景可以促进人们对知识的记忆和理解。通过边记忆边测试这种学习方法学习到的新材料，即使在有压力的情况下也能被很好地回忆出来。

教学中运用小测试

边记忆边测试的学习方法对学生的学习有很大的帮助，因此教师可以在教学过程中采用定时测试的方式，多组织一些小的测试，帮助学生加强学习效果。在授课开始前，可以围绕上节课的重点知识设计一些小测试，检验学生对前面知识的记忆和掌握程度，根据情况适时地带领学生复习回顾重点难点；在授课中，讲解每个重要部分之后，可以使用配套练习册进行一些小测试，测验刚刚的教学效果以及学生对于知识点理解、吸收的程度，根据学生的作答情况，调整教学进程；在课堂最后，可以利用课后练习测试学生对于整节课知识点的掌握情况。

在教学过程中教师也要注意引导学生寻找有效的学习策略，学会学习。对于学生来说，找到有效的学习方法至关重要。教师可以指导学生用定时测试的方法进行学习，有效应对负面压力。学完一节课的内容，学生可以进行自我测试，以加深对这节课学习内容的记忆。在背诵、记忆单词和课文的过程中，学生也可以将背诵内容分成不同的部分，每完成一部分就停下来自我测试，对于没有记住的内容再回过头来继续记忆。运用这样的学习方法，学生的学习就能事半功倍，学生学习到的知识就更能经受住压力的考验。

15. 先探索后指导式教学的好处

著名人本主义教育家罗杰斯(Rogers)曾说:“凡是教师能够讲述的,能够传授的知识,多半是死的、凝固的知识;只有学生自己发现、探索到的知识,才是活的、有用的知识。”这句话充分说明了探索在学习中的重要性。现在的课堂教学模式大多是指导式教学,即学生听教师对知识点进行反复讲解,那么该种教学方式适合所有的科目吗?研究表明对于数学、科学、工程学等学科,让学生先探索后指导(探究式教学)是一种更好地提高学生参与度以及学习成绩的教学方法。

先探索后指导优于先指导后探索

先探索后指导是先让学习者自主探索新主题的各个方面,激活先验知识,然后教师再进行指导。这有利于学生加深对概念的理解,建构起自己的知识体系。

维沃(Weaver,2018)等人为了探讨教学方式对学生成绩的影响,邀请了来自美国公立大学的209名大学生参与研究。这些学生主修物理和工程专业,平均年龄19岁。

这项研究是在时长75分钟的课堂上进行的,教学的主题是电势能的正负判断。实验共设计了两种条件,即先指导后探索条件($n=119$)和先探索后指导条件($n=90$)。学生被随机地分配到一种实验条件下进行听课学习。在课堂上,教师首先会给学生呈现涵盖主题内容的PPT。在课程的前30分钟,先指导后探索组的学生会听到教师的讲解;而先探索后指导组的学生会被要求根据PPT上呈现的概念和公式进行自由探索和推理,并将讨论和推理得出的结论记录在表格中。在接下来的30分钟,两组进行对调。先指导后探索组进行自由探索,而先探索后指导组则会听到教师的讲解。在最后的15分钟,所有的学生都要完成关于本节课的概念理解和程序性知识的测验,以及对本堂课感兴趣和快乐程度的问卷。

实验结果表明,先探索后指导组学生的参与度和测验成绩都优于先指导后探索组，自我报告的兴趣和快乐也更多。

为何先探索后指导教学具有优势

该研究表明探索性学习是一种提高学生的参与度和课堂表现的有效方法。在探究式教学的过程中，学生的主体地位、主动学习能力都得到了加强。进行探究式教学能引导学生质疑和创新，促使学生积极主动地进行学习，充分发挥了学生的主观能动性，让其感受到了自主的力量和快乐。这种生成性的活动虽然可能会产生错误，但是能够将新旧知识更好地联系在一起。所以即使失败了，它也是富有成效的学习方式。

现如今，大家都强调创新的、以学生为中心的教学方法，但是学生在建构知识时，可能会获得不正确的、不完整的或缺乏组织结构的知识，这会影响知识的有效获得。而传统的指导教学可以直接教授学生最相关的信息，减少学生的认知负荷和混乱。因此将探究式教学与指导式教学相结合不失为一种较完美的方法。普瑞斯（Prince）建议科学、技术学、工程学和数学（STEM）的教学可以优先考虑让学生先进行探索性学习，然后教师再对学生的疑问和错误进行针对性的指导。这样一来，一方面可以让学生尽情地联系新旧知识，建立更多的联结，在这过程中可能会有突破性的发现，生成新颖的产品；另一方面通过教师的指导可以让学生尽快找到成功获取知识的探索之路。

16. 温故能否知新:取决于温故的程度

我们常说“学而时习之”“书读百遍其义自见”。美国心理学家莫尔(Moll)也曾说过这样一句话:要想在一段时间之后对知识有好的保持和回忆,就必须进行过度学习。那么学习达到什么程度,才能实现温故而知新呢?科学家告诉我们,过度学习达到150%,就可以实现这个目标。如果“记住”后你就停止学习(没有进行过度学习),那么过不了多久你便会忘记;如果过度学习超过200%,则学习成绩并不会显著改观,这说明太高水平的过度学习会导致“过犹不及”,原因是学习者会因学习疲劳而发生“报酬递减”现象,即重复学习的频率不断提高,保持的效率却不断递减,学习的效果也因此逐渐下降。

动作技能的掌握必须有过度练习

在纪念中国人民抗日战争暨世界反法西斯战争胜利70周年的盛大阅兵式上,阅兵方阵能够做到“六线合一”,“队形精确,米秒不差”。有观众惊呼:“这整齐划一的大长腿,简直就是复制粘贴啊,这是全世界最整齐、最好的阅兵式。”这么整齐的阅兵式是怎么练成的呢?要掌握到这种程度并且不受其他因素的影响,必须要有一定量的过度学习或者练习,但是如果超过得太多便只是在浪费时间与精力。到底多少是适度呢?有研究表明过度学习在150%的程度时效果最佳。

认知技能的过度学习:正迁移导致“温故知新”

过度学习(over learning)又称“过度识记”,是指充分运用记忆和遗忘规律学习某一材料或者练习某一动作,在“记住”和“学会”的基础上,通过继续学习把某种知识和技能学习到接近学习者的最高潜能程度的学习方法(程少堂,孙芳,1989)。

卖油翁一句“无他,但手熟尔”道出了“油自钱孔入,而钱不湿”的奥秘。人们的生活经验表明,反复练习过的技能即使多年没用过也只需少许练习就能恢复以前的水平,如骑自行车、游泳等。艾宾浩斯(Ebbinghaus)作为研究记忆的先驱,其研究发现,过度学习的材料比刚能回忆的材料保持效果要好。克雷格(Craig)在识记学习中也发现,过度学习不仅促进了记忆量的保持,而且也促进了对后面学习的正迁移,即能够举一反三、触类旁通。而正迁移的作用正好说明了孔夫子所说的“学而时习之”“温故而知新”背后的学习原理。

要“知新”就要学会适当“过度”

过度学习能够促进学生的学习效果,那么过度到什么程度才是“最合理”的呢?研究发现过度学习在150%时会产生“事半功倍”的效果。教师要教会学生自学,当然要教会学生如何使用过度学习法。

指导学生学会选择过度学习的内容和方法。有人对适用于过度学习的对象做了系统研究,认为对学科的思想和方法、学科的基本结构、上位观念、重点和难点知识、工具性知识和技能进行过度学习效果较好。针对不同学习内容要灵活运用过度学习,除了引导学生进行过度学习外,还应与其他学习方法(如探究式、研讨式、案例式学习方法)相结合,不能单靠过度学习。只有让学生自己归纳、总结,形成自己的学习习惯,才能达到预期的效果(陈鸿秀,2014)。

指导学生学会把握过度学习的“基点度”和“最适度”。适当的过度学习是必须的,但若是一味地进行过度学习,那么当学习者到达了学习的最高潜能时,过量的学习则会使学习者产生厌烦、注意力分散等情况。

因此,针对不同学科不同内容,以及学生的自身情况,教师应因人而异,指导学生学会评估“基点度”:学习所选择的“过度学习的内容”达到“记住”和“学会”的学习次数或者学习时间。然后在此基础上增加学习次数或学习时间的50%,即“最适度”。比如,学生花了10天(每天2小时)记住了1 000个单词,那么还要花5天(每天2小时)的时间继续过度学习才能达到好的迁移效果(陈伟,2011)。

17. 增加共同点可提升师生的合作行为

发现共同点往往能拉近人与人之间的距离,让彼此感觉更亲切,更愿意互相合作。在教育领域,合作尤为重要,师生合作有利于产生智慧的结晶。那么,如何快速且有效地提升合作行为呢?2017 年的一项研究发现,吃相同的食物居然可以提升合作行为。

食用相同的食物提升合作行为

沃利(Woollcy)等人在 2017 年进行了一项研究,探讨了如何快速有效地提升个体间的合作行为。研究者邀请了 124 名在校本科生和研究生参与实验,其中 52% 为女性。参与者两两为一组,随机分配角色,一人扮工会代表,一人扮管理层。随后两人食用相同或不同的食物,相同指的是两人都食用甜味食物(饼干)或咸味食物(薯片);不同的则是两人一人食用饼干,一人食用薯片。每一组参与者都可以看到对方食用的食物类别。

实验任务是一个谈判任务,双方要就 10 ~ 11 美元的时薪和罢工天数进行谈判。因为工人已经罢工,劳资谈判越快达成一致,双方的损伤就越小。最后,研究者还通过《亲密度问卷》和《与他人融合程度量表》测试了双方的亲密感。

研究结果表明,与食用不同食物的小组相比食用相同食物的小组在谈判任务中员工的罢工天数短,争得的时薪多,双方的损伤小,双方更倾向于合作。进一步的研究表明,亲密度是中介变量,也就是说食用相同的食物增加了双方的亲密感,从而提升了合作行为(Woolley et al. ,2017)。

如何提升师生合作

研究者认为人们会倾向于与选择相同食物的个体建立一种积极的联系,并将该个体归为团体内成员。海德(Heider)将此称为“单位联结”,因为存在相似关系而形成一个整体,并对对方产生喜欢或讨厌的情感和评价。那么师生间如何建立积极联系,从而提升合作行为呢?

由研究得到启发,除食物外,师生之间可以在很多方面增加共同点。

第一，同吃一锅饭。教师与学生初次见面时，教师只通过自我介绍来增加师生间的“共识”往往是不够的。那么不妨在第一次班会上和学生同吃一样的水果点心，每周和同学们一起在食堂吃几顿盖饭、面条，以此来拉近师生间的距离。

第二，“共享”小礼物。教师可以送给全班同学一个相同的小礼物，重点是教师也拥有这个礼物。研究表明共享礼物不仅可以增加学生对礼物的喜爱度，而且可以提升学生对教师的亲密感。

第三，统一服装。中小学通常会给学生发统一的校服，同学们穿着统一的服装能够增加对学校的认同、对同学们的认同。在大学里，班主任老师可以组织班级同学共同定制班服，穿着同样的班服参加班里的集体活动。

第四，培养共同兴趣。教师在日常生活中，可以仔细观察学生的兴趣、爱好，留意能让他们兴奋起来的话题，发现能让他们有成就感的事情，比如：打篮球、玩小游戏等。将学生的兴趣爱好发展为自己的兴趣爱好，以此培养和学生的共同兴趣。让学生能够将教师归为自己的团体内成员，从而增进师生间的情感。

18. 微信抢红包的启示:教师要及时反馈

恭喜发财,大吉大利。经常在微信上抢红包的人,每当看到这句话总会有一种想把屏幕戳破的冲动。在微信群里发红包、抢红包也渐渐成为人们过年过节的一种消遣方式。过年的时候,亲朋好友围坐在一起抢红包、拼手气总能发出阵阵欢呼声。为什么微信红包会对人们有如此大的吸引力呢?这是因为一个微信红包拆开后,人们能及时看到红包金额排行榜,抢得多的人会很高兴,抢得少的人则会期待下一轮能有好手气。其实微信红包就是通过及时反馈抢红包的结果来增加吸引力的。

什么是赫洛克效应

赫洛克效应(Hunlock Effect)是指对人们在学习或工作中的表现进行及时评价,有利于强化人们的动机,从而对学习或工作产生促进作用。现实中,很多人无法长久坚持做一件事,就是因为许多事情反馈得太慢。花几天时间读一本书,不知道有没有进步;节食半个月,身材好像没有变化。如果不能第一时间获得结果,盲目地做一件事情往往会让人难以忍受。

及时反馈有显而易见的好处

赫洛克(Hunlock,1925)做过一个著名的"反馈效应"实验研究。他把被试随机分配到4个组里面,分别在4种诱因下完成任务。第一组为激励组,每次工作后予以鼓励和表扬;第二组为受训组,每次工作后对存在的一丁点问题都要严加批评和训斥;第三组为被忽视组,每次工作后不给予任何评价,只让其静静地听其他两组受表扬和批评;第四组为控制组,让他们与前三组隔离,且每次工作后也不给予任何评价。

研究结果发现,成绩最差的是第四组(控制组),激励组和受训组的成绩则明显高于被忽视组,而激励组的成绩不断上升,学习积极性高于受训组,受训组的成绩有一定波动。由此可见:适当激励的效果明显优于批评,而批评的效果比不闻不问的效果要好。这个实验研究的结果表明:及时对学习和工作结果进行评价,能强化学习和工作的动机,对学习和工作起到促进作用。

教师要利用“及时反馈”激发学生学习动机

在教学过程中，教师给予学生及时反馈能够激励学生的学习动机，从而促进学生学习成绩的提高，所以教师在教育教学过程中要努力做到以下方面。

第一，形成正确的课堂反馈方式，优化课堂教学效果。反馈对学生学习成绩的提高非常重要，因此教师应该在问答、观察、讨论、练习中确立课堂反馈的内容、形成正确的课堂反馈方式，正确的反馈方式可以是分数、评语、甚至是一个眼神。教师通过课堂互动中的反馈可以及时了解学生知识和技能的掌握情况，根据学生需要随时调节课堂教学的节奏。

第二，智慧调配课堂内容，把握课堂反馈的关键时机。课堂反馈的时机包括课始反馈时机、课中反馈时机、课末反馈时机等，教师抓住合适的时机及时对学生的学习情况进行反馈尤为重要。教师应该根据不同的课堂教学内容合理选择关键的时机进行反馈，比如在数学课堂中，教师如果发现学生们表情凝重、眉头紧皱就要及时停下来，了解学生哪里不明白、哪个方面不明白，根据学生的反馈及时调整教学进度。

第三，及时反馈要正确运用鼓励和批评。鼓励和批评都是反馈的方式，不能偏废，教师在对学生进行鼓励和批评的时候一定要注意方法。鼓励很重要，但不能夸大其词。对错误和问题的批评要及时、慎重，不能讥笑和嘲讽。要使鼓励和批评收到实效，关键是对学生的理解和尊重，凭敏锐的感觉和沟通的智慧对症下药。

第四，反馈的最佳方式是让学生自己主动及时反馈。学生自己对自己的理解更全面，学生对自身进行主动反馈的效果要优于别人给予的反馈。及时反馈自己掌握知识的多少和熟练程度，有利于学生积极主动地调整自己的学习计划和学习目标。自我反馈有助于激发学生的学习热情，学生看到自己的进步，会增加努力程度，增强学习动机。

19. 共生效应对良性竞争的启示

2016 年，一艘“友谊的小船”在朋友圈急速行驶，一时间出现了各种各样的版本。“友谊的小船说翻就翻”这句网络语也入选《咬文嚼字》杂志社发布的“2016 年十大流行语”。其实，这些“小船”最初来自澳大利亚著名绘本创作者艾伦(Allen)的作品《谁弄翻了小船?》，这一绘本主要讲述了几只小动物登船的故事。体积较大的牛、驴、猪、羊依次登上一艘小船，此时的小船已经快要沉了，岌岌可危。最后体积非常娇小的小老鼠纵身一跃也上了船，但是顷刻之间，小船翻了，所有的动物都掉进了水里。而后，它们耷拉着脑袋往岸上走，眼神里都对小老鼠充满了怨恨，落下小老鼠一个在后面走着，友谊的小船就这样说翻就翻了……引申到集体生活之中，我们应该如何协调好各方的利益呢?

共生效应:1+1>2

自然界中有这样一种现象:当一株植物单独生长时，就会显得矮小和单调;而与众多的同类植物在一起共同生长时，就会显得枝繁叶茂、生机盎然。心理学家将这种植被相互影响、相互促进的现象称为共生效应。在人类社会中也存在共生效应，从 1901 年至 1982 年这段时间里英国“卡迪文实验室”先后出现了 25 位诺贝尔奖获得者，便是共生效应的典型案例。共生效应揭示了集体对于个体成长的重要性，产生共生效应的集体中的任何一个成员，都会因为这个效应而获得比单独生存更多的利益，即“1+1>2”。相反，如果不能利用好共生效应，则每个个体获得的利益可能比单独生存时更少，甚至为零。在“友谊的小船”故事里，小动物们就没有认识到集体的意义，只想着自己尽快登上小船，可怜小老鼠成了小船翻掉的罪魁祸首，最终大家都没能享受到划船的乐趣。

教育中的恶性竞争

当下的教育是充满竞争的教育，特别是以分数为评价标准的教学评估机制，学生之间的竞争构成了这一环境的主旋律。虽然竞争推动着学生不断突破自我、不断进步，但是另一方面，学生在家长、老师的压力之下，很容易走向竞争的极端，出现恶性竞争。学生的不正当竞争心理一般有几种类型：嫉妒型竞争心理、攻击型竞争心理、逃避型竞争心理。同学间的恶性竞争很多与成绩排名有关，比如有的同学学习成绩差，可能就会在吃穿上面进行攀比，以满足自己内心“我并不比他差”的心声。

如何进行良性竞争

竞争意识泛指对外界活动所做出的一切积极、奋发、不甘落后的心理反应。学生具有竞争意识会促进其追求上进、不断进步。但是，如果学生之间存在恶性竞争，则不利于学生身心健康的发展。因此，培养学生良好的竞争意识，至关重要。

创造良好竞争环境，引导学生正确归因。学校应该创造一个良好的竞争环境，使学生能够在其中正视自己的不足，并对自己暂时的失败做正确的归因。

竞争中学习合作，培养团队意识。在竞争的环境下，引导学生合作，使学生感受到合作和团队的意义与价值，正确处理竞争与合作的关系，为学生之间“友谊的小船”保驾护航。

建立良好人际关系。积极引导学生与他人交往，培养学生人际交往能力，让学生在良好的人际氛围中感受良性竞争的乐趣。

树立合理目标。教师要指导学生寻找适合自己的目标。竞争的目标应该是有层次的和多样化的，学生应根据自己的实际情况，找到适合自己的目标。这个目标既不是唾手可得，也不是遥不可及，而是通过一段时间的努力就能够达到的。

20. 自我妨碍让学生考前特想看闲书

每次考试之前，总有学生抱怨："唉！我昨天晚上看了太多的漫画，今天肯定考不好啦！"这种明知不应为而为之的选择和行为在心理学上叫作"自我妨碍"（self-handicapping），也叫自我设阻、自我设限，就是设置一条"预防线"，以便在日后失败的时候为自己找借口。

自我妨碍：压力下的自我保护

费拉里和泰斯（Ferrari & Tice，2000）做了一个有趣的关于自我妨碍的研究，让大学生在做数学测验和玩游戏中进行时间分配。结果发现，当被告知将要进行的数学测验会作为评估他们认知能力的一种手段时，大学生们表现出了更多的拖延行为（分配更多时间玩游戏）。但是，当被告知这项数学测验并不重要，与能力评估无关时，大学生们在两者的时间分配中没有差异。也就是说，当面临被评价的压力时，被试通常会通过拖延来进行自我设阻。这是为了可以将失败归咎于时间仓促等外部原因，而不是他们的能力问题，借此来保护和提高其自尊。

利里和谢泼德（Leary & Shepperd，1986）将自我妨碍分为两种形式：第一种，行动式自我妨碍，指个体预先采取的一系列对成功不利的行为策略，如学生在考前不复习而热衷于玩网游；第二种，自陈式自我妨碍，个体在从事任务之前，过分夸大成功中存在的障碍，为将来可能的失败寻找一系列不可控制的借口，如学生声称"前一天晚上看了太多漫画""我感冒了，头很晕，这次考试肯定考不好了"等。

自我妨碍的归因模式

韦纳（Weiner，1974）认为，人们对行为成败原因的分析可归纳为四大因素：能力、努力、任务难度和运气。进一步研究又将归因分为了三个维度：控制点（因素源）、稳定性、可控性。所谓控制点（因素源）指的是当事人认为影响其成败因素的来源，是来自个人条件（内控），还是来自外在环境（外控）；稳定性指的是当事人认为影响其成败的因素，在性质上是否稳定，是否在类似情境下具有一致性;可控性指的是当事人认为影响其成败的因素,在性质上是否由个人意愿所决定。

控制点影响个体情绪:若将成功归结于内部原因,会使人感到满意和自豪,提高自尊;若将成功归结于外部原因,会使人减少荣誉感和成就感;若将失败归结于内部原因,会使人感到羞耻和沮丧,打击自尊;若将失败归结于外部原因,会减轻对自尊心的伤害。稳定性影响预期:若将行为结果归结于稳定的因素,个体会在之后的活动中预估到结果;若将行为结果归结于不稳定因素,则较难预估结果。可控性影响行为:面对可以控制的因素,个体会付出行动以改变结果;若是不可控因素,则个体无论付出多少行动都是无用的,因为个体根本无法操控这一因素。

而自我妨碍的归因模式主要体现在控制点这一维度上。自我妨碍行为能够为个体的失败提供一个“完美的借口”,竞争或评价情境来临前的拖延行为、睡眠不足、过多娱乐等,其实质是学生尽可能地将失败原因外在化。这是学生用来保护自尊和自我价值而产生的虚幻的双赢结果,即他们会认为失败了是因为努力不够,成功了则意味着具有高能力。

合理引导自我妨碍的学生

自我妨碍行为在日常生活中经常可见,像学生在考试前不努力学习而四处游玩或声称身体不适,其实这个时候个体很可能在进行自我妨碍。偶尔的自我妨碍也许问题不大甚至还有些益处,如缓解考试前焦虑等,但习惯性的自我妨碍会导致个体最终的失败或至少不能充分发挥他的才能,以致错失很多机会。从教师的角度来看,可以对学生的自我妨碍行为进行以下干预。

引导学生形成自我提高的归因模式。让学生认识到自我妨碍对个人的消极影响,并引导他们更多地对成功做能力和努力方面的归因。

调整考评方式。实行全面评价和单项评价相结合、过程性评价和终结性评价相结合、自评和他评相结合的考评制度,以减轻学生面临的评价性威胁,缓解学生在每次考评前的自我妨碍行为。

21. 酝酿效应:思维定势后的豁然开朗

德国化学家凯库勒(Kekule)长期研究苯分子结构,对苯分子中原子的结合方式百思不得其解。一天晚上,他在火炉旁看书睡着了,做起了梦。他梦到苯原子一个连着一个,扭转着像蛇一样,咬住了自己的尾巴。凯库勒顿时如被电击一样,忽然惊醒,苯分子结构从此解开。你是否也会遇到这样一种情况:遇到一个问题想得焦头烂额也毫无头绪,然后你暂时不去思考它转而去做别的事情,忽然有一天,这个答案毫无预兆地闯进你的脑海当中,瞬间便豁然开朗。这就是酝酿效应。

什么是酝酿效应

酝酿效应(Brewing Effect)是指反复探索一个问题而毫无结果时,先把问题暂时搁置下来,后来由于某种机遇突然使新思想、新心象浮现出来,找到解决问题的办法。酝酿效应源于阿基米德对浮力定律的发现过程。在古希腊,国王让人做了一顶纯金的王冠,但他又怀疑工匠在王冠中掺了银子,可问题是这顶王冠与当初交给金匠的一样重,谁也不知道金匠到底有没有捣鬼。国王把这个难题交给了阿基米德。阿基米德为了解决这个问题冥思苦想,他起初尝试了很多方法,但都失败了。有一天他去洗澡,他一边坐进澡盆,一边看到水往外溢,同时感觉身体被轻轻地托起,他恍然大悟,运用浮力解决了问题。

暂时放下说不定会有意想不到的惊喜

当人们将问题暂时搁置下来,转向其他活动时,思维就进入了酝酿期。在酝酿期间,人们虽然在意识层面上停止了对问题的探索,但其潜意识并没有停止对该问题的加工。通过酝酿,人们消除了先前解决问题过程中的心理紧张,弱化了心理定势的效应,之前的错误信息也逐渐被遗忘。同时,人们具有了创造性的思维状态,最近的记忆和已有的记忆被整合在一起,并容易激活比较遥远的思维线索,因而容易从不同的角度分析问题,产生对问题的新看法,使问题得以顺利解决(郝宁,赵琪琛,2014)。

心理学家西尔韦拉(Silveira,1972)的经济链实验说明了这一效应。在实验中,要求被试在半小时内把4个小链子链接成一个大链子,其中,每个链子有3个环,打开一个环要花2分钱,封闭一个环花3分钱,但是被试花的钱不能超过15分,最后要求被试大声说出其解决问题的过程。实验共分为三组:第一组被试一直在做经济链任务,最后有55%的人解决了问题;第二组被试在做经济链的任务的过程中插入半小时做其他事情,最后有64%的人解决了问题;第三组被试在做经济链任务的过程中插入4个小时做其他事情,最后有85%的人解决了问题。结果发现第二组和第三组被试回头来解决项链问题时并不是接着已经完成的解法去做,而是像原先那样从头做起。因此,可以认为,酝酿效应打破了解决问题时不恰当思路的定势,从而促进了新思路的产生。

让酝酿效应促进问题解决

在学习生活过程中,学生会常常面临难题而束手无策,焦头烂额,这时教师一定要善于运用酝酿效应,引导学生的无意识思维,培养其创造性。

耐心等待学生酝酿。在学习过程中,当学生遇到难题暂时无法想出正确的解决策略时,教师不要急于求成,过分追求速度,也不要苛责学生,让学生大脑进入更加紧张的状态。教师应该适当转移学生的注意力,让学生暂时放下自己所思考的问题,去做另一件与当前问题无关的事情,缓解紧张的学习气氛,耐心等待学生,给学生留下自己酝酿的时间,让学生在轻松的状态下思考。

善于引导学生转弯。在解决问题的过程中,学生有时会沿着问题的某一个维度去思考问题,而忽略问题的其他方面,慢慢走进死胡同里,此时也许只需要一个转弯就可以柳暗花明。因此教师要善于观察学生,了解学生在问题解决过程中遇到的种种状况,在学生焦头烂额时稍稍给予指导,引导学生开阔思路,将大脑中的信息重组,转换一下思路,也许就可以豁然开朗。

积极鼓励学生试错。试错在学生的学习过程中是非常重要的,教师要改变传统的理念,把不希望学生犯错转变成积极鼓励学生试错。这个试错过程，也就是学生获取信息、重组信息、转化信息的过程。在尝试错误并解决问题的过程中，学生可以加深对知识和问题的理解，进而形成灵活的思路，让知识能够横向迁移、纵向贯通，进而提高自身解决问题的能力。

22. 善用注意特点,提高学习能力

在一条空旷的马路上,一位车技娴熟的老司机悠闲地边开车边和车内的乘客聊天。然而,当前方突然出现紧急交通事故时,司机便立即紧张起来,认真驾驶小心操控,也不再和车内乘客说话了。卡尼曼(Kahneman)在《注意与努力》(*Attention and Effort*)一书中提出的资源限制理论认为:人的注意资源是有限的。在平坦道路上,司机因为技术熟练路况简单,驾驶车辆占用的注意资源少,也能够分心和旁人说话。而当路况复杂时,驾驶车辆便占用了司机大量注意资源,司机只能专心开车,无心与乘客聊天了。资源有限理论认为所有的任务都要占用注意资源,且注意资源是有限的,是一心一意还是三心二意完全取决于任务的难度。

信息加工的认知资源是有限的

心理学家谢夫林(Shiffrin)认为人类有两种信息加工方式:一种是自动加工,另一种是控制加工。自动加工是指不需要意志控制,不占用注意资源的加工方式,这种加工方式多表现于一些熟练的技艺;控制加工是指需要意志控制,并且占用注意资源的加工方式。现实情景中,自动加工往往表现为"三心二意"的状态,例如妈妈可以一边织毛衣一边和家人说话。而"一心一意"往往是控制加工,比如小学生刚刚学习写字时,每个字都是一笔一画、专心致志地写,若不然就会犯错。两种加工方式也是相辅相成的,在学习新技能时往往需要占用更多注意资源,这时就是控制加工;而当技能熟练了,并达到自动化的程度时,就可以一心多用了,就变成了自动加工。

从谢夫林的理论中我们能够得出这个结论:人们注意资源的占用程度和任务的难度、技术的娴熟程度有关。但是根据这个结论,学习新的任务或知识的时候,是不是只有占用多数资源的"一心一意"式的学习方式才有效呢?

"三心二意"的学习:也很有效!

每到考试前,图书馆里就挤满了专心背书的学生,如果不想挂科,那么一心一意地复习肯定少不了!一旦走出考场,所有背得"滚瓜烂熟"的知识点

随即烟消云散。然而，在平日里不经意间看到的名言警句、听到的经典台词却能让我们长久铭记。一心一意的学习使我们记得快，忘得也快；“三心二意”的学习虽然记得慢，但忘得也慢。

2007年，刘烨与付小兰两位心理学研究者在外文期刊上发表文章认为：“三心二意”的学习有时候也很有效！他们发现当个体正在学习某项任务时，如果期间加入分心任务就会激活个体的长时记忆，反之则这种效应不会出现。通俗来说，某人如果一心一意地学习，那么他虽然可以在短时间内记住学习的内容，但这些记忆的内容并不一定能够保持很久；而如果某人学习时三心二意，学一会儿开一会儿小差，虽然学习效率会降低，但他所学习的内容很可能因为他的“三心二意”而与已有的知识产生联结，并被记录在长时记忆中，得到更长久的保持（Liu，Y.，& Fu，X.，2007）。这项研究的结论给我们提供了新的教学思考。

从“一心一意”的专注学习到“三心二意”的分散学习。在刚刚接触新的概念时，教师要引导学生“一心一意”学习，这样才能记得牢；而在概念熟悉后，要让学生在不同时段“三心二意”“不经意”地时常复习，使知识点记忆更加长久。

从碎片化的“三心二意”学习到系统化的“一心一意”梳理。为了迎合当代学生的快餐式学习习惯，学校和教师可以将知识点化整为零，让学生在课余时间进行碎片化的学习，学生即使“三心二意”地学习也是没有问题的。再通过系统梳理，通过“一心一意”的专注学习帮助学生形成整体的知识结构。

23. 记笔记:一种精加工策略

2015年,哈尔滨工业大学校长周玉发表了《让记笔记成为人生的必修课》一文,他在文中严厉地指出,现在许多大学生把智能手机变成"记笔记"神器,只要面对老师PPT中的所谓重点,就"咔嚓咔嚓"地拍照。其实,这样的拍照并不是记笔记,而仅仅是做记录。做记录和记笔记是不能等同的,两者对于学生学习的作用差之千里。难怪周校长要大声疾呼"互联网时代的大学生仍要拾回课堂记笔记的传统"。

大学课堂的"咔嚓"怪象:比睡觉好不了多少

看到有用的PPT或教师强调的可能的考点,台下便会响起一片"咔嚓"声,课堂俨然变成了"记者会",成了一堂摄影课,场景好不热闹。同学一边听讲,一边记笔记的风景已不复存在,曾经需要奋笔疾书的课堂"笔"记,如今逐渐成了课堂"拍"记。上课"拍记"、下课印"拍记"、考试背"拍记"、考后删"拍记"已成为大学生学习方式的新常态。但是无论怎么拍,拍过之后根本啥也记不住,这真是有了"拍记"丢了课堂,难怪有的人说拍笔记比睡觉好不了多少。

记笔记是精加工策略,做记录是复述策略

从学习策略来说,记笔记是一种高水平、更精细的学习策略,需要做记录的个体对所记录的内容进行限制、修饰、加工,比如:举例子、增加说明、注解或提供自己的理解。它是一种深度的信息加工方式,相当于对课堂信息进行"编码"与"解码",实际上是"学而思"的过程,实现了学生感觉记忆—短时记忆—长时记忆的过渡与转换,能够促进学生新旧知识的联结。对于"拍记",如果只拍而不进行课后的注解、整合,那只能算是做记录。做记录是一种思维卷入程度比较低的学习策略,属于典型的复述策略,而且这种"拍记"远不如用笔做记录的复述效果好,是一种更浅层次的记录行为。

好记性不如烂笔头:最淡的墨水胜过最强的记忆

"眼过千遍,不如手过一遍"。巴纳特等人(Barnett & Rogozinski,1981)

研究了记笔记与否对听课学习的影响。实验中，研究人员把被试分为三组，每组以不同的方式进行学习，学习内容为介绍美国公路发展史的文章。甲组为做摘要组（记笔记组、精加工策略组），他们一边听课，一边根据自己的理解摘出要点，进行注解或增加新说明；乙组为看摘要组（非精加工策略组），他们在听课的同时，能看到已列好的要点，但不动手写；丙组为无摘要组，他们只是单纯听讲，既不动手写，也看不到要点。学习之后，对所有学生进行回忆测验。结果表明：甲组的学习成绩最好；乙组成绩次之；丙组成绩最差。

提升“拍记”为“笔记”

随着现代信息技术的进步和普及，“拍记”现象的产生也无可厚非，但对学生的学习而言，仅仅“拍记”是不够的。学生在拍完之后还是需要对拍的内容进行整理，删减之后要对保留的内容进行举例、修饰，增加自己的理解，或者运用到生活中去，要把“拍记”及时转化为“笔记”。同时，对于教师来说，也可以在课堂上直接引导学生记笔记。那么教师就要重点注意以下两点。

第一，教师上课语速或进程要把握得当。爱因斯坦（Einstein，1985）等人研究发现，教师的讲课速度会影响学生记笔记的效果，当教师讲课的速度过快时，记笔记会与听课相矛盾，大多数学生无法做到在做笔记的同时理解教师的讲课内容，这会影响学生对知识的理解和掌握。当教师讲课的速度中等时，记笔记才会对学生的学习有积极影响。

第二，教师在课前把讲义或者 PPT 先发给学生。伊丽莎白和霍利（Elizabeth & Holli，2009）的研究认为：假如“记笔记”（其实是做记录）只是照抄幻灯片上的内容，那么这样的笔记其实是复制性的，只是一种记录而已，学生可能会一边抄写，一边将写下来的内容抛在脑后。高明的老师会课前打印好 PPT 或者提纲，在上课时让学生根据教师的授课内容补充记录、添加上自己的理解，以促进学生学习。

24. 听课时拍照太多有损记忆力

在听课时，我们肯定都做过这样的事情：当老师讲到关键的内容时，急忙掏出手机拍照，生怕自己错过了把知识点拍下来的机会。很显然，我们想通过这种方式来保存知识点，以便稍后回看加深印象，避免遗忘。然而，有研究表明拍照会损害记忆力，使我们回忆信息的能力下降。

拍照引发“拍照损伤效应”

2014 年，费尔菲尔德大学的亨克尔（Henkel）发表在《心理学科学》（*Psychological Science*）杂志上的研究发现，沉迷于拍照会损害人的记忆力。亨克尔把这一现象称为“拍照损害效应”。

研究中，亨克尔带领 27 名大学生参观了美国康涅狄格州一家艺术博物馆。参与者共参观了 30 个目标艺术品，其中 15 个 A 类艺术品（被指定要求拍照），15 个 B 类艺术品（不能拍照，只能静静观赏）。参与者被要求观看 A 类艺术品 20 秒后，进行拍照；观看 B 类艺术品 20 秒后，再继续观看 10 秒。之后，在第二天测试参与者的记忆效果。

研究结果显示，参与者在辨认 A 类艺术品时，准确度较低，而在辨认 B 类艺术品时准确度较高。此外，相较于 B 类艺术品，参与者对于 A 类艺术品的细节包括它们在博物馆内的位置记忆较差。

亨克尔解释：之所以出现这种情况，是因为人们将相机视作一种外部的记忆设备。为了抓住一个瞬间，人们经常会拿出自己的相机，却几乎不用动脑子，以至于错过了眼前正在发生的事情。当人们靠科技产品帮助自己记忆而不再全身心关注时，即依赖照相机记录事件，这会对他们牢记自己的经历产生消极影响。我们常会怀着这样的一种预期，即相机可以为我们记忆各种事情，所以我们不必自己费心去记忆这些事情，也不必采取各种记忆措施。然而人的记忆与相机的“记忆”之间存在重要区别（Henkel，2014）。

“拍照损害效应”的产生就是因为人们常常会不自觉地迅速掏出相机，想要用镜头抓住某一个时刻，而在这么做的时候他们其实就错过了正发生在眼前的事情。人们想要依赖科技帮自己记忆,但这样反而可能会给自己对这些经历的记忆带来消极的影响。在依靠相机来记录下重大事件时,人们会不自觉地放松自己,进而不那么全神贯注地去关注事件本身。

把握拍照的频率

拍照能够捕捉我们希望记录的瞬间,但同时也会导致我们忽视眼前正在发生的事情。经常拍照会削弱一个人的记忆力,阻碍大脑形成具体的记忆。但这是不是意味着我们应该杜绝拍照呢?答案绝不是绝对的。我们需要做的是把握好拍照的频率,适度地进行拍照。

在课堂听课时,对于重要的内容应先认真领会,之后再进行拍照。对于重要的内容,不能仅仅依赖照相机来记录。我们应先集中注意力,针对呈现的知识点主动采取各种记忆措施,以增强短时记忆。然后对于需要进一步反复观看的知识点,可以进行拍照保存,以便日后回看。

若非专业人士,最好限制拍照次数。除了专业人士如摄像师、记者等因为工作的需要而不得不拍摄大量照片外,在日常生活中,我们也应该限制拍照的次数,例如在出游中,有意识地确定每天拍摄照片的数量,避免只顾拍照而阻碍了我们对当前风景的欣赏和记忆。同时,我们要更有选择性地拍照,不要让拍照影响我们对美的体悟。

25. 学习要“看”更要“做”

从古至今人们一直倡导在实践中学习，而现代技术的发展给人们提供了更方便、更轻松的学习途径。例如，优酷收录了数百万个教学视频，从弹吉他到跳芭蕾舞，应有尽有。“观察别人怎么做”是人们在学习新东西时会最先寻找和使用的方法，也通常被认为是最有效的途径。虽然观察学习为人们学习新技能带来了便利，但这种方式也会产生不良的后果。2018 年的一项研究发现，当人们在实践之前反复观察别人的行动时，他们可能会高估自己执行该技能的能力，我们称之为技能习得幻觉。

只“看”不“做”可能造成技能习得幻觉

2018 年，卡戴珊（Kardas）和奥布莱恩（O’Brien）在《心理学科学》（*Psychology Science*）上发表了一篇文章，旨在探讨技能习得幻觉及其影响因素。

在研究Ⅰ中，被试被随机分配到两种表演者情况不同（表演者：出现，不出现）和两种观看次数不同（观看次数：20 次，1 次）的实验条件中。表演者出现：人站在桌子的边缘，在保证餐盘不动的前提下，把桌布抽出来。表演者不出现：观看裁剪过的视频，可以看到带有盘子的桌子，但看不到表演者特定手部位置和动作。最后，让被试预测自己能够完成任务的程度。

结果发现，对观看表演者出现视频的被试而言，观看 20 次视频的被试比只观看了 1 次视频的被试认为自己能更好地完成技巧。对观看没有表演者出现视频的被试而言，观看 20 次视频的被试与只观看 1 次视频的被试在预测完成度上没有差异。而最终所有被试实际完成度是没有差异的。这表明如果人们看不到表演者具体的步骤和行为，技能习得幻觉就不会产生。

“做”可以减少技能习得幻觉

为了进一步探讨其中的影响因素，研究人员设计了研究Ⅱ。先让被试观看 20 次保龄球瓶杂耍的视频后，对自己可完成杂耍的程度进行预测，然后将被试随机分配到三种自我评价校准策略（反思、细节、接触）实验组中的一组，接受策略条件干预后，对自己可能的完成程度进行第二次预测。反思组：被试看完视频后详细地说明保龄球瓶杂要是如何操作的。细节组：给予被试保龄球瓶的信息（重量、长度、直径等）。接触组：被试拿住保龄球瓶，并保持1分钟。

结果发现，被试在接触保龄球瓶后，预测自己完成杂要的得分低于接触之前的预测。而接受反思及细节策略条件干预的被试，接受前和接受后对自己得分预测没有差异。结果表明，人们只有在获得实际做的感受后（例如真实的接触保龄球瓶）才会回溯自己获得的信息，调整自己的预测。细节和反思策略，对人们的预测并没有影响。

“做”中学的重要性

上述研究表明，通过重复“看”，人们认为自己能更好地完成技能，这可能是因为人们通过“看”可以追踪他人具体步骤和行为，人们因此体验到了自己是在“学习”的。而通过“现实接触”这一自我评价校准策略来亲自感受“做”中的体验，是可以减少“技能习得幻觉”的。

在实际的学习生活中，大多数的意义学习是从做中学的。让学生直接体验到面临的实际问题，通过设计各种场景，让学生扮演各种角色，以从中得到切身的体会，这是促进学习的最有效方式。

总而言之，仅仅通过“看”的方式来学习是值得反思的，尤其对于技能类的学习。虽然“眼前”的技能让人感觉“唾手可得”，但是实际上这可能只是一种“幻觉”。只“看”不“做”恐怕是出现“眼高手低”的重要原因。故而，在“做”中学、边“看”边“做”，可以有效帮助学生避免“纸上谈兵”“眼高手低”的情况，提高“教”与“学”的效果。

26. 过犹不及:工作记忆训练应适度

中庸之道强调“过犹不及”,提倡适度原则。2016 年的一项认知科学研究支持了这一思想。它发现过度的工作记忆训练会适得其反,使个体形成思维惰性,使得个体在再认记忆任务上表现更差,产生“过犹不及”的效果。工作记忆是个体在执行认知任务的过程中,暂时存储与加工信息有关的、容量有限的系统,是人类认知活动的核心。如果把短时记忆比喻成在手机的后台运行的那些程序,当你完全卸载程序时,短时记忆就完全消失了;相反,长时记忆更像时钟,即使关机休眠,时钟的运行也不会停止。而工作记忆就像你自己,一个机智的执行者,管理运行程序,下载更新程序。那些成绩优异的学生很可能就是靠着超强的工作记忆取得成功的。因此,近年来工作记忆训练逐渐成为提升个人认知绩效的一种有效方式,十分火爆。那么,大量的工作记忆训练是如何“过犹不及”的呢?

过量的工作记忆训练会损害再认记忆表现

马岑(Matzen,2016)等人选取了 74 名被试进行为期 5 周的实验任务,探讨了大量工作记忆训练是否有利无害。第 1 周所有被试完成记忆任务测试,包括工作记忆任务和再认记忆任务。工作记忆任务需要按顺序记忆符号和箭头的角度;再认记忆任务则是记忆并再认常见名词。在接下来的 3 周,被试被分为 3 组参与不同的任务。第一组完成心理意象任务,每周 1 次,练习如何将名词与大脑中的表象进行联结。第二组接受工作记忆训练,每周 4 到 5 次,被试需要记忆字母和方块的排列顺序。第三组是对照组,不接受任何训练。最后 1 周所有被试要再次完成第 1 周的测试。实验结束后会询问被试在两次记忆测试中使用的记忆策略情况。

研究结果表明,相比于对照组和心理意象训练组,工作记忆训练组的被试更多使用表层记忆策略,如复述策略。研究还发现,心理意象训练组的被试在再认记忆任务中得分增加,而工作记忆训练组在再认记忆任务上的得分反而下降。

如何减少过量工作记忆训练的弊端

上述研究表明大量的工作记忆训练反而损害了再认记忆任务的表现，为何会产生这样的结果呢？这主要是因为被试在工作记忆训练中大多采用机械复述的记忆策略，甚至不采用任何策略，由此形成了思维惰性，导致在再认记忆任务中同样沿用该策略，缺乏分析和思考。在教学过程中，教师应该如何避免过量工作记忆训练的弊端呢？

调整惰性思维，减少思维定势。教授告诉学生聋哑人通过比画买到了钉子，学生就在思考盲人怎样比画才能买到物品。其实，盲人只需要说话就能让人明白。遇到问题时，我们的思维往往对最先接收的信息过于依赖，这时应当试着换一个出发点或角度来考虑问题，而不要将思维固定于一个方面。

采用深层加工记忆策略。心理意象组的被试在再认任务中得分更高的研究结果表明深层加工的有效性。有最新研究表明词图关联和将词与具体话题相联系的记忆策略有助于记忆词汇。除此之外，增加记忆内容的系统性和逻辑性同样有助于记忆，思维导图和组织结构图都是不错的选择。

科学进行工作记忆训练。根据个人的实际情况，合理地安排工作记忆训练。除了通过记忆广度任务进行训练，也要搭配适当的复杂工作记忆任务训练，切勿简单、过多地重复单一性工作记忆训练。

27.“站立式工作”让学生注意力更集中

极客办公桌(GeekDesk)是一款可根据身材调整的办公桌,它可以任由员工选择站或坐的姿势上班。很多程序员、工作人员开始倾向于选择这样的桌子。工作时是坐着还是站着确实成了一个颇有争议的话题。久坐对人有不少害处:办公室人员坐久了免不了腰酸背痛颈椎疼,甚至还会变得肥胖。而关于站立的好处,有人说能够保持血液循环,使人精力充沛;有人说能有效减少患癌率、肥胖率;还有一些人觉得站立对我们的颈椎有好处。这些好处是否属实,尚有待科学证实。不过,2017 年的一项研究表明,“站立式工作”可能会让你的注意力更为集中,成为一名更好的思考者。

站起来工作会提高大脑的反应速度

2017 年,罗森鲍姆(Rosenbaum)等人发表在《心理学科学》(*Psychological Science*)上的一篇文章,旨在探讨相比于坐着,站立是否能够提高人们的选择性注意水平。

首先,研究人员将被试随机分配到两组中,一组保持坐立姿态,一组保持站立姿态,两组被试与电脑屏幕的距离相同。所有的参与者均需要完成“斯特鲁普测验(Stroop Test)”,该测试测量的是注意力和大脑的运行速度。

在该研究范式中,刺激材料在颜色与意义上相矛盾,比如:字义(红)与字的颜色(蓝)不符。当研究人员要求被试说出字的颜色时,他们的反应会受到字义的干扰,可能说慢,或说错(说成红),这一现象被称为斯特鲁普(Stroop)效应。斯特鲁普效应越大,表示被试受干扰程度越大,注意力越不集中(不能将注意力集中在字的颜色上)。

随后,研究人员对两组被试的大脑处理时间进行了比较,结果显示,无论是站立或坐立,都是会出现斯特鲁普效应的。但是,当存在干扰时,相比于坐立姿态,站立情况下的被试反应更快,即做出正确判断所用的时间更少。这也意味着站立情况下的被试注意力更集中,可以选择性注意需要注意的内容,也就是说斯特鲁普效应变小了。看来,相比于坐立,站立确实能够提高人们的选择性注意力以及自制能力(Rosenbaum et al. ,2017)。

改变姿势能够提高工作效率

上述研究表明,人们在站立的时候会促进选择性注意,更加集中在手头事情上。这是因为虽然站立姿势已经成为习惯,但保持这种姿势仍需要注意参与,很多肌肉都处于紧张的状态,从而会增加人们的压力。但这些压力不会太大,它们是可控的、持续的。查尤特(Chajut)等人 2003 年的研究表明,适度的压力可以提高人们的选择性注意。而罗森鲍姆的研究进一步说明,一点点额外的压力会使人的注意力更加集中,大脑思考得更快,反应更加迅速,从而使人更容易专注于手头的工作,提高工作效率。

看到这里,想要提高工作效率,不妨换个姿势多动动吧,或许会有意想不到的效果呢。站立确实能够帮助我们更加集中注意力,也能够让我们对注意的内容保持专心,进而提高工作效率。所以,当你伏案办公很累的时候,或者当你坐着面对电脑一整天腰酸背痛的时候,不妨试着站起来。这不仅仅是给你劳累了很长时间的身体一个放松的机会,更是一个集中你的注意力、提升工作效率的契机。

28. 让教师“遇见”更好的学生

作为一名教育工作者,我们会遇到各种各样的学生。每个学生都有自己的优点:有的学生善于交际,有的学生成绩优异,有的学生擅长绘画……当然他们也会有缺点。当学生把自己的缺点展现在我们面前的时候,很多教师会认为这与自己理想中的学生形象相差很远,试图采用一定的方法改掉学生的缺点。在教育教学过程中,教师一定会有很多改变学生不良行为的方法,其中行为塑造就是一种非常有效的方法。

何为行为塑造

所谓“塑造”,就是通过小步反馈帮助学生达到目标。用斯金纳(Skinner)的理论来说就是采用连续接近(successive approximation)的方法,对趋向于所要塑造行为的方向不断地给予强化,直到引出所需要的新行为。沃克(Walker)在1999年指出所谓的“塑造”,是指通过强化学习者逐步趋近预期目标(最终目标)的每一步来教授新技能或新行为。

行为塑造让鸽子学会啄彩色圆盘

斯金纳设计了特定的斯金纳箱,每个斯金纳箱里的一面箱壁上嵌一个与箱壁平齐的彩色小塑料圆盘。训练的目的是让鸽子啄这个塑料圆盘,而不是箱壁上其他任何地方。一开始,只要鸽子在箱子中的任何地方朝圆盘方向稍微转动身体就给鸽子喂食,多次强化后,鸽子朝圆盘方向转动的频率就会提高;之后提高要求,只在鸽子转向圆盘方向时才予以强化(给鸽子喂食),等鸽子达到要求后再次提高要求;最后,只有当鸽子啄向圆盘时才予以强化,多次强化以后,鸽子就学会了啄圆盘,行为塑造就完成了。在行为塑造过程中,行为塑造的发出者首先要观察被试的全部行为反应,然后对其中的部分行为反应进行强化,忽视那些不希望保留的行为反应,通过不断强化而塑造出一种期望的行为模式。

塑造理想的学习行为

斯金纳通过行为塑造的方法教会了鸽子啄彩色圆盘,在教学过程中,教师们也可以依据行为塑造的原理帮助学生养成良好的习惯，塑造理想的学习行为。

首先，教师要定义最终的目标行为。教师应该明确自己想要塑造的目标行为，并对自己所预期的目标行为有一个可操作性的定义，越具体越好。例如，教师想要塑造学生良好的学习习惯，那么就要对“良好的学习习惯”下具体的操作性定义，让“良好的学习习惯”这一抽象定义转化为可观测、可检验的项目，可以包括课前表现（主动预习）、课上表现（认真听讲）、课后表现（及时复习）等。

其次，要了解学生目前的行为状态。了解学生已有的与目标行为相关的认知或行为，清楚学生是在一个什么样的基础上向目标行为推进的。

再次，选择适当的强化物。在行为塑造过程中，用来奖励孩子反应正确的物品或活动就是强化物。强化物的种类有很多，一般来说，学生感兴趣的，就可以作为强化物。比如，学生喜欢受到表扬，那么表扬就可以作为行为塑造过程中的强化物。但并不是所有学生喜欢的物品和活动都可以作为强化物，在强化物的选择过程中要注意安全、健康、道德等问题。

最后，选择正确的塑造步骤。行为塑造法讲究“走小步子”，通过逐步逼近的方式来培养行为。教师应该对目标行为进行正确的分解，列出一系列阶梯式的步子，让学生从他们目前的状态通过一系列的步子迈向最终目标行为。当学生的行为朝着目标行为发展时，每一次进步都要给予及时反馈。

第二编

习惯与健康

读万卷书，需要充满活力的大脑和随时阅读的习惯；行万里路，需要有力的双脚和足以负重的肩臂。健康对于一个人的重要性不言而喻，健康是人们一切活动的基础，失去了健康就意味着失去了一切，只有拥有健康，才能挑起生活的重担，才能享受美好的人生。生活方式不健康、学习工作压力大、自我保健意识低等因素，使得目前我国亚健康人数的比例已经高达75%，而随着生活水平的提高，人们对健康的渴求愈发强烈。良好的习惯可以促进身体健康，也能让生活、学习和工作变得更有效率。为了更好地指导学生学习和成长，也为了自身可以积极、愉悦、健康、有效地工作，教师需要积极关注一些日常生活中的健康习惯，教给学生、影响学生。

本编中，我们将介绍一些关于习惯与健康的研究，旨在启发教师纠正错误的生活、工作习惯，建立更加健康有效的工作方式。不仅为自己，也为学生培养出良好的个人健康意识，从而更好地学习和工作。

29. 上课不憋尿，憋尿不上课

很多教师为了不中断精彩的教学，即使有了尿意也忍着，侃侃而谈，往往一站就是几个小时。这不仅苦了自己，也憋坏了下面听讲的学生。

获搞笑诺贝尔奖的一项研究居然认为，当濒临尿崩的时候，人们会文思泉涌、才华横溢，就有了"文思如尿崩"之说。荷兰有研究认为，在一些金融决策游戏中，憋尿确实提高了被试的能力表现水平。然而，一些国家的交通标语中却有一条"开车不憋尿，憋尿不开车"，理由是憋尿会影响人的认知能力，类似于疲劳和酒精的影响一样。那么，到底上课该不该憋尿呢？

憋尿不利于健康并有损认知功能

憋尿在医学上称为"强制性尿液滞留"。不要小看几次不经意的憋尿，有了"尿意"不及时排尿对健康是非常不利的。长期、习惯性憋尿不仅会影响膀胱功能，造成尿路感染，还可能出现频尿、血尿、排尿困难、下腹不适或疼痛等症状。国外研究资料表明，排尿次数与膀胱癌的发病率密切相关，排尿次数越少，患膀胱癌的危险性越大，因为憋尿增加了尿中致癌物质对膀胱的作用时间。最近美国科学家的研究报告称，有憋尿习惯者今后患膀胱癌的可能性要比一般人高3～5倍。

憋尿不仅仅会造成生理上的不适，还会影响人的认知能力。路易斯（Lewis，2011）等人做了有关憋尿可能产生的影响的研究。这乍一听很搞笑，但方法科学的研究发现，憋尿让大脑处理信息的速度变慢了。研究人员找来8位健康人士（6男2女），他们在自愿的情况下进入憋尿状态，一直到实在憋不住了为止，在这个过程中测量他们的认知水平（操作能力、注意力和工作记忆力）。首先在实验开始前测出每个人的认知能力基线水平，然后每隔15分钟饮用250毫升的水。每次喝水之前要对自己的"尿意"和"痛感"分别打分（0～100分，0表示"完全没有"，100表示"我这辈子没这么想尿过"）。同时，每隔1小时测量一次认知水平的变化。实验发现，随着喝水量的增加和憋尿时间的延长，尿意和痛感也在增长。当人进入"极度尿意"状态下，注意力和工作记忆功能都有严重的下降，而在排尿后回到正常水平。研究人员据此认为，尿意影响的是我们在基于视觉信息和工作记忆进行“决策”时的速度。

教师憋尿不上课，学生憋尿不听课

工作记忆对于学生的理解、判断和推理等认知过程都有重要的作用，可以帮助学生理解语言、进行决策以及解决问题。对于教师来说，工作记忆能力也会影响其课堂授课效果。因此，不论是教师还是学生，为避免憋尿带来的健康问题和认知受损，特别提醒教师不要憋尿上课，学生不要憋尿听课。以下措施值得借鉴：

第一，在每次上课或讲座前，最好先解决一下小便的问题；

第二，无论是工作、学习还是开会期间，都应该有一个“中场休息”的时间，让自己“方便”一下，也让学生“方便”一下；

第三，在憋了一段时间的尿之后，最好的方法就是再补充大量的水分，让自己多排几次小便，这对膀胱有冲洗的作用，可以避免膀胱内细菌的繁殖。

30. 有话就说，有屁就放

为人师表的教师在给学生上课的时候，即使有屁要放却会经常不好意思放出来。他们生怕“噗”地一下有失斯文，于是忍着，一忍再忍之后就不想放了。也许很多人都有类似这样尴尬的经历。可是，你是否知道忍住的屁到底跑到哪儿去了吗？说出来吓死你——“忍”下去的屁会从嘴巴里和你呼出的气一起排出来。这真是一个让人哭笑不得的冷知识。

美国太空总署在20世纪60年代进行阿波罗计划时，曾认真研究过“屁”的成分，以明确屁中是否含有会引起密封舱爆炸的气体。经过仔细的调查，研究者发现屁里面含有400种成分。其中主要的成分是氮、氢、二氧化碳等无臭气体，还有微量的氨、硫化氢、吲哚、粪臭素等形成恶臭原因的气体。忍住屁不放，气体就会积存在肠道内，当肠道内的气体浓度高时，气体就会流入血液中，原封不动地被血液运至肺部，通过呼吸排出体外。

压抑致病，不吐不快

俗语说，“有话就说，有屁就放”，看来，“有屁就放”确实有道理。那“有话就说”想必也是大有学问的。比如说，很多人都有体会，在有烦恼、不高兴的时候，找朋友或者亲人诉说一番之后，心情就变得好起来。国外有研究证明，大声朗诵对老年人的身心健康有很大的促进作用，许多发达国家的老年社区都有朗诵俱乐部，甚至在有些地方还出现了专门花钱雇人上门聊天的新业务。我们喜欢把心中的想法“一吐为快”，甚至觉得“不吐不快”，为什么当人们有话憋着不说会觉得不舒服呢？

弗洛伊德认为，有意识地去压抑自己的欲望、冲动是人的一种基本的心理防御机制。我们之所以能保持正常的人际关系、社会秩序，在很大程度上是依靠每个人适当应用压抑作用来约束和调节自己的行为的。但是过分压抑自己，把自己本来正常的欲望或本能都进行压抑，反而会形成一种病态反应，容易形成过分谨慎、严肃、呆板的强迫性性格。

有话就说的价值

教师每天也会遭遇很多烦恼和不愉快的事情，但是鉴于维持自身的“师表形象”，很多时候却有苦难言。但是，“有话就说，有屁就放”才是有利于身心健康的活法，即使只是跟别人“吐嘈”或“拉家常”这些看似毫无意义的事，也是有其价值所在的。

自我表露的功能。心理学的研究表明，适当的自我表露是一种健康的人格特征，告诉信赖的人有关自己的信息，不仅增强了自我觉察的能力，还可以与他人分享体验，并从他人那里获得反馈，有利于建立良好的人际关系，对于维护自身的心理健康具有重要作用。

人际互动的需要。人是一种社会动物，如果人与其他人失去了相处的机会的话，会产生孤立无援或被社会抛弃的感觉，容易变得心理失调。我们平常与他人闲聊琐事，即使是一些不重要的话，我们也能因为满足了彼此互动的需求而感到愉快与满足。

情感宣泄的作用。很多的烦恼或担忧，说出来的时候往往就已经好了一大半。从心理健康角度而言，请不要将心理压力“存放”在心中。将心中积郁的委屈、压抑、担心、焦虑等消极情绪倾诉出来，可以减轻精神疲劳，使你变得轻松愉快。

31. 户外散步有助于心理健康

古希腊哲学家亚里士多德说过:健全的身体是健康心理的基础,健康的心理促进身体的发展。锻炼是改善和保持身体健康的关键。然而,说到心理健康,2017 年的一项研究告诉我们,我们不需要为了获得心理健康而一头扎进健身房。只要进行一次悠闲的散步,就可以改善情绪并提高主观幸福感,尤其是对那些平时常常久坐不动的成年人而言。

悠闲散步可改善情绪并提高主观幸福感

虽然已有的一些研究指出身体活动有益于心理健康,但尚不清楚身体活动强度是如何影响主观幸福感的。2017 年,康涅狄格大学的潘扎(Panza)及其研究团队通过一项研究探讨了身体活动强度与主观幸福感之间的关系。该项研究选取 419 名健康的中年人为被试,在他们臀部佩戴一个记速器,对其身体活动进行为期 4 天的持续监测。此外,还让参与者完成一份问卷,详细了解他们的日常锻炼习惯、心理健康程度、抑郁水平,还有是否经历过疼痛及其严重程度,以及疼痛扰乱日常活动的程度。

研究发现,久坐不动的成年人的主观幸福感最低且抑郁水平最高,这表明缺乏身体活动对心理健康不利。总的来说,研究小组发现那些经常进行体育锻炼的人表现出更多的主观幸福感。然而,身体活动的好处是因活动强度不同而不同的。低强度活动与更多主观幸福感和更低抑郁相关,而中等强度活动则与更多主观幸福感和疼痛感降低有关。该研究将低强度活动定义为一次悠闲散步,不明显增快心率和呼吸,或是没有明显出汗。中等强度活动定义为在 20 ~ 30 分钟内行走 1 千米,心率、呼吸和出汗略有增加。研究中发现一个有趣的现象,对于那些久坐不动的成年人,当他们的活动水平为轻度或中等强度时表现出最多的主观幸福感增加。

运动对心理健康有哪些好处

人的身体和心理是一个整体的存在,二者在相互关联、相互影响的紧密联系中不断得到发展。在个体的成长过程中,随着身体和运动能力的发展,智力和个性也同时得到发展，而运动对人的身体和心理发展具有积极的影响。

运动可以改善人际关系。运动总是在一定的社会环境中进行的，它总是与人群发生着交往和联系。由于运动本身的需要，人们在运动中不仅能够突破害羞腼腆，还能增加沟通、协调人际关系、扩大社会交往面，通过运动还能够找到志同道合的伙伴消除心理上的孤独感。

运动可以降低心理压力。科学研究发现，运动本身可以促进人体的内分泌变化。大脑在运动后会产生名为内啡肽的物质，人心情的好坏与大脑内分泌的内啡肽多少相关。运动可以刺激内啡肽的分泌，当运动达到一定量时，内啡肽的分泌增多，在内啡肽的激发下，人的身心会处于轻松愉悦的状态中。

运动可以提高自我效能感。我们在运动中，需要不断克服客观困难（环境、难度、意外等）和主观困难（胆怯、退缩、不自信等），如果我们通过不断地训练，提高了运动技能，在运动中得到了肯定、赞美和羡慕，必然会获得自我成功的认知和高峰体验。

32. 跑步：不仅健身还健脑

跑步是一种相对简单的健身方式，很多人会选择通过跑步来锻炼身体。当然，仍然有一大部分人“懒癌”缠身，在自己的空闲时间里一动也不想动，只是刷着朋友圈自娱自乐。人人都知道跑步有助于锻炼肌肉减少脂肪，长期规律地跑步对内脏器官也有很多好处，更神奇的是，跑步对大脑健康也很有效！2016 年，莱克伦和亚历山大（Raichlen & Alexander）的研究通过核磁共振成像（MRI）发现，跑步会对人类大脑的结构和功能产生影响，跑步的人的大脑功能连接性要远远强于天天“葛优躺”的人群的大脑。看到这里，你还能坐得住吗？有没有赶紧出去跑一圈的冲动。

长期跑步提高大脑功能连接性

大脑功能连接性对我们在日常生活中的信息处理和信息整合能力有着重要的影响。大脑功能连接性较弱的人更容易患老年痴呆症或其他神经退行性疾病。大脑中的额叶皮质就能体现出大脑功能的连接性，这个区域对大脑的认知功能来说十分重要，我们平常做计划、做决定等都依赖于这一区域。

2016 年，亚利桑那大学研究者莱克伦和亚历山大针对跑步与大脑功能连接性之间的关系进行了一项研究，研究结果发表在《人类神经科学前沿》（*Frontiers in Human Neuroscience*）上。在研究中，研究者将参加实验的被试分成两组：一组是长期跑步的年轻人，另一组是基本不进行运动的年轻人。其中，被试年龄在 18 到 25 岁，体质指数和受教育水平也相当。之后，实验团队分别对两组被试进行核磁共振扫描，对静止状态下大脑功能连接性进行了评估，即分析被试在休息条件下的大脑状态。研究者将长期跑步被试的大脑扫描图像与基本不进行运动的被试的大脑扫描图像进行了对比。结果发现，跑步者的大脑具有更强的功能连接性，或者说大脑各不同区域之间的功能连接性更强。额叶皮质（the frontal cortex）这个区域，对大脑的认知功能起着重要作用，比如做计划、做决定和一心二用等功能。

研究表明，高水平的有氧运动，如耐力跑，可能有益于大脑功能，特别是复杂的认知能力，如规划、任务之间的切换和多任务处理能力。莱克伦(Raichlen)认为，跑步需要惊人的高水平的认知技能，特别是如果你跑得快或者处于一条具有挑战性的路线当中。那些重复性高的运动其实涉及了很多复杂的认知功能行为，比如做计划和下决定，这些行为都会对大脑产生影响。

趁着阳光明媚，多出去跑跑步

跑步不仅能健身还可以健脑，经常锻炼能保持大脑年轻。身体更健壮的人记忆力更好，保持健壮甚至可以刺激大脑记忆中枢新细胞的生长，进而有助于预防认知功能障碍，即俗称的老年痴呆症。

跑步不仅可以帮助我们保持身材，防止骨骼和肌肉的退化，还可以抵抗疾病、提高整体健康水平。跑步是一项重复性较高的运动，这项运动需要很好的运动控制力，也需要一定的手眼协调能力。这种重复性较高的运动其实涉及了很多复杂的认知功能，会对大脑产生影响，长期坚持还会改变大脑的功能和结构，让人变得更加聪明机敏、精力充沛。

多出去跑跑步，不仅强身健体，还能结交朋友、愉悦身心，更重要的是还能提高认知水平。因此，我们在空余时间就不要通过手机查看外面的世界了，选一双舒适的鞋子，亲身感受外面的世界，从而开始健康之旅。

33. 跑步的益处可能不只你知道的那些

在我国,夏季普遍高温,于是朋友圈就催生了很多吐槽天气的段子:上街一趟遇见的都是“熟人”;不和气温 40℃ 以下城市的人交朋友,我们“不熟”……在酷热的天气里,很多人更愿意待在有空调、WiFi 和西瓜的屋子里,但是也有很多人选择在早晨或者傍晚跑步,希望在炎热的天气下多出点汗,以达到减肥的目的。众所周知,跑步有助于加速脂肪的燃烧,保持苗条的身材。然而科学研究发现,跑步不仅能给身体带来好处,而且还对人们的大脑和心理有益。

跑步能帮你记住更多学习内容

研究表明,在学习阶段(比如为了准备考试而拼命记忆)过后选择跑步,对于信息记忆的能力有直接的效果。来自上奥地利州应用科学大学的研究人员说,如果学生们想要记住他们所学过的东西,应该进行适当的运动,比如跑步,而不是打电脑游戏。他们认为暴力电脑游戏能够使大脑认为自己处于真实的心理威胁中。这与游戏的心理压力相结合,意味着大脑关注这些感知到的威胁,而拒绝回忆刚刚学过的信息(吴云卫,2017)。

跑步能够增加愉快感

我们经常在电影中看到这样的场景:处在烦恼中的男主角在操场上一圈圈地跑着,直到精疲力竭,心中的郁结好像舒畅了许多。的确,跑步可以使人产生愉悦感。那么,这种愉悦感的来源是什么呢?

最初,科学家认为,这种快感的来源是内啡肽。这是一种可以镇痛的物质,它通过切断疼痛信号的传递以及改变对疼痛的认知,让人在运动中不但不会感到痛苦,反而感到很愉快。它的功效和吗啡类物质相似,所以又被看作大脑内自行产生的吗啡。人体内自然分泌的内啡肽浓度很低,但在高强度的运动中,肌肉的拉伸与撕扯能够促使人体加速分泌内啡肽,让人非但不觉得疲倦,反而有一种飘飘然的快感及满足感。

随着科学技术的发展,研究者发现内源性大麻素也可以使人产生愉悦的感觉。而且几乎所有的细胞都能释放内源性大麻素，它可能比内啡肽带给大脑更强的影响。

跑步降低死亡风险

2017 年，萨姆森(Samson)等人的一项研究指出，相对于那些从来不跑步的人，每天只跑步几分钟或者只是慢跑也能显著降低人们因心血管疾病而死亡的风险。

在该研究中，研究者在 15 年间调查了 55 137 位 18 到 100 岁的成年人，结果发现，与那些不跑步的人相比，会跑步的受访者的死亡风险低 30%，因心脏病或脑梗死而死亡的风险低 45%，其平均寿命长 3 年。另外，即使是那些每周跑步不足 51 分钟、距离不超过 6 英里(约 9.66 千米)、速度不超过每小时 6 英里，或者每周只跑一两次的受访者，他们的死亡风险也要比那些不跑步的人低。

这项研究结果还表明，每天哪怕跑步 5 分钟并且坚持下去，也会有不小的健康收益。虽然这个结果并不代表每天跑 5 分钟就可以达到和推荐运动量相同的效果，但是，哪怕只抽出 5～10 分钟来跑步，也会比赖在沙发上强得多。

跑步这么好，怎样科学跑

从产生快感的激素来看，无论是内啡肽还是内源性大麻素，都需要一定的条件才能触发其分泌。如何科学跑步，不妨看看下面的建议：

第一，跑步之前保证充足的睡眠，使得身体达到产生内源性大麻素的最佳状态。

第二，结伴跑或是在跑步时听着自己喜欢的音乐都能使跑步过程更加愉悦。

第三，跑步应该循序渐进，量力而行，贵在坚持。根据自身体质以及年龄等因素，合理安排路程，选择适合自己的跑步形式，一定的跑步时间以及强度能够刺激使人产生愉悦感的激素的分泌。

34. 读书使人长寿

雨果曾说："书籍是造就人类灵魂的工具。"优秀的文学作品总是借助各种方式，在表达人类社会的一些基本准则的同时，也表达了人类最美好的感情，以及对美和理想的永恒追求。而阅读可以使我们变得睿智，让我们主动地去思考人生的意义和价值。最近有研究表明，阅读不仅可以帮助我们丰富知识，还能帮助我们延长寿命。

阅读有益长寿

美国耶鲁大学的白威士（Bavishi，2016）等人发表在《社会科学与医学》（*Social Science and Medicine*）杂志上的研究发现，那些每天花上半小时阅读的人比不阅读的人活得更久。该研究调查了3 635名50岁以上的受测者，回答了有关阅读习惯的问题，并据此将受测者分类成3组：一组没有阅读习惯；另一组每周阅读时间最长3.5小时；最后一组则是每周阅读超过3.5小时。历经12年的追踪，对比三组人的寿命。研究人员发现，最爱阅读的那一组（每周超过3.5小时），相较于完全不爱看书的一组，死亡率低23%。另外，每周读书时间最长3.5小时的那一组比完全不爱看书的一组死亡率低17%。

研究结果显示，读书老人的平均寿命比不读书老人的平均寿命长近乎两年。研究者们进一步分析指出，书籍能给读者提供更多认知上的好处，让读者勤于思考，并由此延长了寿命。也就是说，读书，尤其是深度阅读，可以降低死亡风险，对健康有积极作用。这种收益是独立于性别、受教育程度和经济状态的。无论男女，不论贫富，甚至学识水平，多读书，每天投入30分钟以上的老年人可以获得更长的预期寿命（图34-1）。该研究还探讨了不同阅读内容和寿命的相关性，发现读书本比看杂志、报纸的人更长寿（Bavishi et al.，2016）。研究还发现，高龄人群把更多的时间用在看电视或者杂志报纸上。因此，我们应当鼓励高龄人群做出改变，将看电视、报纸、杂志的时间用于读书，哪怕一天只看一章内容。一点小小的改变，会有大大的健康收益。

两种认知过程增加"生存优势"

读书为什么会延长我们的寿命呢？研究者指出，阅读时有两种认知过程

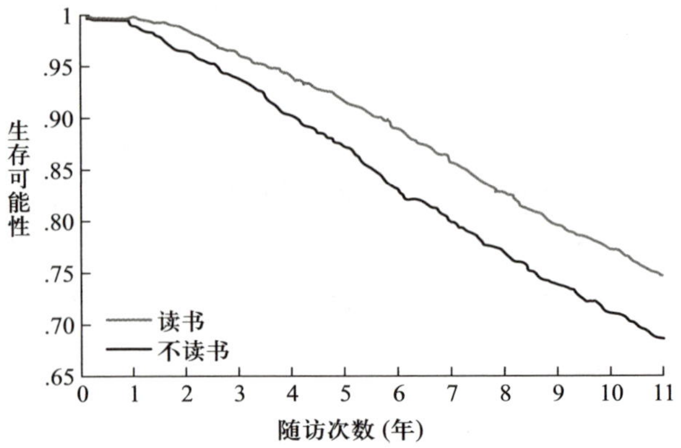

图 34-1　读书与生存可能性的关系

对长寿有益。首先,我们会将阅读到的信息与现实社会联系在一起,将阅读到的内容应用于现实社会中,从而引发思考让大脑一直保持活跃状态。其次,阅读时可以让读者产生共鸣,促进人们的社会知觉性发展。这些都属于有益长寿的认知过程,能够增加我们的生存优势。

养成读书的好习惯

我们在读书的过程中不仅能够获得丰富的知识,还能够延长自己的寿命。既然读书可以给我们带来这么多好处,那么养成良好的读书习惯就十分有必要了。

不能为了看书而看书。要把阅读看成一种精神享受,应始于兴趣,发于思考。阅读时可以做些笔记对其内容进行深究,可能开始会有困难,但时间久了你会发现其内在的奥妙与魅力所在。

自由与计划相结合。读书要结合自己的兴趣、选择自己闲暇的时间,可以自由读,但也要有一定的计划。每天空出一小段时间来读书,哪怕就读那么几页,长久坚持下来也能读完一本书了。

与朋友进行分享。我们可以把自己喜欢的书推荐给朋友,或者与朋友进行讨论,有什么感想,有什么赞扬或者批评,都可以分享给他们,和他们交流,这样不仅可以加深自己对文中内容的记忆与理解,而且也可以提高自己的阅读兴趣。

35. 要想学习好,睡眠不能少

期末考试既是对学生学习效果的检验,又是对教师教学效果的一种评价。很多同学为了应对期末考试,为了多背一些知识点,到了凌晨都不舍得睡觉,争分夺秒,临阵磨枪,希望能在考试中取得好一点的成绩。但熬夜学习真的能比按时休息取得更好的成绩吗?2004 年的一项研究发现,人们在睡眠的时候也能学习、巩固知识,也就是说睡一个好觉便可以提高成绩。

睡眠是有阶段性的

人们在睡眠的过程中是分阶段的,按照脑波的变化频率,一个睡眠周期分为五个阶段。其中,前四个阶段为非快速眼动睡眠阶段,第五阶段为快速眼动睡眠阶段。大脑在工作时的氧代谢会产生损害脑干、下丘脑等脑区神经元的物质,非快速眼动睡眠为大脑阻止损伤、修复细胞提供了机会。此外,对成年人来说,快速眼动睡眠对学习和记忆发挥着重要的作用。每个人的睡眠时间不完全相同,年轻人通常每天睡七八个小时,而其中 20% 的时间是快速眼动睡眠。

快速眼动睡眠阶段亦可巩固知识

史密斯(Smith)等人在 2004 年进行了一个实验,实验结果支持了人们在睡眠的过程中仍然可以巩固知识这一结论。实验开始之前,24 名被试先在睡眠实验室睡了一晚,这样研究者就获得了每个参与者快速眼动睡眠的总量,作为之后比较的基线。第二个晚上,6 名被试分配到控制组,他们又在实验室睡了一晚,其他 18 名被试学习了河内塔问题[①]解决任务。研究者测量所有被试的快速眼动睡眠发现,与基线相比,有学习任务的被试在第二晚出现了更多的快速眼动睡眠,控制组被试的快速眼动睡眠没有什么变化。一周之后,研究者要求学习河内塔问题解决任务的被试再做一次河内塔任务,结果

① 河内塔问题就是在一块木块上有三个立柱,柱 1 上放着几个圆盘,小的在上,大的在下(初始状态)。操作者需将柱 1 上的圆盘移到柱 3 上(目标状态),条件是每次只能移一个圆盘,且大盘不能放在小盘上。

这些被试的重测结果都比第一次有所提高，而且快速眼动睡眠最多的被试成绩提高最大。这个实验告诉我们，睡觉对记忆以及逻辑思考有着重要的价值，也就是说，我们在睡觉的时候，也在“学习”。

良好的睡眠为学习保驾护航

我们通常会认为只有在清醒的时候才能学习，才能解决问题，所以很多人会轻视睡眠，甚至以少睡为荣，而这个实验颠覆了我们以往的认知。实际上减少睡眠，是最不科学的利用时间的方式。大量有难度的问题的解决，都是在睡眠中完成的。

在平常的学习过程中，特别是备战考试的时候，很多同学会占用睡觉的时间多看点书，他们认为多看一会儿书、多做一道题就能多考几分。其实通过这种战术学习的知识只能保持很短一段时间，要想长久地记住知识还要劳逸结合，保证充足的睡眠时间，因为我们在睡眠的时候也可以巩固、复习白天学习的知识，良好的睡眠对学习有着非常重要的作用。

下面的数据，是2015年美国国家睡眠基金会公布的最佳睡眠时间：

新生儿（0—3个月）：每天睡眠时长为14～17个小时；

婴儿（4—11个月）：每天睡眠时长为12～15小时；

学走路的孩子（1—2周岁）：每天睡眠时长为11～14小时；

学龄前儿童（3—5周岁）：每天睡眠时长为10～13小时；

学龄儿童（6—13周岁）：每天睡眠时长为9～11小时；

青少年（14—17周岁）：每天睡眠时长为8～10小时；

青年人（18—25周岁）：每天睡眠时长为7～9小时；

成年人（26—64周岁）：睡眠时长维持在7～9小时。

老年人（65周岁以上）：睡眠时长为7～8小时。

所以，教师应引导学生养成早点休息的习惯，让良好的睡眠为我们的学习保驾护航。

36. 睡眠中也能学习

相信大家都有过这样的经历:为了应对考试,在前一晚挑灯夜读,或是为了完成一个紧急文案在夜里加班加点。着急完成紧急任务的你打算彻夜学习,结果却败给了睡眠。这个时候,我们常常幻想着可以拥有一边睡觉一边学习的能力。2015 年的一项研究结果显示,我们在睡眠中确实能够学习。

睡眠是如何帮助学习的

研究者安德里隆(Andrillon,2015)等人对不同睡眠阶段的脑活动进行了研究。研究人员将 20 名参与者和测量脑电波活动的机器相连,这是为了监控每一个参与者整晚的睡眠阶段(例如快速眼动睡眠,异相睡眠)。研究人员在他们睡着前播放白噪声(功率谱密度在整个频域内均匀分布的噪声),并在其中穿插高音和其他声音。他们要求参与者在听见这些不同声音模式的时候指出来。在参与者昏昏入睡之后,研究人员继续时不时地播放相同的声音模式,同时观察参与者的每一个睡眠阶段。第二天早上,在参与者醒来后,研究人员最后一次向参与者播放白噪声和穿插的声音模式,测试他们识别睡眠期间听到声音的能力。

测试结果发现,在快速眼动(rapid eye movement,REM)睡眠期间听到声音片段提升了受试者在该测试中的表现,而在非快速眼动(non-rapid eye movement,NREM)睡眠期间听到声音片段则产生了相反的效果。通过分析夜间参与者对声音的响应,研究者们证实了 REM 睡眠期间的学习效果,即快速眼动睡眠或轻度非快速眼动睡眠有益于学习,而深度非快速眼动睡眠对学习新知识的能力具有抑制效果。在 NREM 睡眠期间,研究者们观察到轻度 NREM 睡眠和深度 NREM 睡眠存在明显差异,处于轻度 NREM 睡眠,学习是可能的,而在深度 NREM 睡眠,学习受到抑制。这一结果证明了人们确实可以在睡眠期间进行学习。

除此之外,研究者还收集了参与者在实验过程中各个阶段的脑电图,并采用数学模型进行数据分析,对这种睡眠过程中的学习方式进行深入的探究。

研究者进一步观察到了在 REM 睡眠和轻度 NREM 睡眠期积极的电生理活动，而与之相反的是，深度 NREM 睡眠抑制了学习。在快速眼动睡眠中，学习主要是由快速眼动所驱动的。在 NREM2 睡眠期，学习与缓慢的纺锤波的密度有关。在 NREM3 睡眠期，抑制效应可能是由慢波的存在所驱动。

研究者们还发现，快速眼动睡眠的睡眠期促进了参与者对新信息的学习，其方式与清醒状态相当。就像在清醒时一样，在快速眼动睡眠期间反复声音刺激会导致行为表现的改善，以及相应学习的神经生理标记响应，证明了参与者有能力对一种新的声音形成新的反应。尽管在快速眼动睡眠中观察到的与清醒时相比，脑诱发电位表现出了不同的形状。

要想学习好，睡眠不能少！

看完上面的研究结果，或许会让你对睡眠有了更新的认识。尽管人在睡眠的时候处于意识模糊的状态，但是大脑依旧可以进行学习活动。但此“学习”非彼“学习”，可不能为上课睡觉找借口。了解大脑在睡眠期间的不同活动类型，我们可以更有针对性地安排自己的学习计划。为了学习而选择熬夜可不是一个明智的决定。睡眠剥夺会影响个体的注意力和执行力，从而对学习造成影响（马哲，2014）。睡眠不足还会影响记忆力、大脑认知，甚至导致神经衰弱。要想取得好成绩，合理安排学习和睡眠时间，保证规律的作息才是最关键的。

37. 学习间期睡眠让人记得更快更牢

2015 年,斯坦福医学院称,青少年睡眠不足"是一种传染病",并将其与大量的负面健康问题挂钩,比如注意力不集中,成绩不好,焦虑沮丧以及产生自杀的想法等。一项新研究证实了在连续学习间隔中适当休息能够带来好处的猜想,学习间期的休息可以让你更容易地回顾知识、查漏补缺。

为什么要睡个好觉

睡眠不足会给身心带来许多负面影响:思考能力下降,警觉性与判断力削弱,免疫功能降低,内分泌失调,失去平衡等。相信大家都深有体会,在熬夜的隔天,上班或上课时经常会头昏脑涨,注意力无法集中,甚至会出现头痛的现象,长期熬夜、失眠对记忆力也有无形的损伤。专家实验证明,人的大脑要思维清晰、反应灵敏,必须要有充足的睡眠,如果长期睡眠不足,会使人心情忧虑焦急,并且如果大脑得不到充分的休息,就会对人们的创造性思维和处理事物的能力产生影响。这种情况下人们的工作效率也就会大打折扣。

学习间期睡觉让人学得更快,记得更久

马萨(Mazza)等人在 2016 年的一项研究表明,在学习间期睡觉可以使再学习(relearning)的过程更加高效,并且可以更加轻松地将信息保存在记忆中。

这项研究开始之前,40 名法国成年人被随机地分配到"睡眠组"和"清醒组"。在第一阶段,所有的被试面前都会随机呈现 16 对法语和斯瓦希里语单词对。在学习 7 秒之后,只有斯瓦希里语单词留下,被试选择法语翻译。4 秒之后出现正确的结果。所有没有被正确翻译出来的单词会重新出现,直到每个单词都被正确地翻译。在第一阶段学习过后 12 小时,被试再次完成这个任务,直到所有的 16 个单词都被正确翻译。重要的是,一部分被试是在早上完成第一阶段任务,而在晚上完成第二阶段任务("清醒组");另一部分被试则是在晚上完成第一阶段任务,然后睡觉,早上醒来再完成第二阶段任务("睡眠组")。在第一阶段中,两个组的学习情况几乎一样。但是 12 个小时

之后，结果就不同的了："睡眠组"的被试平均记住了10个单词，而"清醒组"则为7.5个单词。当他们重复学习时，"睡眠组"的被试只需要3次就可以回忆起16个单词，而"清醒组"的则需要6次。最终，两个组都记住了16个单词，但是睡眠似乎可以使被试所花费的时间更少。

被试从学习期间的睡眠中得到的记忆提升似乎会持续很久。接下来的研究数据表明，"睡眠组"的被试在1个星期之后的表现依然更好。"睡眠组"忘记得更少，他们记住了15个单词，而"清醒组"的被试则只记住了11个。更重要的是，这种效果在6个月之后依然明显。

需要背的东西再多，也要有充足的睡眠

睡觉之后人们可以更快地对信息进行编码，这能够节约人们在再学习过程中所花费的时间。通过适当的休息来调整连续学习状态，对于长期记忆来说是一个简单而有效的好方式。在学习期间睡眠可以轻松并有效地提升记忆信息的能力。因此，研究再次证实，适当地劳逸结合，保证充足的睡眠时间才是高效学习的正确选择。

38. 不按时睡觉导致学生学业水平下降

2017 年的诺贝尔生理学奖授给了三位研究生物钟运行机制的美国科学家。他们的研究结果表明：我们的睡眠是受生物钟调节的，如果不能形成有规律的睡眠习惯，我们的睡眠质量就会降低，并且会给我们带来各种负面影响。2017 年，安德鲁（Andrew）等人就做过一项实验，他们将睡眠规律性作为睡眠质量的衡量指标，探究了睡眠质量对学业表现的影响。结果发现，较差的学业表现可能与不规律的睡眠有着密切的关系。

较差的学业表现与不规律的睡眠相关

在该项研究中，研究人员提出了一种新的测量睡眠质量规律程度的指标——睡眠规律指数（sleep regularity index，SRI），该指数的范围是 0 ~ 100。每天都在相同时间睡觉和觉醒的人，其 SRI 为 100；每天睡觉和醒来时间完全随机的人 SRI 为 0。研究人员以 61 名大学生为被试，要求他们完成连续一个月的睡眠日记（记录睡眠开始的时间、早上觉醒时间、白天睡觉和打盹的时间点及时长）。在第 15 天的时候，研究人员根据被试的 SRI 分数划分出睡眠规律组（SRI 得分最高的 20%）和睡眠不规律组（SRI 得分最低的 20%）。在这为期一个月的实验结束后，所有的被试都需要报告自己的平均绩点（grade point average，GPA，学业表现指标）。研究者们对所得数据进行处理之后发现：

第一，睡眠规律程度和睡眠时长无显著差异，规律组和不规律组被试平均每日的睡眠时长无差异；

第二，睡眠不规律者晚上入睡时间更晚，白天（10：00—22：00）睡更多；睡眠规律者早上觉醒时间更早，晚上（22：00—10：00）睡的时间更长；

第三，睡眠规律程度与 GPA 呈显著正相关，睡眠时长与 GPA 没有显著相关。

这个结果告诉我们，睡眠是否规律和睡眠时长是没有关系的，它们是描述睡眠的不同维度。睡眠时长和学业表现并没有相关关系，而睡眠规律性与学业表现呈显著正相关。这个结果也与前人的研究结果（较晚的觉醒时间与较差的学业表现有关联）一致，这也说明觉醒时间和学业表现之间的关联可能受到睡眠规律性的调节。此外，研究还表明，即使睡眠时间一样，多相睡眠（也被称为多阶段睡眠，即将单次睡眠过程分散成多个睡眠周期进行）仍然不是一个有效的睡眠习惯。

睡眠有规律，学习才进步

看完这个研究及其结果之后，你是否对睡眠又有了多一些新的了解呢？

面对大量的工作，我们往往恨不得一天当两天用，可能以往我们会觉得今天晚点睡或者熬个夜，明天白天多睡一会儿就补回来了。因此，熬夜的我们可能会在第二天找出各种可以利用的时间来补觉，借此来恢复精力以应对学习和工作。然而，这些零碎的睡眠或许能在一定程度上帮你恢复精力，但若养成了这种不规律的睡眠习惯，则会给我们的学业表现带来负面影响，让我们的学业表现变差。而且这种习惯带来的负面影响往往不易被察觉，使得我们不能及时做出应对。

我们应该重视睡眠的规律性，不仅要保证足够的睡眠时间，更要保证睡眠的规律性。因为，即使睡眠时间充足，晚睡晚起和零碎的睡眠同样不利于学业水平的提升。因此，我们要做到白天不赖床、午休不超时、平时不贪睡，培养起有规律的睡眠习惯。这样我们上课的时候才能更加集中注意力，提高学习效率，从而提高自己的学业水平。

39. 早起晚睡工作累，周末懒觉不能睡

相信很多教师有过这样的体验：熬过一周紧张而又忙碌的工作时间，终于迎来了周末，你打算充分利用这个时间美美地睡个懒觉，补充因工作日早起晚睡过度消耗了的精力。本以为经过这样的休息之后，自己可以元气满满地回到工作岗位上完成新一轮的工作任务。可现实却是这样的：美好的周末结束，当自己不得不回到工作岗位的时候，却常常感到打不起精神来，无法专注于教学工作，就连批改作业也缺乏行动起来的力量。为什么会出现这些情况呢？下面的这项科学研究结果或许能给出答案。

社会性睡眠延迟

心理学中有一个概念叫作社会性睡眠延迟，它是指一个人生理上的睡眠节律和工作时间的要求可能会产生一定的冲突，而这种冲突可能会影响个体自我调节资源的恢复。社会性睡眠延迟是可以通过计算得到的。例如，你在工作日阶段一般是晚上 12 点入睡，早上 7 点起床。而到了周末的时候，你是凌晨 1 点睡觉，早上 9 点起床。用这两个时间段的中点相减，那么你的社会性睡眠延迟时长就是 1.5 小时（5 点减去 3 点半）。

德国的研究者库纳尔（Kühnel，2016）等人在一项有关社会性睡眠延迟的研究中发现，154 名被试每周平均有 1.64 个小时的社会性睡眠延迟时间。研究者们采用经验取样法对所测数据进行进一步分析发现，当员工的睡眠质量很差的时候，他们的社会性睡眠延迟的时长更长，在工作上的拖延程度也更高。具体来说，如果一个在周末和工作日的睡眠节律上有一定差异的人，一旦他在工作的前一天晚上没有睡好，这种低下的睡眠质量就会导致他在第二天工作时的自我调节资源恢复不足。而当其自我调节资源不足的时候，他在工作中的拖延程度就会明显提升。另外，研究者还发现，随着年龄的增长、职业经验的增加，一个人的社会性睡眠延迟时长会逐渐减少，作息时间相对更加固定，受到工作日、休息日的影响相对较小。总之，社会性睡眠延迟时间越长，工作中更有可能拖延！

怎样改善社会性睡眠延迟

为了减少工作拖延，元气满满地开始一天的工作，教师可以尝试以下的建议。

尽可能地早睡早起。如果能保持工作日和周末的睡眠节律一致，减少社会性睡眠延迟的时间，那么面对新的工作日的到来，可能也会更加专注、更加轻松一些。

尝试提升睡眠质量。在上述研究中，对那些每天睡眠质量较好的人们来说，社会性睡眠延迟对他们工作上的拖延行为的影响要小很多。毕竟睡得好，才更有精神去工作。提升睡眠质量的方法也有很多，例如：睡前不要猛吃猛喝、睡前保持轻松愉悦的心情、睡前洗澡、布置一张舒适的床等都可以达到此效果。

可以利用"鼓励政策"提升自己的自控力。当教师自己在周末做到早睡早起的时候，可以给自己一些小小的奖励，尽量让自己少熬夜，少睡懒觉，让自己拥有一个规律的睡眠时间。

40. 营养素比例影响社会决策

俗话说:“人如其食”,意思是饮食习惯能够真实地反映出一个人的性格和生活环境。摄取食物是保证生存的基础,与我们的身体健康密切相关。而食物对人的影响远远不止我们所熟知的那些。有研究表明,食物在人体内的加工过程会影响个体的社会决策行为。

食物中宏量营养素比例会影响社会行为

人体所必需的营养素有蛋白质、碳水化合物、脂肪、维生素、矿物质、水、膳食纤维 7 类。其中,碳水化合物、蛋白质及脂肪这三种营养素在人体内含量相对较多,并且人体对这三种营养素的需求量也相对较大,因而被称为“宏量营养素”。食物中,这三种营养素的不同比例会引起内分泌信号的改变。比如,富含蛋白质的食物会改变血液酪氨酸水平,而富含碳水化合物的食物则会影响血液色氨酸水平。由于酪氨酸是多巴胺的前体,色氨酸则是五羟色胺的前体,食物引起这些中性氨基酸的变化之后,也会改变大脑中神经递质的动态。另一方面,激素和神经递质状态的变化也会影响帮助、信任、惩罚等社会决策行为。然而,一顿日常饭菜所含有的宏量营养素水平是否足以影响人们的新陈代谢水平并且引起行为上的变化呢?

2017 年,斯特朗(Strang)等人发表在《美国国家科学院院刊》(*Proceedings of the National Academy of Sciences*)上的研究,探讨了食物中的宏量营养素成分与人类社会决策之间的关系。

该研究通过网上招募的方式选取了 87 名被试,其中 54 名女性,平均年龄 23.74 岁。研究共分为两个实验。实验Ⅰ,研究人员要求被试把所吃的早餐详细地写出来,紧接着参加一个博弈任务。在该任务中,被试可以通过拒绝对方提出的分配方案来惩罚一个做出不公正决策的对象。最后,研究人员根据被试所列举的早餐清单,将早餐中碳水化合物含量高于蛋白质的被试分为高碳水化合物组。反之,则为低碳水化合物组。研究结果发现,在博弈任务中高碳水化合物组的被试更容易拒绝对方的提议。

为了进一步验证实验的结果，研究人员又设计了实验Ⅱ。研究人员主动为被试提供了宏量营养素比例不同的早餐，而后让被试参加与实验一相同的任务。实验Ⅱ再次验证了实验Ⅰ的结果，高碳水化合物组的被试在面对不公平的提议时更容易拒绝。

综合以上结果，研究表明宏量营养素含量不同的早餐会影响人们的社会行为。其中，摄入高碳水化合物型早餐的人在面对违背社会规则者时，拒绝行为会增加。这种由宏量营养素引起的行为改变实际上是由食用不同类型的早餐后血液氨基酸水平的改变造成的。

平衡饮食对健康至关重要

食物营养会影响人们的社会决策行为，同样也会影响师生在教学中的表现。平衡饮食、养成科学合理的饮食习惯对于师生健康有着重要意义。

第一，了解食物的分类。从营养学角度来看，一般将食物分为以下五类：谷类及薯类；动物性食物；豆类及其制品；蔬菜水果类；纯热能食物。每类食物为机体提供的营养是不同的，了解食物的分类方法以及每种食物所主要提供的营养素，以便于合理搭配膳食。

第二，营养素之间比例应适当。根据营养学家建议，蛋白质、脂肪、碳水化合物之间的摄入比例最佳为 1∶2.5∶4。

第三，食物品种要多样化。在每日膳食中要注意食物的搭配，最好各类食物都有，这样才有利于营养的均衡，每天所吃的食物品种越多越好，摄入营养素的种类应尽量齐全。

第四，食物搭配要恰当。选择食物时要考虑相补相克的关系，每一道食材都有自己特有的功效，但有时不合适的食材在搭配一起吃的时候，功效就有可能变成病因，所以要了解一些食物搭配的常识，不可不加选择地一锅煮。

41. 人若朋友少，将来死得早

如今，大家都很关心自己的健康问题，很在意哪些因素会对健康产生影响。是抽烟喝酒，缺乏锻炼，还是 PM2.5？面对教师忙于教学、科研与社会服务，身体却日渐变差的现状，有人提出“每天锻炼一小时，健康生活一辈子”的观点似乎很有道理。但如果有人跟你说：朋友少或人际关系差的人会死得早，你信吗？

别让自己孤单：孤独会提高死亡率

美国杨百翰大学的朱莉安娜（Julianne）等人于 2015 年在《心理科学的观点》（*Perspective on Psychological Science*）上发表文章表示：朋友少或者几乎没有朋友的人比其他人早亡的风险更高。作者对自 1980 年到 2014 年间的 1 000 多项研究进行筛选后的元分析显示：交际广泛的人比其他人死亡风险低 22%。

朱莉安娜的研究发现：交际广泛的人头脑灵活，而且朋友不仅能提供情感方面的陪伴，还可以帮我们分忧解难，这样更有利于身心健康，身心健康就是长寿的保障。他们还发现孤独感（loneness）、社会隔离（social isolation）、独居（living alone）会显著影响个体健康。其中，孤独感会增加个体 29% 的死亡率，社会隔离会增加个体 26% 的死亡率，而独居甚至增加个体 32% 的死亡率（Julianne et al.，2015）。

研究告诉我们，正常的人际交往，是人健康生活的重要保障。现在的生活中，很多人都说自己多多少少会感到孤独，这也说明我们更加需要重视朋友的作用，朋友对于我们来说是必不可少的一部分。那作为教师，应该怎么扩大人际圈，防止孤独呢？

学校教师要注意：重视朋友圈

国内研究发现，学校教师的身体健康不容乐观！据不完全统计，90% 左右的学校教师存在身体异常，慢性病发病率非常显著。为了提高生命质量，除了要培养健康的生活方式、积极参加体育锻炼外，教师们还要考虑朋友数量够不够多、关系够不够铁、交际够不够广？能拥有下述的朋友圈，也许可以让你更加健康长寿了。

圈子稳定，常来常往。教师应当拥有自己稳定的交际圈子，时常参加或组织朋友聚会。美国《福布斯》双周刊网站报道认为，无论孤独的初始原因是什么，孤独会令大脑发生显著变化，而这些变化可能引发一连串其他问题。所以要想保持一个良好的朋友圈，最重要的是多抽出空余时间来维持你和朋友之间的亲密度，和关系亲密的朋友们定期聚一聚，聊聊天。

数量足够，质量上乘。教师在交朋友的时候不仅要保量，更应该保质！英国牛津大学的人类学家邓巴（Dunbar）认为人类稳定的内部交际圈子应当至少包含 150 人，而亲密的朋友应不少于 20 个。现在大家都喜欢说自己的好友数量多，但往往都是“点赞之交”，这并不能减少孤独感。不妨查看一下通讯录，你真正的朋友够多吗？

兴趣多样，广泛交友。教师工作生活的圈子相对封闭，这种封闭既是因为工作中接触的人群比较单一，也是因为教师缺乏相应的交际技能和动机。为了自身的健康，教师应当发展多样的兴趣，积极参加各类活动，与其他行业从业者碰撞出思想的火花。在节假日等休息时间，教师可以多参与一些自己喜欢的活动，如运动、做手工等，广泛交友，多了解其他人的想法和观点。

42.“小停顿”助力教师提高工作效率

列宁曾说:“会休息的人才会工作。”同时,在我们的工作和学习中,我们也常常讲要劳逸结合,要协调好休息和工作的时间。在实际情况中,你又是怎么样去做的呢? 2018 年的一项心理学研究发现,采用“小停顿”的休息方式的确有助于提升我们的工作绩效。那么什么是“小停顿”的休息方式呢?我们又应该如何采用“小停顿”来提高工作绩效呢? 让我们一起来看看这项研究吧!

“小停顿”是如何提高绩效的

研究者金姆(Kim,2018)等人在最近的一项研究中发现,工作中的那些“小停顿”(micro-breaks)有助于提高员工的工作绩效。研究人员以 71 名韩国的电话销售员为被试,探究了在工作中常见的四种停顿方式对工作绩效的影响。这四种停顿方式包括放松活动、进食、社交活动和认知活动。

放松活动指的是可以让人缓解躯体紧张和心理紧张的一些活动,比如走路、发呆、打盹、冥想和伸懒腰等。进食是指吃零食或者喝饮料等。社交活动是指和他人接触并获得一些社会支持的活动,与此同时暂时不用去思考和工作学习有关的事物,比如和同事谈论与工作无关的一些话题、浏览一下社交软件里的好友动态、给家人朋友打电话等。认知活动指的是那些仍然需要我们集中注意力、调动思维,但是能让我们不去思考与工作相关事务的活动,比如浏览一些知识性或者娱乐性的网页等。

研究结果发现,在以上四种停顿方式中,除了进食以外,其余三种方式都可以增强员工的积极情绪,进而提高他们的工作绩效。另外,金姆等研究人员还测量了每个员工当天的工作量,以及当天早晨的积极情绪。结果表明,对承担不同工作量的员工来说,这三种停顿方式都是同样有效的;对早晨有不同积极情绪的员工来说,三种停顿方式也都有同样的效果。

除此之外,金姆等人还将被试按照他们各自工作投入度(work engagement)的高低分为两组。其中充满精力、更加热爱自己的工作、全身心投入的员工被划分为“高工作投入”组；将缺乏工作热情、不够投入工作的员工划分为“低工作投入”组。结果发现，低工作投入组员工的绩效受到积极情绪的影响更大，也就是说，他们可能更加需要“小停顿”的帮助；另一方面，高工作投入组员工的绩效与他们的积极情绪关系不大。

如何采用“小停顿”提升工作效率

这项研究对我们如何提高自己的工作绩效有一定的启发意义。

需要正视“小停顿”。不要认为一动不动埋头苦干就是勤奋，忙里偷闲就是偷懒，会影响我们的工作效率。相反，若是疲惫到极点了还不知道“小停顿”一下的“勤奋”工作，可能会导致工作失误，从而影响我们的工作效率。

思考一下自己的工作效率与情绪的关系。如果工作效率受到积极情绪的影响更大，那么我们在工作中可以采取上述研究中提到的三种“小停顿”的方式（放松活动、社交活动和认知活动）来帮助自己保持积极的情绪，比如做做放松运动、和同事聊聊工作之外的话题、刷刷朋友圈等。这样不仅能得到休息，还可以提高工作效率。尤其是需要维持友好态度和积极情绪的教师职业，更加需要通过一些“小停顿”来恢复自己的情绪资源。

43. 听音乐不一定能提高学习效率

走在大学校园里，我们随处可以看到戴着耳机的学生，不同风格的音乐从耳机传到他们的耳朵里。走进自习室里，甚至在课堂上，我们依然可以看到很多学生戴着耳机，一边学习一边随着节拍晃动身体，很陶醉的样子。很多同学说："当我在学习的时候，插着耳机听音乐能排除外界噪音对我的干扰，这样更有利于我安心学习。"然而，在学习过程中听音乐能够提高学习效率的这种说法，是真的吗？

有意义的声音降低了人们的工作效率

2016 年，日本山口大学的研究者为季孝弘（Takahiro Tamesue）主持开展了一项有意义声音和无意义声音对人们选择性注意、认知绩效影响的研究。该项研究采用了"奇数球"范式（奇数球范式要求被试从一系列重复事件中发现并计数与众不同的目标事件，为了完成奇数球范式的任务，被试需要将注意力调节到一个注意点上）来检验被试选择性注意和信息加工能力。

在实验过程中，研究人员要求被试观察电脑显示器里一闪而过的图片，与此同时，通过耳机让被试听见无意义（与谈话频谱非常接近的一种伪噪声）和有意义（男性和女性的谈话）的声音。电脑显示器里最常见的图像是绿色的图形，最不常见的图像是红色的正方形。因此，被试需要数出固定时间段内红色正方形出现在电脑显示器上的次数。

结果发现，与耳机中播放无意义声音的被试相比，那些耳机中播放有意义声音的被试在奇数球范式任务中表现得更差。由于受到有意义的谈话内容的影响，听有意义声音的被试在完成实验任务的过程中更容易分心。也就是说，音乐和谈话等有意义的声音比没有意义的声音更能影响人们的工作和学习。

放下耳机，还自己一个高效的学习、工作环境

越来越多的学生喜欢一边听音乐一边学习，也有很多教师喜欢一边听音乐一边完成工作。殊不知，人们在听这些美妙音乐的时候，不知不觉降低了

自己的做事效率。因此，我们有必要通过自己的努力来为自己营造一个良好的学习、工作氛围，尽量改变自己的工作或者学习方式，避免因为“美妙的音乐”而导致学习和工作效率降低。

将学习工作跟娱乐时间分开。听音乐会影响学习和工作的效率，让人们很难将注意力全部集中于手头的事情，但是美好的音乐确实能够让人很享受。所以我们应该为自己制订计划，划分好听音乐娱乐的时间和学习工作的时间。可以每天留出一些休闲时间来享受音乐，切勿两者同时进行，导致学习效率降低。

下载一些无意义的噪音。很多人因为养成了工作学习时在耳朵里塞上耳机的习惯，短时间内难以适应摘下耳机。这时候可以在手机里下载一些无意义声音，比如虫鸣蛙叫、风声雨声等大自然的声音，在学习工作的时候播放这些无意义的声音，以达到不让自己分心的目的。但是要注意不要因为强迫自己听无意义的声音而去听一些分贝过高或者干扰力过强的杂音，比如工地施工的声音或者一些大型设备运行的声音，这样会适得其反。

加强自控能力。学习本身可能是一件比较枯燥的事情，但是学习每一种知识都有其独特的乐趣。很多同学因为学习枯燥而选择在学习的时候听音乐，其实是一种自控力较差的体现。所以要加强自我控制能力，锻炼集中注意的能力，在学习中不被外界信息干扰。当学习真正成为一种乐趣的时候，你就不会需要音乐或者别的外界事物来帮助提高学习效率了。

不同的工作不同的应对。对于重复性强、不太用动脑子、简单机械的工作，听音乐确实可以起到提神的效果。例如在做誊抄性质的工作时，可适当听一些轻松的歌，让心情愉快，思维活跃。但在做一些需要思考的工作时，听音乐则会使我们分神，难以深入思考，进而影响效率。因此，在这种情况下我们最好不要听音乐。

44. 桌面越乱创造力越高

走进教室,放眼望去,一些学生的桌面整洁有序,还有一些学生的桌面则杂乱无章。我们往往会认为前者井井有条,学习更有效率;而后者则太过邋遢,让人感觉不整洁,可能会因为花费更多时间找东西而降低工作效率。但是,桌面杂乱真的一无是处吗?已有研究表明,桌面越乱的人创造力越高。

扁平结构能够提高个体的创造力

金姆(Kim, 2017)等人发表在《组织行为和人类决策过程》(*Organizational Behavior and Human Decision Processes*)上的研究发现,相比于分层结构,扁平结构能够提高人们的创造力。

这里需要简单介绍两个术语:分层结构和扁平结构。分层结构是指把材料、信息分门别类地放在相应的地方;扁平结构则是指材料、信息任意摆放,不限所属种类和位置。

该研究共包括三个实验。实验Ⅰ,选取了160名在校大学生为被试,平均年龄20.53岁。首先,研究人员将被试随机分为两组:分层结构组和扁平结构组。随后,让被试完成句子构成任务,即给被试一些单词,让他们尽可能地组成句子。呈现给两组被试的单词内容是完全相同的,区别在于呈现方式不同。分层结构组呈现的单词是分类的,而扁平结构组的单词是混杂的。最后,请第三方(未参加实验的学生)对被试的创造力进行评分。结果发现,扁平结构组的被试表现出的创造力水平要显著高于分层结构组。

为了进一步验证实验结果,研究人员又进行了实验Ⅱ和实验Ⅲ。实验Ⅱ中把学生评定换成了专家评定,使评定结果更加公正、客观。而实验Ⅲ则采用了搭积木任务。实验Ⅱ、实验Ⅲ得出了与实验Ⅰ一致的结果,即扁平结构组的被试表现出的创造力水平仍然高于分层结构组。

后来研究者发现,扁平结构相较于分层结构的特点在于它的层次更少,信息传递速度较快,能让人尽快发现信息所展现出的问题,层次少也使信息传递过程中失真的可能性较小,有利于创造力的发挥,从而解决较复杂的问题。但其局限在于：主体不能对所有信息进行全面、有效地审查，大量的信息可能会淹没了其中最重要、最有价值的东西，从而可能影响信息的及时利用。

杂乱的工整：不是所有的杂乱都意味着失控

环境会对学生们的创造力产生重要影响，从上述研究我们可以看出，乱糟糟的桌面也很可能会给他们带来意外的收获。有时候我们会因为本身毫无关联的两样东西摆在一起而产生新想法。要知道，这个世界除了一丝不苟，还存在着另一种状态——“杂乱的工整”，即看似杂乱无章实则有着独特的条理。有些不按常规保持“工整”的人，可以在堆积如山的书籍、笔记和凌乱的便利贴中，维持着强大的组织能力，将学习和工作打理得井井有条。

因此，学生的桌面杂乱并非百害而无一利，不要再给那些桌面杂乱的学生贴上“邋遢、不讲究、懒、随意”和“工作效率不佳”的标签了，因为这些学生可能非常享受用自己的方式去做事情，非但不平庸，还很可能具有强大的创造力。

作为教师，不必苛求学生的桌面每时每刻都整洁。日常生活中，桌面整洁的确看起来更舒适，有条有理，能让人激发出工作热情。但在某些需要创造力的时候，何不随意一些，在卫生、安全又不影响他人的情况下将东西随意摆放，让创造力得到解放。

45. 负性情绪与身心疾病

艾德曼(Adelmann,1989)指出,教师属于高情绪工作者。教师职业被社会赋予了很多特殊的专业期望,要求教师在教学过程中始终保持稳定的情绪和饱满的精神。然而,教师也是普通的劳动者,他们在工作中也经常会遇到困难和挫折,难免会有负性情绪产生。当外部条件不允许教师发泄自身负面情绪时,教师便会长期压抑自己的消极情绪,出现躯体疼痛、头晕脑涨、食欲不振、睡眠障碍等自主神经功能异常现象也就不足为奇了。有调查表明,教师的疾病有76%是与情绪相关的疾病,与长期压抑自己的消极情绪有关。

得“焦虑性神经症”的狗

巴甫洛夫在实验中让狗看两种图像:每当出现圆形图像时,狗就得到一份食物;而每当见到椭圆形图像时,则挨一下电击。不久,狗就形成了条件反射:圆形出现的时候狗就摇头摆尾,十分高兴;椭圆形出现的时候狗则紧张害怕。以后,实验者将圆形一点点变成椭圆形,将椭圆形一点点变成圆形。起初狗还能分辨,并做出相应的反应。可是,当这两种图像越来越相近时,狗则表现出惶惑不安,在笼子里乱转、嚎叫、拒食、呕吐。再经过一段时间,狗不但患了“焦虑性神经症”,还出现皮肤干燥、脱毛、溃疡等症状。

教师的负性情绪

2014年,一项用沃顿(Watson,1988)的《情绪体验量表》测评学校教师负性情绪的调查显示,学校教师在描绘自己最近一段时间体验过的负性情绪的词汇中,“心烦”占50.8%,“紧张焦虑”占47.7%,“心神不宁”占21.8%,“易怒”占18.1%,“坐立不安”占10.9%,“恐惧”占10.4%,“内疚”占8.8%,“害怕”占6.7%,“害羞”占2.6%,“敌意”占2.1%。

不让负性情绪影响身心健康

情绪是有能量的,得不到缓解就会转化为躯体上的疾病,每位教师都要注意排解负面的情绪,下面这些方法不妨尝试一下。

运动可以释放烦躁的心情。当烦躁、易怒的时候,不妨试试运动释放法。

在适当的场合下，合理地宣泄一下自己的情绪，可以起到心理调节的作用。比如到操场跑上几圈，打一场球，活动一下筋骨，释放自己的压力，让自己全身放松。

目标转移能够缓解焦虑情绪。当你焦虑不安的时候，不妨试试目标转移法，如看看电视、听听音乐、写写日记，或者读一两篇美文。“磨刀不误砍柴工”，你的焦虑情绪会很快得到缓解，这样才能更好地做自己该做和想做的事。

提升交往能力。大部分教师都在教学和科研两条战线疲于奔命，却常常得不到人们的理解。当你委屈难过时不妨多与友人沟通，倾诉自己的痛苦或委屈，提升自己与人交往的能力。交往是人类不可缺少的社会性需要，它不仅是利益和物质的交换，也是情感与思想的交换。教师不仅要善于将自己和谐地融于社会之中，而且还要善于与同事、家长，特别是与学生保持融洽的人际关系。和谐的师生关系能使课堂气氛活跃起来，给学生如沐春风的感觉。这样便创造了宽松、愉快的工作氛围，同时也大大降低了繁重工作带来的心理压力。

记情绪日记。情绪日记记录的是每天的情绪状况。任何情绪的产生都是存在一定原因的，或是多种因素的综合，或者只是因为一件具体的事。记情绪日记的目的就是要找出产生情绪的原因，以便个体分析自己情绪产生的规律，更好地控制和调节自己的情绪。

46. 正念训练:有效放松,促进睡眠

师者,所以传道授业解惑也。教师在传道授业的过程中,既要灵活地给学生答疑解惑,又要照顾学生的情感需求。不仅如此,教师会面临来自学生、家长以及学校等各方面的压力,而过多的压力也会导致教师成为睡眠障碍的高发人群。一项新的研究表明正念训练不仅可以有效减少教师的心理压力,提高其睡眠质量,还能增加教师对家庭和工作的满意度。何为正念?正念是指有意识地、不带评判性地感知当下,而正念训练则是帮助人们学会正念。

正念训练帮助教师有效应对压力

2017 年,卡瑞(Crain)等人探讨了正念训练运用于教师群体的效果。研究者选取了加拿大和美国的 113 名中小学教师作为被试,其中 89% 为女性。被试随机分到正念训练组和对照组。正念训练组的训练周期为 8 周,总共 36 个小时。对照组则不参与任何训练。正念训练包含一系列的活动:首先示范正念练习,之后各小组开展讨论,最后是将正念练习运用到现实场景中。正念训练会借助 4 种具体方法:一是身体扫描,将注意力集中在身体体验上,觉察身体哪个部位存在紧张感;二是专注冥想,将注意力集中于单一的物体、呼吸或者外部的声音;三是开放式冥想,感受周围发生的一切,不做任何设想,迎接任何进入心灵的新经验;四是正念冥想,将注意力集中在积极的情绪和感受上。

研究结果表明教师在参与正念训练后对工作和家庭的满意度增加,心理压力和消极情绪也随之减少,同时睡眠质量得到提高(失眠症状减少),白天嗜睡情况也开始减少。三个月后的随访测量表明,该积极效应依旧存在,这也说明正念训练的有效性具有跨时间的稳定性。

如何进行正念训练

正念是一项 ABC 技能:A(aware)代表觉知;B(being with)代表全然接受当下经历的;C(choice)代表更好地选择适应环境的方式。通过集中自己的注意力去感知当下,与当下的经验相联系,减少自动的思维模式,从而达到情

绪平和的状态。正念练习可使人以一种抽离当事人角色的觉知来应对经验，它允许忍受不舒服的体验，接纳当下的情景，是什么样子就是什么样子。下面是几种正念训练的方法。

身体扫描法。这是一个将身心建立联系的绝妙方法。首先舒适地躺下，闭上眼睛。接着觉察呼吸的运动，然后系统地觉察身体每一部分的感觉。比如先将注意力放在腹部，慢慢地随着呼吸感知腹部的起伏。随之把焦点转移到大腿，小腿，直到脚趾。扫描完全身后，你便能够深刻地感受到身体各部分的状况。

开放式冥想法。感受周围发生的一切，以开放、接纳的心态去迎接任何感官体验和想法。觉察想法的产生、发展和消失，了解自身内在的思维运行模式。不思考任何问题，不寻求任何答案，不带有任何目的。从而达到身心完全放松的状态。

在正念训练的过程中，或许你会感受到思绪万千，这是十分正常的。不必急躁，只需要觉察到它，然后将注意引回到自身的焦点上，关注当下。相信通过正念训练，教师能够改善睡眠质量，更有效地应对工作中的压力。

第三编

沟通与交往

沟通和交往在我们的学习、工作和生活中是不可或缺的一部分。每个人都有自由且相互独立的思想，每个人都有自己的世界观，每个人对于同一件事都有自己不同的认知和想法。但人类是社会性动物，人际交往是人的基本需求，健康的心理需要良好的人际互动来维持，沟通让我们彼此更加了解对方的想法，能收获更多的爱与归属感。而如何进行有效的沟通，是每个人必修的一课。

本编中，我们将介绍一些有效的沟通方法，纠正一些日常错误认识，以帮助教师思考更切实有效的沟通交往方式，提升沟通效率，减少沟通失误，消除隔阂，建立以及维持良性关系，更好地展示教师的需要和发现学生的需要，最终帮助教师赢得更好的人际关系，让师生都享受到良好的教学人文环境，体验到教育中的爱与关怀。

47. 帮过你的人更愿意再次帮你

美国著名政治家本杰明·富兰克林(Benjamin Franklin)计划和宾夕法尼亚州的一位议员合作,但这位议员却是一个非常难以相处的人,很多人都不能与这位议员建立良好的关系。为了能够与这位议员顺利合作,富兰克林采用了一种很明智的方法与其进行交流。富兰克林知道这位议员是一个图书收藏爱好者,也知道这位议员有一本绝版图书,而且这本图书基本不外借,生怕被损坏了。而富兰克林还是说服议员把那本绝版图书借给他看,并承诺两天后归还。接下来发生的事正如富兰克林所描写的,"当我们再次见面时,他对我说话了(他以前从来没有这么做过),而且很有礼貌。后来,他还向我表明他随时愿意为我效劳。"

在人际交往的过程中,大部分人认为想要他人对自己产生好感,最好的方法就是去帮助他人。实际上,获得他人的好感还有一种更好的方法,那就是寻求他人的帮助。富兰克林面对那么难以相处的合作对象,仅仅通过向他借了一本书就改变了双方的关系?为什么借一本会有这样神奇的效果呢?富兰克林效应告诉你答案!

富兰克林效应

富兰克林效应(Franklin Effect)是指:在人际交往中,相比于那些接受过你帮助的人,曾经帮助过你的人会更愿意选择再次帮助你。在生活中,想要让某个人喜欢你,那就想办法请其帮你一个忙。同样的,如果我们帮了别人一个忙,那么我们更可能对其产生好感。我们的普通朋友最终变成了要好的朋友,是不是因为当时我们请其帮了一个忙或者其请我们帮了一个忙呢?这一点对广大单身的年轻教师来说很有参考价值:如果你喜欢他/她,也想让他/她喜欢你,那么就请他/她帮忙吧!

在杰克尔和兰迪(Jecker & Landy,1969)的一项研究中,研究者邀请一些大学生被试参加一项智力竞赛,大学生被试可以在这项智力竞赛里赢得一大笔钱。实验结束后,实验者接近其中一部分被试,向被试们解释这个实验用的是他们自己的钱,而且他们的钱快用完了。研究者试图问这些被试能不能把奖金退回来,以帮助这个实验继续进行下去。这部分大学生最终在实验者的请求下退还了这笔钱,作为控制组,其他的大学生没有被要求退钱。

最后,研究者要求所有的被试填写一份调查问卷,其中有一个问题是对实验者的评价。研究结果发现,相比于没有退还钱的被试,那些退还钱(对实验者提供帮助)的被试认为实验者更有吸引力,这些被试对实验者的评价也更高。

富兰克林效应教你提高人际吸引力

我国著名作家周国平曾经说过:人是社会性动物,他需要与同类交往,需要爱和被爱,否则就无法生存,世上没有一个人能够忍受绝对的孤独。拥有良好的人际关系对我们每个人来说都是至关重要的,广大教师可以从富兰克林效应中得到启发,通过学习各种方法提高自己的人际吸引力、提高自己在教育教学过程中受欢迎的程度。

他不喜欢我怎么办?向他求助! 每个人都不是完美的,每个人都有不同的个性特征,同样的,不是所有人都是喜欢我们的。根据富兰克林效应,如果我们向一个不喜欢我们的人寻求帮助,这个人对我们的态度可能会发生改变。因此,在与一些不喜欢我们的朋友或者同事交往时,适时地向他们寻求帮助或许可以改善他们对我们的看法。

我不喜欢他怎么办?去帮助他! 每个人都有自己的处事风格,我们也总是会遇到一些自己不太喜欢的人。生活中我们身边总有一些我们不喜欢而又必须接触的人,在这个时候运用一些人际交往的小技巧就尤为重要。为了给自己营造一个良好的人际交往环境,我们可以从给他提供一些小帮助开始,逐渐改变对他的认识,从而获得和谐的人际氛围。

48. 寻求帮助可以拉近彼此距离

很多人会有一种错误观念，认为找别人帮忙是一件糟糕的事情，觉得这会引起别人的反感。还有的人脸皮比较薄，遇到了麻烦也不好意思开口寻求帮助，选择一个人硬撑着。但是寻求帮助真的会给他人带来困扰吗？2016年的一项研究表明，寻求帮助并不会给他人带来困扰，相反，可以增强对方对你的好感。

寻求他人的帮助可以增强对方对你的好感

2016年，尼亚(Niiya)等人的一项研究旨在探讨寻求他人的帮助是否可以让助人者增加对求助者的好感。

该研究共招募了83名大学生，平均年龄为19.31岁。在实验过程中，每一位被试需要和一位同盟者(研究人员事前安排好的助手)配对共同完成实验，每个人需要尽快完成随机分配的三道简单题或者三道困难题，但是整个任务的目的是要求两个人共同完成这六道题目。实验分为两种情况：在联盟条件中，同盟者主动寻求被试的帮助；而在不联盟条件中，研究人员要求被试去帮助同盟者。实验开始前后都对被试进行测量，包括被试评价自己对同盟者的印象、将来与同盟者能成为朋友吗、感觉亲密的关系等。研究结果表明，当同盟者主动寻求帮助时，被试对求助者的喜爱程度会增加，并且认为求助者更加亲切和善于交际。此外，如果由第三方提出来帮助的请求，那么助人者对被帮助者的好感则不会增加。

需要帮助的人之所以经常不寻求帮助，是因为求助者认为别人不会随便答应他们的请求，或者认为请求帮助会表明自己无能。然而，这项研究表明，请求的接收者并不是消极地考虑请求，他们会认为寻求帮助者更具有吸引力，求助可以增进双方的感情。相反，由第三方提出的请求却不会拉近彼此的距离。

学会正确地寻求他人帮助

虽然寻求他人的帮助可以增强对方对你的好感，增进双方的感情，但这并不意味着所有的求助行为都能够加强双方的关系。请求帮助是一个复杂的社会互动行为，请求者既要寻求自己的需要，又要尽量减少与他人的关系的损害。因此，教师在寻求朋友们、学生们帮助的时候，应该掌握以下技巧。

尝试自己解决。在寻求他人帮助之前，教师应该做最大限度的尝试，尽量先自己解决，实在无法解决时再寻求他人的帮助。切记尚未付出努力，就开口寻求帮助，这样你的求助行为会显得过于随便，有推诿工作之嫌，让他人产生厌恶及愤怒之情。

注意请求类型。寻求的帮助最好是小忙而非大忙，大忙往往会遭到拒绝，给他人带来不好的情绪，而小忙则比较简单，是他人能力范围内的事情。

改变错误观点。寻求帮助并不丢脸，并不意味着“你比我强”或者“我比你厉害”；也不意味着“她以前找我帮过忙了，现在该我找她帮忙了”，而是当他人需要帮助的时候，我们慷慨地帮助他人；当自己需要帮助时，我们大方地寻求帮助。

不假他人之口。寻求他人帮助时最好自己开口求助，不要通过第三方提出请求。直接寻求帮助更容易增进双方的感情。毕竟，求助也是一种交流。

表达感激之情。在情感沟通上，感激最为重要。当他人帮助我们解决问题时，我们应该向对方表示感激之情。

49. 从“豪猪寓言”看师生关系

“豪猪寓言”又叫“豪猪法则”。豪猪是一种全身长满刺、栖息在寒冷地方的动物。在寒冷的季节，为了互相取暖，豪猪就会向同伴靠拢，聚集在一起。可一旦它们向同伴靠拢，一不小心就会被同伴尖锐的刺刺到，它们便会因疼痛而跳开。当豪猪实在冷得难受时，又会再度接近同伴。在不断接近又跳开的重复中，豪猪们不断调整距离，终于有了领悟，找到了最舒服的取暖距离。它们了解到，要想生活在一起，必须保持适当的距离。在这个适当距离内，既能相互取暖，又不会刺到对方。人和人之间也需要距离，有人将这种距离称为“节度”。

适当调整师生距离的重要性

这则寓言对把握师生关系也有一定的启示，有效的教育是以师生人际互动为依托的。师生间人际距离过大，不利于互动；太近，则容易相互伤害。所以，保持适当的人际距离对师生关系很重要。

适当的人际距离有利于教师公正心的维护。教师地位特殊，往往是班级重要资源的支配者、学生发生争端时的裁判者，这就需要教师有一颗公正心。而当教师和某个学生建立了亲密的人际关系后，由于情感因素的介入，难免会偏心。偏心的教师很难合理分配班级资源、处理学生发生的争端，这也不利于良好班级氛围的创建。

适当的人际距离对教师和学生都是一种保护。当教师和学生建立了过于亲密的人际关系时，教师必然对学生的成长有更强的责任感，而当学生产生问题，教师又无力为其解决时，教师常常会陷入不必要的内疚和自责；对学生而言，太过亲密的师生关系会让学生对教师抱有过高的期望，在心理上产生较强的依赖性，不利于学生的独立成长。因此，适当的人际距离可以避免师生之间介入过深。

适当的人际距离可以提高师生对教学环境的适应能力。师生之间的人际关系过于亲密，彼此就会产生很深的依恋心理。所以当因换班等原因必须要结束原有的师生关系时，师生大多会有适应不良的情况发生：明明新老师也是一个很不错的老师，可学生认为与原来的老师没法比；教师则会觉得还是原来教的学生看着更顺眼。因此保持适当的人际距离，有利于师生适应新的教学环境。

如何形成适当的师生距离

既然适当的师生距离如此重要，那么怎么形成适当的师生距离呢？下面一些策略可以帮助教师与学生保持适当的人际距离。

要把握好师生人际交往的频率和场合。良好的师生关系不应有太多的私下接触，这样可能导致教师无法平衡与每个学生的距离。因此，教师尽量在公共场合和学生群体交流。

要把尊重学生和严格要求学生紧密结合起来。教师应该和学生做朋友，在学校生活中关爱学生，与学生积极互动。但是教师也要形成教师的威信和形象，在尊重学生的基础上，严格要求学生。

不让学生干涉自己的隐私。如果教师和学生过多地谈论隐私问题，不但会使教师的威信力下降，还会把学生的注意力从学习方面转移到别处。

通过职业化手段强化教师的职业形象，与学生拉开适当的距离。教师的职业形象是学生对教师的印象和评价总和，需要教师在教育教学过程中塑造。如教师可以要求学生在交往中使用正式的称呼，学校提供给教师专用的场所学生不可随意出入等。

50. 学校里最难处的关系是什么

复旦大学2010级硕士研究生林森浩因生活琐事与同宿舍的黄洋关系不合,对其心存不满。2013年3月31日中午,林森浩将存放在实验室内的剧毒化合物带至寝室,注入饮水机槽。2013年4月1日早上,黄洋起床后接水喝,饮用后便出现干呕现象,最后因身体不适入院。2013年4月16日下午,黄洋经抢救无效于上海中山医院去世。

宿舍关系是学校里最难处理的关系

事件发生之后,人们在为这两个年轻人感到惋惜的同时,也有网友大呼"感谢室友当年不杀之恩"。几个来自不同地区、拥有不同生活背景和家庭条件的陌生人,却要在同一片空间下朝夕相处四年,在生活中产生小矛盾、小摩擦是难以避免的。中国青年报社会调查中心曾通过问卷对1 355名大学生进行了调查,结果显示:70.5%的受访学生曾为宿舍矛盾而感到烦恼,67.6%的受访学生曾想调换宿舍。毫无疑问,学校里最普遍且最难处理的关系就是宿舍关系了。同时有研究表明,同伴压力是大学生各种外显和内隐问题行为的重要影响因素之一。

同伴压力导致学生做出更多的风险行为

同伴压力是存在于人际交往中的普遍现象。在同伴学习交往的过程中,个体会受到同伴或群体的影响而改变自身原有的想法,以遵从同伴的意志。美国天普大学研究人员加德纳和斯坦伯格(Gardner & Steinberg,2005)做了一项同伴压力与风险行为关系的研究。在研究中,研究人员根据被试的年龄将被试分为三个组:少年组(13—16岁)、青年组(18—22岁)和成年组(24岁以上)。实验组中,被试是跟另外两个同龄同伴完成风险任务的,控制组的被试则是独自完成风险任务的。结果发现与同伴一起完成风险任务的被试在完成风险任务的过程中更激进,并且少年组和青年组比成年组更激进。大学生处于青年阶段,理性思考能力仍然欠缺,在巨大的同伴压力影响之下可能会引发出更多具有风险的行为。

引导学生淡化同伴压力，营造良好的人际氛围

在学生的学习和生活中，总是不经意就出现了同伴压力，它不仅会让同学们产生消极的情绪，还会影响到学生的人际交往。因此，学校应该积极引导学生正确处理与同伴之间的关系，淡化同伴压力。

把消极压力转化为积极压力。同伴压力可分为积极同伴压力与消极同伴压力。积极的同伴压力对学生的学业成绩、亲社会行为和道德发展都有促进作用；而消极的同伴压力，则让人退步，甚至做出错误的决定、激发不良行为。学校应对学生进行积极的指导，努力在学生之间营造出积极同伴压力，让学生可以在积极同伴压力的氛围下获得进步与提高。首先，学校可以协助学生进行正确的价值选择，引导学生学习好的行为。其次，学校可以鼓励学生坚持自我，避免不良的跟风。和同伴在一起时，有些事情可以认同别人，但有些事情必须坚持原则，抵制诱惑，不屈从于同伴压力。

营造良好的人际氛围。良好的人际关系对个体的生活和学习十分重要。如果学生与室友发生冲突，学校应该引导其以一种尊重、包容的态度来对待，帮助学生学会换位思考。只有这样才能积极地化解矛盾，拥有一个良好的人际氛围。

51. 你懂我:那我更愿意帮你

温州动车事故之后,在人们普遍因信息不通畅而心有怨气之时,时任总理的温家宝拉着灾民的手连声说:“我懂,我懂。”于是人们抱着更积极的态度对待事故的处理。奥巴马在竞选美国总统时,为了赢得黑人的选票,他呐喊的是“我理解你们的痛”,结果黑人在奥巴马任总统期间不仅支持医疗改革,还支持他提出的其他政策。特朗普在加州造势时拉着华裔美女的手,说:“我爱你们,美籍中国人!”估计他也可以赢得不少选票。为什么会这样?因为当他说“我懂你”的时候,你会情不自禁地服从他。这种现象叫回报式共情(reciprocal empathy),对我们与学生或他人交往有重要启示。

什么是回报式共情

卡尔沃(Calvo)等人于2014年的研究指出回报式共情是指当个体感知到被他人共情后,个体会自觉地以共情的方式来理解他人的言行、策略等信息。也就是说,当我们感知到他人对我们共情时,我们会更加理解和支持那些对我们表达共情的人。

其实,在我们的生活中,我们也经常会遇到这种情况。如果我们被一个人尊重与理解,我们就会去尊重和理解他;如果我们被一个人冷落对待,我们就不会支持他。政府部门在推行一个新政策时,如果考虑到了人民群众的利益,并且以合理的方式让人民群众感受到这种考虑,人民群众就会支持这一政策,自然也就会服从政府的安排。

我愿意帮助他,因为他懂我

美国芝加哥大学的戈德斯坦(Goldstein)等人在2014年的研究中发现:当个体的观点被他人采择时,个体对采择他观点的人的好感会增加,并会对其提供更多的帮助。

在实验中,实验者告知被试他们有一个搭档(这个搭档是虚拟的),随后被试要与这个搭档进行一些具有互动性的分心任务。在主任务中,实验者要求被试写下一段被老板不公平对待的事件,并发送给实验搭档。实验者操纵搭档的回应，对其中一部分被试的遭遇表达共情（采择被试的观点），而对其他被试给出客观的答复。实验结果显示，那些观点被搭档采择的被试对实验中虚拟的搭档好感度更高，并愿意做出更多的帮助虚拟搭档的亲社会行为（图 51-1）。

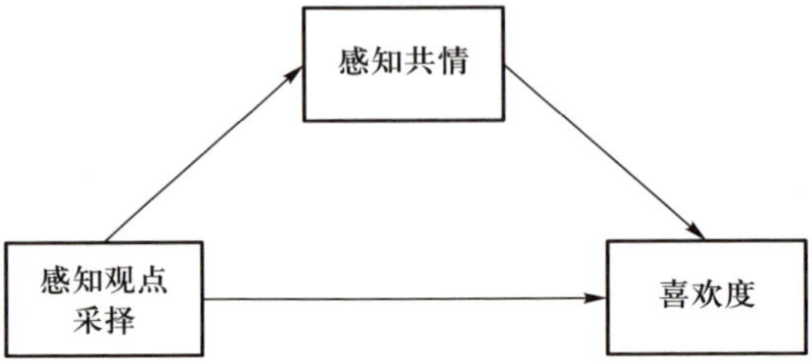

图 51-1　感知观点采择对喜欢度的影响

管理者要共情学生，从而让学生共情管理者

学校辅导员、中小学教师都在教育教学过程中扮演着管理者的角色，每天都会跟学生打交道，他们需要把学校的政策或规定传达给学生。在传达信息的时候是有技巧的，合理地运用这些技巧能够促进学生支持政策、主动遵守规定。

规定出台要解释背景与意义。管理者要站在学生的立场解释学校规定出台的背景与意义，一方面要说明规定的强制性，另一方面要说明规定对学生发展的意义，以及规定的教育性。通过与学生交流，管理者要透露出对学生的共情与理解，使学生能够对管理者产生回报式共情。从而缩小规定与学生之间的距离，让学生感到规定真的是为了大家好。

让学生感到规定是与自己息息相关的。奥巴马在进行医疗改革时充分考虑了美国黑人的利益，并得到他们的大力支持。同理，学校规定一旦出台，管理者也需要引导学生认识到规定和他们是息息相关的，对他们自身的发展是十分有益的。每位学生都可以通过对话与管理者进行沟通，使自己的诉求与对规定的疑惑得到全面的回应，从而让学生感受到管理者对自己的共情，使学生更容易对管理者做出回报式的共情。

52. 学会道歉

在日常生活中，如果你无意间冒犯了别人，那么一个道歉可能会让你们之间冰释前嫌。但有的时候一个简单的道歉似乎并不能取得对方的原谅，甚至有时受到冒犯的人会对于你道歉的诚意和动机产生怀疑，使得道歉不仅达不到理想的效果，还会使矛盾激化。那么道歉到底有没有用呢？宁波大学的袁博士以及他的研究团队给了我们肯定的答案。他们在2017年的一项研究中发现，道歉可以有效地修复信任，是维系自己与他人关系必不可少的生活技能。

道歉是最有效的信任修复工具

袁博及其团队在2017年对于道歉在信任修复中的作用进行了研究，他们采用了元分析的方法，对以往多篇关于道歉在信任修复中的作用的文献进行了分析。结果发现，道歉对能力型信任违背比诚实型信任违背有更好的修复效果。其中能力型信任违背是指，当你承诺了别人一件事而没做到时，对方将你的失误归因于你的能力不足；诚实型信任违背则是指把你的失误归因于你能做而没有做到（袁博，董悦，李伟强，2017）。

这个结果说明，道歉对于冒犯者与受害者之间的信任有着明显的修复作用，并且道歉对于能力型信任违背有着更好的修复效果。研究者认为道歉对信任修复的作用主要体现在以下两个方面。首先，道歉通过解释和后悔来提高受害者的控制感。解释是致歉者提供给受害者的关于事件信息的控制，使受害者有权了解、掌握事件发展的因果关系。后悔则代表了致歉者对行为所做的回顾控制，表示将来可以通过自身努力避免此类事件的发生，提高受害者对未来事件发展态势的控制感。其次，道歉可以通过降低愤怒和失望等消极情绪，提升双方的合作预期，促进信任修复。

如何有效地道歉

尽管有时候道歉并不能达到理想的效果，但是以上的研究告诉我们，道歉始终是修复信任的有效工具，是维护人际关系的必备技能。而且道歉并不只是简单的一句话，我们还应注意以下几个方面：

表达歉意。歉意指的是表达对他人的抱歉，态度要诚恳，要知错就改。不管造成的伤害是出自你本意还是意外，作为冒犯者的你对于被害者的歉意是必须要传递给对方的，这表示你承认自己对他人造成的伤害。要摆平心态，确实认为自己行为有不妥之处，应当向人家道歉。如果没有认识到这点，那道歉也是不真诚的。有好多时候听到“我要的就是你的态度”，其实也就是这个意思。

承担责任。要敢于承担过错责任，错就是错，不要为错误开脱，即对你的行为负责。当你向对方表达歉意以后，就应该随即表达出你能够承担自己应该承担的那份责任。这意味着你不要埋怨任何人，不要为自己的不作为找借口推脱责任。

进行补救。补救指弥补自己的过错。你可以对于过错做出一定的赔偿或者补偿性的行为，并且承诺以后不会出现此类错误。道歉的作用主要是为了获得对方的谅解，道歉是对自己过失的弥补。由此可见：道歉不仅仅是一句话，而是伴随着整个弥补过错的过程。承认错误，补偿损失，真挚问候都是道歉的具体方式。

53. 教师道歉可促进工作顺利开展

人无完人,每个人都可能犯错误,从事学生管理工作的教师们也不例外。犯错的人要勇于承担责任,表达真诚的歉意,这样才可能促进事情往好的方向发展。试想一下,如果一位长辈或师长向自己道歉,你会轻视他,还是敬重他?

道歉免于受攻击

在现实生活中,人与人的情绪是相互影响、相互感染的。在一定的社交情境中,我们的情绪会对他人情绪产生影响。同时,我们也会不知不觉地受到其他人情绪的影响和感染。当我们因为过失而向他人道歉时,对方的情绪会受到感染,其愤怒的情绪可能会消失。

马利克(Malik)和麦坎德利斯(Mc Candless)通过实验证明了道歉真的能产生神奇的效果。在实验中,研究人员创造了这样一个情境:由于班级内一个学生的愚蠢行为使得这个班级的所有学生未能得到一笔奖金。然后,研究人员把这个班级的其他学生分成了两部分。让那位学生向其中一部分学生合情合理地解释自己的行为,并向他们表达歉意;而另一部分同学未得到任何解释。与没有得到解释的学生相比,得到解释的学生对那个“妨碍别人”的学生所表现出的攻击行为要少得多。

学会道歉促进教师工作顺利开展

从事学生管理工作的教师,每年都会遇到各种各样的学生,每天都能遇到各种各样的问题,这些教师会在管理学生的过程中不可避免地犯一些错误。若能及时认识错误,主动向对方诚恳道歉,一般情况下,总能得到他人谅解,进而收到理想的道歉效果。这对于修复人际交往裂痕,缓解紧张的人际关系十分必要。如果教师明知自己犯有错误,但不愿意提及或不愿意为自己犯的错误道歉,那么很可能会导致师生关系不融洽,进而导致这些教师在开展学生工作时受到阻碍。因此,教师学会及时处理自己的错误是非常必要的。

抛开面子。很多教师都会认为向学生道歉是一件很没有面子的事情，这也导致很多教师不愿意向学生表达歉意。其实，有时候教师向学生道歉还会拉近双方的关系，让彼此更加了解。学生感受到了教师的真诚，必定也会接受教师的道歉。这时，教师在开展学生工作的过程中便会得到学生的大力支持。

承认错误。有些人认为承认错误会让自己的形象和名誉受损。其实，公开承认错误不一定会降低自己在他人心目中的地位，相反还可能因此得到他人的理解与支持。敢于承认错误、勇于承担责任的教师必定会受到学生的拥护与支持，这类教师在开展学生工作时也必定会比较顺利。

试着弥补。有些错误是不难补救的，后果不严重，只需要真诚道歉即可。而有些错误可能较难弥补，后果很难挽回，这时候你就要尽全力试着弥补。一种补偿方式是要确保你以后绝不会再犯同样的错误；另一种是询问你还能做些什么以补偿，比如认真考虑一下："我还能做些什么来改善现在的状况？"

54. 高冷并不能让人活得舒服

高冷这个网络词汇经常在我们的日常生活中出现,高冷女神范是很多女生向往的高度。说到高冷,不得不提这样的一则新闻:2015 年 6 月美国公布了一位名叫米克斯(Meeks)的囚犯的标准入狱照,米克斯凭借其高冷帅气的面孔迅速红遍国际,很多经纪公司都表示,米克斯出狱后有意跟他签约。“高冷”竟有如此用处,是否有点匪夷所思?那么,通过高冷提高吸引力适用于我们的日常生活吗?

高冷到底是什么样的呢?

高冷到底是怎样的状态呢?关于高冷的一般解释是:高贵冷艳。而更为专业的说法是情绪表达抑制。2001 年“美国心理科学青年科学家杰出贡献奖”的获得者格罗斯(Gross)提出,个体进行情绪调节的策略有很多种,但最常用的和最有价值的降低情绪反应的策略有两种,即认知重评和表达抑制。认知重评是指认知改变即通过改变对情绪事件的理解,也就是改变对某一项事件的信念来进行情绪调节。而表达抑制是指调动自我控制的能力,抑制自己的情绪行为。通俗一点来说,就是该笑的时候,我偏偏不笑;该哭的时候,我也绝对不能哭。这也就是我们经常所说的高冷!

高冷的消极后果:降低交往的欲望,影响人际关系

高冷范儿,真的可以让人更有吸引力吗?其实,我们偶尔地向他人隐藏自己的情绪是能够吸引人的。但是长此以往,如果形成了抑制性人格,就会降低人们与自己交往的欲望,从而影响人际关系。艾里森(Allison,2016)的研究表明,在抑制者的人际关系中亲密较少,支持性较低,相比于其他人的人际关系其满意度也更低。在人际交往中,抑制情绪的人会遇到更多的困难,难以赢得良好的社会支持。同时,他们所形成的人际关系也会更加紧张。尤其是抑制高兴情绪的个体,会让他人觉着其具有更少的外向性和随和性,从而被判定为不值得交往的可能性增大。

由此可见,高冷范儿并不都会让人更有吸引力,相反,长时间抑制自己的

情绪不仅会形成抑制性人格，甚至会导致他人降低与我们交往的欲望，影响我们的人际关系。

适时放下高冷：赢得社会支持与良好人际关系

这样看来，“不以物喜，不以己悲”虽然是一种通达的状态，但在我们的日常生活中并不处处适用。因此，教师要想形成良好的人际关系、赢得更多的社会支持、真正获得学生的尊重需要适时放下高冷。

当别人与我们分享他们的喜悦时，我们应该积极回应。微笑的面孔往往被判定为有较高的交往品质，而表现出厌恶或轻蔑的面孔被认为有较低的交往品质。当我们以微笑给了对方一个积极反应之后，对方才能够深刻地感受到我们内心的真诚，并且乐意继续与我们分享他们的喜悦。

学会接纳自己的情绪，试着用合理的方式表达，不要压抑。当我们观看感人的电影时，我们可以该哭就哭，这正是我们宣泄和表达悲伤情绪的方式；当我们听到一个令人激动的消息时，我们可以尽情地表达自己内心的愉悦和兴奋，不必压抑自己。适时放下高冷，让我们能够更好地赢得社会支持，拥有良好的社会关系。

55. 课堂上总有"东张西望"的同学

课堂上，很多同学不愿意被老师点名回答问题，特别是那些比较难回答的问题。每当老师要学生回答这种比较难的问题时，同学们就会齐刷刷地低下头，生怕老师往自己这里看，被老师点到名。通常，我们可以看到被老师点到的同学在回答问题时会表现出一种东张西望的状态。他们到底在找些什么呢？2016 年的一项研究发现，其实这些东张西望的同学是在找"答案"！

东张西望：不一定是走神！

常识告诉我们，东张西望是精力不集中的表现，而梶村（Kajimura）和野村（Nomura）发表在《认识力》（*Cognition*）上的研究结果告诉我们事实并非如此。研究者的设计很简单，他们巧妙地操纵了一个研究变量，探讨了东张西望可以帮助人们在回答问题时找到"答案"。在研究过程中，被试的主要任务就是完成一个词汇联想游戏。研究者把被试分为两组，其中一组被试在完成任务的过程中必须一直盯着电脑屏幕，而另一组被试则不必一直盯着屏幕，他们可以偶尔看向远处。结果发现：当被试的眼睛在实验过程中看向远处后，能够更快地找到正确答案；而对于那些被要求一直盯着屏幕的被试，如果需要寻找一个难度较大的答案，他们会花费更多的时间。也就是说，如果我们一直盯着某个东西，就会造成我们大脑负荷，进而导致认知活动变慢（Kajimura & Nomura，2016）。这一研究告诉我们：交流过程中"东张西望"的状态也许会让我们对答如流！在认知活动变慢时，我们可以通过转移自己的视线，或是做些小动作，来减轻大脑的负荷。

眼神交流：需要付出意志努力

我们都知道，在和他人交谈的过程中，眼神沟通很重要。眼睛是心灵的窗户，彼此目光交接不仅能够表达出自己的真实想法、内在感受，也会增进双方的情感。而且，交流中对对方的注视也是一种尊重，不然会让人有种目中无人的感觉。

众所周知，在谈话过程中，如果我们的眼神躲躲闪闪是很不礼貌的。但是，这种现象却是十分常见的。因为我们在与他人进行目光交流的时候是要付出意志努力的，所以我们会花费认知资源“强迫”自己要看着对方。但是每个人的认知资源又是十分有限的，如果我们在目光交流上花费了大量的认知资源，那么在语言交流上就可能出现认知资源不足的情况，从而会对我们的语言交流产生影响。这个时候，我们往往会表现出“东张西望”的状态，或者是将目光转移到远处，这其实是一种减少大脑负荷的方法。

看看别处：或许会有更清晰的思路

教师和学生长久的目光交流会让双方消耗大量的认知资源，特别会对学生在课堂上回答问题产生影响，同样地也会对教师与学生的言语交流产生一定的影响。这时，打破这种眼神交流，能够让学生更加清晰地表达自己的想法。

因此，当我们面对一些认知负荷较大的讨论时，就可以通过“东张西望”的方式来保持认知资源的平衡。比如：适当转移目光或是做些小动作，偶尔望向远处，以便能够更好地表达自己真实的想法，更快地找到“答案”。当然，当问题较为简单时，我们的认知资源相对充足，这时我们便不需要通过“东张西望”来减少大脑负荷。

总而言之，当学生在交流或思考过程中“东张西望”时，先不要给他们扣上不专心、不礼貌的帽子，或许他们正在试图寻找更好地表达自己真实想法的方法。

56. 如何使用眼神交流

俗话说,眼睛是心灵的窗户。因此,人们普遍认为,在与他人交谈的过程当中,眼神交流十分重要。眼神交流不仅仅能够促使个体表达出自己的真实想法、内在感受,而且在交流过程中注视对方也是尊重的体现,有利于建立起良好的人际关系。事实真的如此吗?眼神交流真的是百利而无一害吗?相关研究表明,长时间的眼神交流会占用个体的认知资源,从而使得个体无法专注于眼前的任务。在课堂提问中,这种现象表现得尤为明显:教师在课堂上一直盯着一个学生,可能会导致这个学生无法顺利地回答问题!

长时间的眼神交流,会影响个体的任务表现

前面我们谈到梶村(Kajimura,2016)等人的研究。研究结果发现,相比较于无眼神交流组,有眼神交流组的被试完成任务所花费的时间更长,特别是当联想难度较大时,会花费更多的时间。对于这一结果,研究者解释说如果我们一直盯着某个东西,则会造成我们大脑负荷,进而导致认知活动变慢,因此完成任务所花费的时间就更长。

是否应进行眼神交流,应因时而异

上述的研究发现,眼神交流会消耗认知资源,使人们无法专注于当前的任务。那么,这是否意味着教师在要求学生回答问题时应该尽量避免眼神接触呢?答案是不确定的,应该因问题而异。当教师提问的问题比较简单时,学生能够"应付",此时的交流,大可一直保持眼神交流。当然,如果觉得一直盯着学生看很不舒服、有些尴尬,也可以适当转移目光,或做些小动作等。当教师提问的问题难度较大或在面对一些认知负荷较大的讨论时,应该尽量减少眼神交流,以保持认知资源的平衡,让学生更好地表达自己真实的想法,思考可以更加清晰,更加有逻辑性,做到对答如流。

那么,在一些有具体目的的情境中,我们又该如何进行眼神交流呢?德国弗赖堡大学的研究人员通过实验发现,在劝说别人时眼神交流有负面影响。研究人员让志愿者观看演说的视频,在观看期间,这些志愿者需要盯着

演说者的眼睛。研究人员用眼动跟踪技术检测志愿者的眼神变化,以明确他们盯着演说者眼睛的时长,并询问志愿者认可演说者观点的程度。结果表明:志愿者盯着演说者眼睛的时间越长,越不能被说服;但是,如果志愿者认可了演说者的观点,就会表现出对演说者的尊重且注视演说者眼睛的时长就会增加。这一实验告诉我们如果想要说服别人,前提是得到对方的信任,让对方认可自己的观点,否则眼神交流极有可能阻碍说服,会产生与期望相反的作用(娇娇,2014)。

另外,在狭小的空间进行眼神交流,尤其是异性之间,常常会引起误会,所以应尽量避免。同时,进行眼神交流还需要考虑到地域文化差异。所以对于是否进行眼神交流及眼神交流的时长应该具体问题具体分析。

57. 帮助学生调节情绪让教师更快乐

生活中，当身边的朋友、亲人心情不好时，我们通常乐意伸出友谊之手，帮助他们度过这一糟糕的阶段。作为教师，当自己的学生遇到困难导致心情不好时，我们也会去帮助学生克服困难、解决问题。俗话说“赠人玫瑰，手有余香”，所谓的“余香”会是什么呢？教师在帮助学生调节情绪又是否会对其自身产生积极的影响呢？2017 年的一项研究表明，帮助他人调节情绪的确可以使助人者学会从不同的角度看待问题，从而获得快乐。

帮助他人调节情绪的方法

情绪是指个体受到某种刺激后所产生的一种身心激活状态，它反映了人对外界事物的态度，复杂多变且作用重大。积极、乐观、自信等积极情绪会使人精神饱满、心情愉悦，从而提高人们的学习和生活效率；相反，紧张、抑郁等不良情绪会使人精神萎靡，降低学习和生活的效能，长期如此就会影响到个体的心理健康（柳丽娅，2014）。所以，懂得情绪调节的方法很重要，作为教师，也要学习如何帮助我们的学生调控情绪。

科恩（Coan）等人认为，帮助他人调节情绪的方法主要分为两类：一是身体上的接触（比如拍拍肩、摸摸头、拥抱）；二是言语的表达（如当朋友失恋时，我们安慰“失恋也是成长”）。其中，言语的表达又可以细分为接纳和再评价。前者是指理解他人、接纳他人此时此刻消极的情绪体验，并表现出一定的共情；后者是指帮助他人采用不同的视角来看待问题，协助当事人对引起消极情绪的事件进行理性分析。尽管在帮助他人调节情绪的过程当中会十分耗费自己的时间、精力，但是在这个过程中帮人者也会提高调节自己情绪的能力。

帮助他人调节情绪对助人者的积极影响

哥伦比亚大学的多雷（Doré）等人在 2017 年对这一问题进行了深入探究，即帮助他人调节情绪对助人者日后情绪调节的影响。该研究主要探究的是言语表达法对助人者的影响。

研究中,被试被随机分为两组:调节情绪组和对照组。在调节情绪组中,被试可以在一个网络平台上与他人进行互动,可以发布一些令自己痛苦、难以解决的事情,也可以给他人出谋划策、帮助他人调节情绪;在对照组中,被试可以用写作的方法表达自己的情绪,但是绝对不能与他人进行互动。在整个过程中,所有被试首先需要完成一些问卷评估,测出情绪状态及情绪调节能力基线水平,然后进行为期三周的实验,即在各自的平台上发布消息、回复消息或仅仅发布消息。最后,他们还需要再一次完成问卷评估,主要包括抑郁症状问卷、生活中再评价的使用频率,以及消极情绪量表、主观幸福感问卷和换位思考问卷等。

研究结果发现,与调节情绪组比较而言,对照组的被试的痛苦情绪并没有显著下降。而调节情绪组的被试帮助他人调节情绪的频率越高,再评价的使用频率也会更高。也就是说,助人的次数越多,助人者越能够从不同的视角看待问题,进而可以减少他们自己的痛苦情绪,获得快乐。

如此看来,赠人玫瑰,确实会让我们手留余香。作为教师,帮助学生调节情绪、克服困难,不仅能够使学生走出痛苦,还能让教师自己从中逐渐学会从不同的角度看待问题,释放自己的压力,从而获得快乐。所以,要想提升自己的情绪调节能力,教师们不妨在学生、朋友有情绪困扰的时候,尝试开导一下他们吧,既利人,又利己!

58. 积极培养共情能力

2011 年，广东佛山 2 岁女童小悦悦遭汽车碾压，7 分钟内 18 名路人路过但都视而不见，漠然而去。8 天后，小悦悦经医院全力抢救无效，幼小的生命就此终结，路人冷漠的态度让人心寒。那么，如果在路边看到一个受伤的人，哪些人会选择停下来帮助受伤的人呢？2016 年的一项研究表明，共情能力高的人更愿意停下来帮助路边受伤的人。

共情能力高的人更愿意帮助路边受伤的人

2016 年，剑桥大学的一个团队理查德和凯莉（Richard & Carrie，2016）等人进行了一项社会心理学实验，测试了个人的共情水平对他们行为的影响，并将研究成果发表在《社会神经科学》（*Social Neuroscience*）杂志上。

在实验中，一名实验者伪装成受伤的人，坐在路边的草坪上。“受伤”的人旁边是他的自行车。另一位实验者站在路边的拐角处，当有人独自走来时，他就向“受伤”的实验者发出信号，“伤者”开始揉他的脚踝。然后，街道上的研究人员记录路人是否停下来询问受伤的人。第三个实验者在路的尽头等待从“伤者”旁边经过的人。无论路人是否停下，他们都会被第三个实验者拦截。在被询问了一些无关任务之后，被试完成共情（EQ）问卷。正如研究者预测的那样，那些停下来给予帮助的人的 EQ 分数高于那些走开的人。也就是说，共情能力高的人更愿意帮助路边受伤的人。

共情：一项很重要的能力

共情是个体在与人交往的过程中共享并理解他人的情绪状态的倾向，是指个体能够设身处地地去体验他人的情感和理解他人的想法。某些动物也具有共情能力：黑猩猩会照顾被其他动物咬伤的同伴，受伤的同伴除了会受到额外的保护外，大部队还会主动放慢脚步，以便让受伤的同伴能跟上。

在教育教学过程中，共情是教师一项很重要的能力。教师共情是指教师能真诚地从学生的立场出发来考虑问题，能对学生的感受与想法进行设身处地、感同身受地体会与思考，从而调节自己的教学以合适的方式引导学生在学业与情感各方面的成长。李伟健、孙炳海等人在 2015 年通过动画叙述模拟范式的研究证明了教师共情对学生的学业成绩有促进作用。

共情能力是可以培养的

共情本身是生物因素和早期成长的结果，是一种能够随着学习和实践而改善的技能。如果学生缺乏共情能力，就很难做出亲社会行为以及助人行为；如果教师缺乏共情能力，则不利于教师很好地理解同学们的所思所想，同时教师也容易产生职业倦怠。因此，不管是教师还是学生，培养共情能力有着很大的益处。

积极开展提高共情能力的培训。国内关于共情的研究有很多，学校应该对共情研究的现状有一定的了解，然后通过举办专题讲座、开工作坊等方式积极开展提高共情能力的培训。

学会站在他人的角度思考问题。每个人都有自己思考问题的方式，当个体与他人的观点存在冲突的时候，尝试着设身处地地换位思考，通过这种方式，可以使双方更好地了解彼此，也更有利于共情能力的提高。

与他人保持一致。科恩（Koehne）等人于 2016 年的研究发现，在人际交往中如果双方能够感受到彼此同步，那么此时个体的共情能力就会提高。因此，人们应该在与他人相处的过程中经常与对方保持一致，这样会有利于自身共情能力的提高。

59. 啥心情都能做好事,做好事让人心情好

剧情 1:你在圣诞节精心策划了一场求婚,女朋友被感动的“一塌糊涂”,最终答应了你的求婚,这感觉倍儿爽。在此心境下,当你看到街上有个可怜的乞讨者,你会帮他吗?

剧情 2:你忘了给女朋友准备圣诞礼物,惹得她心情很不爽,内心也感到很郁闷。于是出去散散心,看到大街上有个乞丐,那么,在此心境下,你又会做何选择呢?

1975 年,伊森和莱温(Isen & Levin)在一项经典的研究中发现:是否去帮助他人有时候要看心情!

心情好,做好事

好心情促进助人行为增加,主要是因为心情好让我们感觉整个世界都是光明的,每个人看起来都很和善。另外,成为一个乐善好施者会延续我们的好心情,所以这也不难解释,当我们一次测验考得好、收到精美的圣诞礼物,甚至是听悦耳的音乐时,我们会更容易答应别人的请求。

为了探究“心情好,做好事”这一效应,伊森和莱温开展了一项经典的研究——“电话亭实验”。实验者设计了一种巧妙的方法暂时让购物者有个好心情,他们在商场公用电话机的退币口故意留下 10 美分硬币,等待某人去发现它。当幸运者带着他们发现的硬币离开时,一名研究助手扮演一位拿着文件夹的男人,在距离那个幸运者几米的地方有意掉落文件夹,看他是否会停下来帮助研究助手。结果发现,硬币发挥了戏剧性的作用。没有发现硬币的人只有 4% 帮助他捡起文件夹,而发现硬币的人有 84% 停下来帮他。

心情糟,也会做好事

当我们在心情非常糟糕的时候遇到一个需要帮助的人,我们会怎么办呢?会不会因为不高兴而减少助人行为呢?答案也并非肯定的!通常情况下,那些经常去教堂做礼拜的人,在忏悔(confession)前比忏悔后更愿意向慈善机构捐款。令人吃惊的是,悲伤竟然也会导致助人行为的增加,这又是为

什么呢？

沙勒和查尔蒂尼（Schaller & Cialdini，1988）提出消极状态释放模型，该模型认为通过帮助别人，往往能减轻自身的忧伤和痛苦。人们有时会帮助他人，是因为他们心情不好，想借此使自己情绪恢复常态。所以在日常生活中，人们常常根据善行抵偿罪行这种想法来做事，当他们做了使自己产生负罪感、内疚感的事情时，会通过帮助其他人来获取心理上的平衡，减轻内心的“罪孽”。

做好事，心情会更好

经常有许多公益广告宣称“我助人，我快乐”，的确，艾米丽（Emily，2015）的研究也验证了这一点，其研究结果表明帮助他人的次数越多，体验到的积极情绪就越多，幸福感也得到提升。并且助人还能影响我们面对压力的反应——不常帮助他人的人对压力反应更消极，而常伸出援手的人会积极应对压力。

如此看来，不论心情好、心情糟，我们都有理由让自己“助人为乐”，多做好事，继续好心情、获得好心情、消除坏心情，让自己的工作、生活更加愉悦。

60. 感恩之心:让人更加耐心

感恩是指对别人给予的帮助表示感激。在学校生活中,我们经常会得到他人的帮助。无论是老师的一次耐心答疑,还是同学的一次无私帮助,都会让人感到非常温暖,也会让学生怀着感恩之心继续行走在求学之路上。众所周知,感恩有利于提高幸福感,还有助于提高睡眠质量。而2016年的研究还发现,感恩会让人更好地控制自己的情绪、让人变得更加耐心。

对他人表达感激,自己也会更加耐心

美国东北大学研究员迪肯斯和戴斯顿(Dickens & DeSteno,2016)针对感恩与耐心的关系做了一项研究。在实验过程中,研究人员要求被试通过电脑完成一项任务,但是电脑是事先设定好的,因此在被试未完成工作之前会突然关机。随后,一名研究人员会进入房间修复电脑,并告知被试只能重新开始他们的任务。结果发现,对修复电脑的人员抱有感激之心的被试,在接下来的时间里会表现得更加耐心。测试结束之后,科研机构给予被试一定的报酬,他们可以选择直接领取,也可以选择日后领取一笔金额更可观的报酬。结果发现,对他人抱有感激之情的人更倾向选择耐心等待,以便在日后领取更可观的报酬。对他人抱有感激之情可使自己更具耐心,同时怀有感激之心也可以使自制力得到提高。

心怀感恩,利人利己

常怀感恩之心可以改善睡眠,可以提高人们的幸福感,甚至可以让人更加耐心,会对个人的身心健康产生积极的影响。作家安妮(Annie)在谈到感恩的时候写道:“我们细细品味这些时刻,就会意识到爱的存在,这是一种恩惠。”

很多国家设立感恩节就是为了弘扬感恩观念。在感恩节这天,大家可以与亲人聚在一起,在饭桌上对他们表达感激之情。中华民族的传统节日很多都是与感恩有关,例如清明节、重阳节、中秋节等,人们会在节日里表达对亲人和朋友的感激之情。

让感恩之心常伴你我

感恩之心就像一股清凉的泉水，让学生懂得感激他人，也可以让学生在学习生活中保有足够的耐心，更踏实地做事情。教育工作者在管理学生或者教育学生的时候可以向学生们传达感恩的重要性，引导学生们用一颗感恩的心面对生活中的人和事，以促进他们的身心健康、提高他们的个人修养。

加强环境建设，营造感恩氛围。环境是一种无声的教育，对学生起到潜移默化的作用。为营造良好的感恩教育氛围，教育工作者可以从校园布置着手。从教学楼的标语、图片，到宣传橱窗里张贴的展板，都可以紧紧围绕感恩文化精心设计，让学生在充满感恩的校园环境中得到熏陶。

把感恩表达出来。学生接受了老师和他人的帮助后会心存感激之情，学校可以在班级的墙壁上设置专门的“感恩栏”，鼓励学生们把接受到的帮助写下来并贴在墙上，学会勇敢地表达自己的感激之情。

仪式感很重要。有些国家专门设置了感恩节以帮助人们更好地表达感恩之情。我们也可以在学校开展“感恩于心，报恩于行”的校园活动或者主题班会。从感恩父母到感恩老师、朋友及所有给予我们帮助和关怀的人，学生们一起分享成长过程中的感动，并以自己的实际行动来证明自己的感恩之心，可以写一封感恩信、自制感恩贺卡，参与感恩朗诵活动等。

61. 助人暖心亦暖身

说到助人我们往往联想到温暖的感觉,被帮助的人温暖,助人的人也温暖。其实,身体和认知之间存在着密切联系,身体感觉会影响认知,认知也会影响到身体感觉。在帮助他人时,助人者会得到一种即时的、正性的反馈,使得他们能以调动认知资源的方式来为其自身获得生理层面的支持。所以,帮助别人确实可以让人感觉很温暖!

助人行为让我们感到更温暖

2016 年北京大学和上海师范大学的一项研究证实了实际感受和社会认知之间的关联,为研究实际温暖和社会温暖之间的关系提供了证据。

研究者首先通过亚马逊 MTurk(微任务众包平台,用于招募被试在线完成实验任务)招募了一批经历过美国桑迪飓风袭击的当地居民。在飓风过后的一段时间,请他们回忆飓风来袭时帮助他人的经历或者没有帮助他人的经历。结果发现,回忆帮助他人的被试对当时周围环境温度的事后回忆显著高于回忆没有帮助他人的被试。这个研究初步验证了助人行为与温暖感知的关系(Hu et al. ,2016)。

随后研究者又在实验室中对利他行为进行了测量和操纵,结果发现利他意愿或利他行为越高的被试,在房间内感觉越温暖。那么,在日常生活中,这种利他行为也会增加温度感知的效应吗?研究者通过让被试帮助打工子弟修订学习材料以及给偏远山区的学生写明信片的方式来操纵被试的助人行为。然后让被试估计实验室环境的温度并报告对温度的感知,结果表明助人行为增加了被试对温度的感知。

为了进一步增加研究的生态效度,研究者又回到实际生活中进行了调查研究。研究者利用一个寒冷的冬天,在室外分别邀请校园里捐款活动的参与者和路人参加实验。参与捐款活动的人做出了实际的助人行为,路人则没有实际的助人行为。当被问及他们对当前环境的温度感知和估计时,那些做出助人行为的被试报告的温度都显著高于没有做出助人行为的路人所报告的温度。

上面的研究发现,助人行为对助人者本身而言也是一种“自我激励”,有利于提升他们对温度的感知。个体在帮助他人之后会感到更温暖。

具身认知:身体感觉和认知相互影响

为什么助人行为与温度的感知觉会有如此密切的联系?具身认知理论认为人们身体的感觉会影响认知,若认知活动没有身体的参与,思维就会显得空洞,认知活动也将不具体。身体与环境的交互作用也是认知的重要组成部分。当做出助人行为之后,人们会体验到积极的情绪状态,联系到对现实温度的感知,人们便会感到更温暖。

利用生理与心理互动促进文明校园建设

既然生理系统和心理系统是相互联系的,那么积极调动心理资源能够对生理系统产生积极影响。这一结论可以应用到学生的校园生活中:鼓励学生在看到其他同学需要帮助时及时伸出援手。同学们在为他人提供帮助的时候虽然做出了一些牺牲但却可以体验到更多的温暖,这样校园氛围也会更加融洽,更有利于文明校园的建设。

62. 助人时应以合适的视角进行观点采择

在我们的印象里，乐于助人而且能够学会换位思考的教师，通常是有着良好的身心状态的。然而，这些在日常生活中可以帮助教师更容易和学生友好相处的优点，也有可能对教师们的身心造成伤害。比如，想象一下一只关在笼中的鸟可能需要什么帮助，我们可能会从这只鸟儿的角度出发，从而能更好地理解小鸟此时此刻的想法，并且为它提供有效的帮助，同时自己也能获得快乐。但是，如果想象自己就是那只被关在笼中的鸟，并思考自己需要什么帮助，这时的我们会产生一定的心理压力，会同样体会到它的负面情绪，甚至感到痛苦和威胁。由此可见，在不同的视角下来看待同一件事会导致不同的结果。帮助行为对助人者本身的影响是复杂甚至矛盾的，这可能取决于我们在帮助他人时是否以及如何采取观点采择行为。

不同形式的观点采择对心理的影响

安克（Anneke，2017）等人探讨了不同形式的观点采择对心理的影响。研究人员将观点采择分为自我视角观点采择（image-self perspective taking，ISPT）和他人视角观点采择（image-other perspective taking，IOPT）。自我视角观点采择是将自己想象成需要帮助的人，思考自己在别人所处的情境中会需要什么帮助；他人视角观点采择是指站在求助者的视角去思考他们需要什么帮助。

该研究共招募 212 名学生，平均年龄为 19.04 岁。研究人员根据观点采择方式将参与者随机分为三组（自我视角、他人视角、客观视角）。在研究中，参与者扮演助人者的角色，他们需要阅读一篇描述助人情境（主角因为车祸而陷入经济困难）的文章。三组参与者分别想象自己正处于求助者的情境中、站在求助者角度想象求助者有什么感受，需要什么帮助，以及对求助情境持客观态度，然后报告他们会如何帮助求助者。随后，参与者回答他们觉得这项帮助任务有多困难、他们愿意在多大程度上给予帮助，以及他们对求助者有什么感受等问题。此外，研究人员还会测量参与者的情绪状态，用电脑软件评估参与者的生理状态，比如血压。

研究结果发现，与采用他人视角和客观视角观点采择的人相比，采用自我视角观点采择的人会感受到更多的压力和威胁。想象自己处于他人的痛苦境地中会比仅仅考虑他人的感受或者想象他人的视角带来更大程度的个人痛苦。此外，这一群体帮助求助者的意愿和效果都很低。

如何合理地进行观点采择

从前面的实验结果可以发现，在帮助他人时，如果我们采用自我视角的观点采择，就有可能产生很大的心理压力和情绪负担，进而降低帮助他人的效果和意愿，甚至还会损害自身的心理健康和幸福感。因此，在教师帮助他人、帮助学生时，需要采用一定的技巧，即合理地进行观点采择。

评估自身拥有的资源。教师帮助他人时，应先评估一下自己是否有足够的资源去帮助别人。已有研究表明，当我们面对挑战和威胁时，如果缺乏相应的应对策略和资源，就会产生一定的心理压力。因为害怕无法给予求助者较好的帮助，从而导致我们选择逃避，不去帮助他人。相反，如果我们本身有着充足的资源，同时有着有效的应对策略，那么当我们在采取助人行为的时候，不仅能够使求助者得到帮助，还能够更好地保护自己不受伤害。

结合不同视角的观点。教师在帮助他人的时候，要同时结合自我视角与他人视角的观点。因为他人视角的观点采择主要关注求助者需要解决的问题，关注问题本身可能会加大自我与他人之间的距离；而采用自我视角的观点采择的助人者会将自己想象成需要帮助的那个人，同时思考如果自己在他所处的情境中将会需要什么帮助，这能够拉近自我与他人之间的距离，更好地感同身受。

63. 学生的网络朋友圈越大，孤独感越强

随着信息技术的不断发展，智能手机已经迅速渗透到人们日常生活的方方面面。校园里，有很多学生喜欢时不时地掏出手机刷刷微博、朋友圈，翻看各式各样的网页。在网络发达的年代，人的交际圈子看似变大，但在快节奏的生活中，人们似乎越来越习惯于网络上的虚拟生活，对现实生活反而不那么适应了。2012 年 10 月的一则新闻引起网友热议：在一次家庭聚餐中，家中老人多次想和孙子孙女说说话，但面前的孩子们个个抱着手机玩。老人备受冷落，于是说了一句："你们就和手机过吧！"一怒之下摔了盘子离席而去。

跟手机"过"，真的就能交很多朋友吗？

手机用得越多，朋友却越来越少，孤独感也越来越强。美国麻省理工学院信息社会学教授特克尔（Turkle）在《群体性孤独》（*Alone Together*）中提到，"我们每天都会花费很多时间与别人交流，但是这种交流让我们更孤独。"《日本新华侨报》也刊文说，智能时代的人们比过去任何一个时代的人都感到孤独。智能手机在快速降低人们社交的能力，建起一堵高高的"心墙"。

1985 年美国手机使用人数占总人数的比重不到 10%，到 2004 年使用手机的人数占总人口的比重超过了 75%。美国杜克大学一份关于 1985—2004 年美国社交孤独症的大数据报告引起了人们的广泛关注。这份调查报告显示，1985 年平均每个美国人有 2.94 个可以密切交流讨论的朋友，而 2004 年这一数据已降低至 2.08。2004 年感到无人可交流讨论的美国人从 1985 年的 10% 上升至了 24.6%。1985 年到 2004 年，越来越多的人使用手机在网络上交朋友，但是他们却感到越来越孤独。

别让手机成为人际交往的枷锁

手机的使用，本来是为了让人们能够更加便利的沟通，但是过度依赖虚拟世界却带来了很多负面影响。美国心理学家乔恩（Jon）说，沉溺手机的人们就像"活在气泡里的一代"。"手机和其他多媒体工具像一个气泡把我们包裹起来，让所有的注意力都集中在小小的屏幕上。"因此，教师应该引导学

生合理适当地使用智能手机，多接触真实世界，扩大现实朋友圈，克服对手机的过度依赖。

鼓励学生多参加有趣的现实活动。看到朋友圈被点赞，人们大脑中的奖赏脑区就会被激活。虽然这是一种愉悦的体验，但是人们不应该仅仅通过这种方式让自己愉悦。校园、工作单位、小区里都会有各种各样的趣味活动，多参加现实活动，在活动中找到与人相处的乐趣。广泛培养兴趣，多读读书、看看报，也是一种从手机上转移注意力的好方式。

引导学生学会让自己“远离手机”。手机拿在手上会让人时刻意识到手机的存在，动不动就想要打开手机看一看。一会不看手机就会产生“分离焦虑”，认为自己“错过了全世界”。所以，不妨把手机铃声调高放在自己看不到的地方，既能防止时时看手机，也不至于漏接到重要的电话。另外，与他人在一起时也要让自己“远离手机”，可以和朋友之间一起建立个约定：没有特别需求坚决不玩手机。

不要让学生“屏对屏”交流取代“面对面”交往。网上聊天，彼此看不到对方的表情和动作，习惯于网络聊天的人，面对面交流的能力很可能会减弱。我们可以每天留出一定时间和家人、朋友交流，这样不仅有利于人际关系的建立，一定程度上也能给自己带来快乐。同时培养自己沟通的技巧，真诚地与现实中的人接触。多和现实中的人去接触，你会发现在现实生活中朋友的聊天比虚拟的交流更能带来“持久的情感联系”。

64. 网络辅导:教师是否应该露脸

随着信息技术的发展,越来越多的学生开始接受网络辅导这种新型的授课方式。网络辅导主要有以下两种形式:一是录播课程,即真实地向学生们呈现教师的表情和动作;二是仅仅在屏幕上展示幻灯片,辅以教师的语音讲解。

对于这两种方式所产生的效果,众说纷纭。有人认为教师面孔的出现会让学生产生紧张感,不利于知识的传授。但也有人认为,教师面孔的出现会让网络辅导课程更有教学的感觉,学生会有一种在真实课堂上课的感觉,学习会更有效率。到底哪种方式更好?在网络辅导的过程中,教师是否应该露脸?

“有策略地露脸”对学生的学习更加有益

基齐勒克(Kizilcec)等人在2015年通过两次大样本实地研究对“网络辅导中教师是否应该露脸”这一问题进行了深入探究。

研究Ⅰ中,研究人员共选取了8周的课程视频,视频材料分为教师露脸和不露脸两个版本。第一周,所有被试都观看了两个版本的课程视频。在接下来的几周里,被试可以自主地选择喜欢的版本进行观看,并对自己在观看视频过程中的努力程度、体验和学习成果做出评价。结果表明,更多的被试喜欢教师露脸,并且认为观看教师露脸的视频能够更好地集中注意力。但也有一定数量的被试不喜欢教师露脸,为了更好地解释这一现象,研究者又进行了第Ⅱ项研究。

研究Ⅱ中,为了更好地帮助被试集中注意力,研究人员事先制作了“有策略地露脸”的课程视频,即在课堂上教师按照一定的规律露脸,教师的脸出现的时长占视频总时长的一半。被试被随机分为两组,一组观看教师始终露脸的课程视频,一组观看教师有策略地露脸的课程视频。观看结束后,被试都需要完成100道选择题来反映学习效果。结果表明,相比于始终观看教师露脸课程视频的被试,观看教师有策略露脸课程视频的被试做题的正确率更高，学习效果更好。这一点证明，网络课程中教师“有策略地露脸”更有利于学生的学习。

网络辅导中教师如何有策略地露脸

上述的研究表明，在网络辅导中，教师有策略地露脸对学生的学习更加有帮助。那么，在网络辅导中，教师应该如何有策略地露脸呢？

依据知识的重要性程度来决定教师是否应该露脸。讲解到重要的知识点时教师应该露脸，因为这样可以提供更多的有助于学生理解的非言语信息；而对于相对不重要的知识点，教师可以不露脸，从而让学生把注意力集中在屏幕上。与此同时，还应该注意把握露脸时间的长短，因为教师的脸也会成为一种分心刺激，使学生注意分散。教师长时间地露脸会导致学生不时地将注意力集中到教师的脸上，而不是上课的具体内容；相反若教师露脸的时长过短，则不能传递较为有效的非言语信息。

要考虑学生的认知偏好。有研究表明，对于知觉偏好为视觉型的学生而言，持续观看教师露脸的视频有助于降低认知负荷；而对于知觉偏好为听觉型的学生来说，教师“有策略地露脸”能够显著地减轻认知负荷。因此，在进行网络辅导前，对学生的认知偏好进行调查，了解学生的知觉特点之后，再进行有针对性的网络辅导，可能会提升网络辅导的有效性。

65. 一句话会让你的礼物更受欢迎

我们每年都要过各种各样的节日，都要考虑“今年要送什么礼物”这一问题。每当到了具有纪念意义的节日，比如情人节和春节，人们通常会为送爱人和亲戚朋友什么礼物而发愁，也会担心自己准备的礼物对方会不会不喜欢。2017 年，波尔曼（Polman）等人的研究告诉我们：当我们在送别人礼物时，加上“我自己也买了一份”“我自己也很喜欢”等这样一句话，对方可能会更加喜欢你的礼物。

人们更喜欢“共有”礼物

研究者波尔曼（Polman）等人于 2017 年通过一系列研究发现，一份“共有”的礼物（是指送给对方自己也拥有的礼物）更容易被对方接受，并且可能会让你们的关系变得更加亲密。

在研究 Ⅰ 中，研究者证明了与一般礼物相比，人们更加喜欢“共有礼物”。研究中，研究人员将被试随机分为对照组和实验组，对照组的指导语为：“想象一下，你在一个特殊场合收到一份礼物，里面有张卡片上写着：我希望你喜欢这份礼物！”实验组的指导语也有这句话，并且多了一句“我也为自己买了一份”。随后，被试对呈现的 10 种不同类型礼物（围巾、笔记本、日历、水壶等）在喜爱、用心和体贴三个问题上进行评分。结果表明，实验组的被试对礼物的喜爱程度更高，即人们更喜欢对方送给自己一份他也有的礼物。

研究 Ⅱ 探究了为何人们喜欢共有的礼物。研究者假设，因为共有导致了联结（拥有共同的事物，如名字、生日、相同的态度和经历等），联结会增加人们对礼物的喜爱程度，并且时效会影响联结的紧密程度，即联结的强度会随着时间产生变化。因此，本研究将被试分为四组：共有礼物组（时间近且有共有礼物）、无联结组（赠送者和接受者无共有礼物但时间近）、无时效组（赠送者和接受者共有礼物但时间远）以及对照组。其中共有礼物组和对照组的实验材料与研究 Ⅰ 完全一样，无联结组与对照组相比多了一句：我也给我妹妹买了同样的礼物！——赠送者和接受者不产生直接的联结。无时效组与对照组相比多了一句：我去年也给自己买了一样的礼物！——赠送者和接受者在时间上相隔较远。随后，让被试对礼物的喜欢程度上进行评分。结果表明，共有礼物组的被试比其他三组的被试对礼物的喜欢程度更高，即有时效的联结增加了人们对礼物的喜爱。

研究Ⅲ将“相似”和“亲密”作为共有礼物和喜欢程度之间的中介变量进行了验证。研究Ⅲ使用的方法与研究Ⅱ一样，只是在最后加入了两个问题：“你感觉自己和送礼物给你的人有多相似？”和“你感觉自己和送礼物给你的人有多亲密？”结果表明，共有礼物组的被试对礼物的喜爱程度更高，认为赠送者与自己更为相似也更加亲密。通过中介模型检验发现，共有的礼物通过提升赠送者和接受者的相似程度，使得双方感觉更加亲密，进而使得接受者更加喜爱这款礼物。

一句话让你的礼物更受欢迎！

上述的研究是否让你对自己的礼物更有信心了呢？想让你的礼物更加受欢迎，那么你就告诉对方：“送给你的这个礼物，我自己也买了一份。”这个“共有”的礼物在你们之间形成了联结，不仅提升了对方对礼物的喜爱程度，而且还会让你们之间更加亲密！

66. 人际接触可提高信任判断的可靠性

在不相识的情况下，判断他人是否值得信任，每个人都有自己的一套标准。例如，有的人觉得相貌好的人更可信，而有的人更愿意相信社会地位高的人。但是这种不依靠接触与交流的判断方式真的靠谱吗？答案是否定的。那么怎样才能确定他人是值得信任的呢？2018 年，Oliver 等人的研究发现，短暂人际接触能够增加人际信任判断的准确性。

短暂接触后做出的信任判断更可靠

2018 年，Oliver 等人进行了一项实验研究，探究了进行短暂的人际接触后个体做出的信任判断准确性是否会更高。

实验将 284 名被试随机分配到两组：短暂人际接触组和无人际接触组。被试两人一组，共同完成实验。实验开始前，人际接触组的被试会和搭档相互认识并进行两分钟的自由交流，而无人际接触组没有这一流程。之后，所有被试进行信任游戏测验。在这个游戏中，一名被试（玩家 1）需要向另一名被试（玩家 2）报告一罐硬币中的钱是奇数还是偶数，玩家 1 可以说真话也可以说假话。当被试（玩家 2）正确地判断出他的搭档说的是真话还是假话时，被试就会获得 1 分信任准确性评分。被试只有在进行准确的信任判断后才会获得收益。最后对比两组被试的信任准确性评分。

测试的结果证实了研究者的假设：进行短暂人际接触的被试在测试中获得的信任准确性评分明显高于无接触组。这说明个体在进行短暂人际接触后，对他人的信任判断更准确。

如何更准确地判断对方是否可信

从上述研究中我们可以得知，在人际交往之前，和对方进行短暂的交流，获得一些对方的信息，有助于我们对对方的可信度进行判断。这对我们更好地判断他人是否值得信任有一定的借鉴意义。

主动进行人际交往，提高信任判断的可靠性。如今，随着网络的发展，有些人逐渐加入了“宅男宅女”的队伍，每天刷手机、打游戏，沉浸在自己的生活中，大大影响了自身的人际交往，进而对他人的信任判断产生误差，这使得他们更容易相信不值得信任的人。而上述研究结果表明，短暂的人际接触有助于我们对他人的可信度做出准确的判断，所以社会交往是必不可少的，简单的交流和沟通往往就能让人在判断对方是否值得信任时表现得更加游刃有余。

不轻易做出判断，以沟通为基础。在上面的研究中，没有经过人际接触的被试做出的错误信任判断更多，这也说明在没有通过交流、未获得他人的信息时做出的信任判断很有可能是错误的。所以，当我们和新的朋友进行接触时，不要凭借外貌或者他人提供的信息轻易地信任对方。在和对方进行沟通交流后再做出判断才是更好的选择。

67. 教师与家长沟通有技巧

学校教育与家庭教育的协作与合力对学生的成长具有重要意义，两者缺一不可。现如今，由于家长工作繁忙，加上现在电话、校际通、微信等现代通讯方式联络也很方便，所以，教师通过家访与家长沟通的频率也有所降低。一般都是教师发现学生出现了比较严重的问题时，才会想到以家访的方式和家长进行沟通。这种情形对每位教师来说，都是不得不做，但又感觉为难的事。与家长的对话既要让家长接受学生出现问题这个事实，同时又要让其愿意积极配合教师来做学生的工作，使家长成为教师的合作伙伴，成为学校教育的后援团（季丽琴，2017），这对教师来说是一个挑战。随着家长对教师的要求越来越高，教师在面对家长时更加要掌握好沟通的技巧（李秀吉，2016），态度上要先运用同理心、设身处地地从家长的角度出发，而在具体的对话策略上，“三明治技术”的运用有助于沟通的有效进行。

什么是“三明治技术”

一般来说，人们在听过赞美的言辞之后，会比较容易接受逆耳的忠言。教师在与家长进行对话时，如果先向家长说出学生的优点，在此基础上再提出希望与家长一起帮助学生克服的缺点，则会比较容易达到预期的效果。

我们都知道三明治，最上面和最下面的那层都只是简单的吐司面包，真正诱人的是中间那层火腿、芝士和蔬菜，然而如果仅吃中间那层会让人觉得油腻，最好的食用方法就是三层一同品尝。将其原理应用于教师与家长的沟通则是说，教师在与家长会谈的过程中应采用开始和结束都正面陈述，而把重点（学生近期需要改进的问题即缺点）放在中间的一种谈话方式，这种对话技巧被称为“三明治技术”。

“三明治技术”前后的正面陈述，重点在于通过对学生真实性的优点陈述，让家长感觉到他的孩子是受到重视与尊重的，以及教师对家长持有诚恳的态度，进而让其乐于和教师分享看法，协助教师解决问题。只有让家长觉得自己是被尊重的，才能建立彼此信任的关系，家长也才会积极地参与到会谈之中。与此同时，学生的缺点也不可不提，其中，提出需要改进的缺点更为重要，可以让家长意识到自己孩子的不足之处，使家长和教师有更为明确的工作目标。

“三明治技术”的运用

教师在和家长对话之前，应当对学生的行为做事实性的观察以及记录，为沟通积累学生的资料。对学生真实的赞美可以是称赞学生的学习进步，也可以是学生在班上良好的行为表现（如对教师或其他同学所提供的帮助）。当然，也可以和家长谈论一下孩子的兴趣爱好、性格特点等。

随后就可以直接步入主题，陈述此次会谈的主要目的，客观地描述一下学生最近让教师担忧的表现，并且讲述自己对学生所做过的努力和成效，询问家长对于协助学生摆脱困境有什么意见或建议。也可以适当地为家长提出一些能够在家做的事情的建议。

最后，在交谈结束时仍然要对学生做出正面的评价，给予恰当的赞美，并且向家长表达自己对学生的期望，更要让家长知道接下来教师将会怎么做，并表明请家长支持，以及继续联络的意愿。双方在沟通时若能给予积极的情感表现，便能使意见的交流更为顺畅。

在家访过程中，并不是所有的家长都持相同的态度，对于家长的不同想法，教师要抱着客观的、同理的心态来倾听父母对孩子的看法，展现诚心诚意，保持对事不对人、就事论事的原则。教师的真诚可以化解家长的怨气。在这过程中，家长或许会把教师当作朋友一般抒发自己的苦闷。同时，通过倾听，教师或多或少都能获得一些有用的信息，以便对孩子的问题多一些了解。家长如果能够理解教师、支持教师，在必要的时候也愿意改变自己的教育方式，那么孩子的问题将会得到更有效地解决。

第四编

调适与成长

生活在社会中，我们面临的情境总是复杂多变的；而作为复杂的生物，我们的情绪也总是变化的。要想保持稳定的情绪，维持积极的心态，我们就得不断调节自己以适应这些变化，这就是调适。调适不仅能最大限度地发挥个人潜力，维护心理平衡，消除心理问题，还能帮助我们获得成长。

本编中，我们将从心理学的角度来解释一些现象，并介绍一些调适方法，帮助我们进行压力管理、缓解焦虑、提高个人调适能力。

对教师来说，进行自我调适有助于职业发展、个人成长，能从容面对教育中的一些问题。更重要的是，教师还能将这些方法传授给学生，积极引导学生进行调适，增加学生对教师教育技能的信任，从而更加支持教师的工作，促进师生共同成长。

68. 情绪劳动:不可忽视的教师行为

通常我们理解教师的工作,是体力劳动和脑力劳动。但是在教师工作过程中,还有第三种劳动也发挥着重要作用,那就是情绪劳动。情绪劳动(emotional labor)是指控制情绪并运用语言与肢体动作,营造出足以让服务对象产生备受关怀以及安全、愉快心情的一种工作表现。美国学者霍奇柴德(Hochschild)在1983年出版的《情绪管理的探索》(*The Managed Heart*)中,首先提出情绪劳动一词,并指出每一项工作都或多或少有情绪劳动的成分,尤其是与人高度接触的工作,如行政人员、医师、护士、接待人员、教师等在工作时必须控制自己的情绪,以创造出一种便于实现工作目标的工作气氛。其中教师的情绪劳动尤为重要,教师有时为了改掉学生的不良习惯、制止学生的不良行为等,需要表现出诸如"生气""愤怒""失望""伤心"等消极情绪,借助惩罚中消极情绪的表演,达到有利于学生发展的目的。当然,除了消极情绪表演,教师更需要表达积极情绪以强化学生的良好行为表现。

什么在影响着老师的情绪劳动

教师的情绪劳动被很多种因素共同影响,其中主要的影响因素有以下三种。

教师专业素养。教师的专业素养影响着情绪劳动的质量,包括教师职业理念和师德、教师专业知识以及教师专业能力。教师的职业认同感和教师职业道德素养是教师情绪劳动的来源,没有高度的职业认同感和对教师职业的真正热爱,教师的情绪劳动就会成为无源之水、无本之木,将无以为继、难以持久。

学校组织。学校组织是教师情绪劳动的加油站,教师情绪劳动也需要社会支持和组织关怀,需要学校组织对教师的充分信任。这要求学校组织特别是相关部门的领导要尊重信任教师,同时采用恰当的方式对教师进行评估。教师也是人,也需要肯定和鼓励,作为教师坚强后盾的学校组织,其对于教师情绪劳动资源的可持续发展发挥着重要的保障和激励作用。

师生关系。师生关系是教师情绪劳动力的支持。良好的师生关系的特点包括:民主平等、尊师爱生。良好的师生关系是一种积极正向的互动,有爱,也有爱的回馈。教师情绪劳动的对象主要是学生,教师情感的付出最希望得到的就是学生的情感回馈,积极的情感回馈是教师情绪劳动的强化剂,可以激励教师以更加饱满的热情,付出更多的努力为学生提供充满激情的教育教学服务。

如何优化教师情绪劳动

优化教师情绪劳动是提高教师教学能力的重要途径,下面我们给出一些优化教师情绪劳动的策略。

关注教师情绪智力的培养和提升。首先,学校应该在教师培训阶段通过正式的课堂教学以及丰富多彩的学生活动,向师范生渗透情绪智力的知识;其次,对已经入职的教师,要注重教师的心理资源建设。

加强对教师情绪规则的研究和探讨。教师的情绪不能随意地表现,因为其对学生的影响力是巨大的,这就要求教师要注重对教师情绪劳动特性和规则的研究和学习,有效运用教师情绪。

注重建立良好的师生关系。教师在教育教学中应注重为学生提供个性化的服务。在人格上应赋予学生成人般的平等对待。并且要注意不能为了形成表面和暂时和谐的师生关系,而滥用情绪劳动(李虹,2017)。

69. 教学经验丰富莫要过分自信

新学期伊始，各个学校都会开展新教师的入职培训活动。学校给新教师安排了理论和实践能力培训，一方面可以提升他们的思想素质和师德水平，另一方面也能够提高他们的教育教学技能水平，增强新教师热爱学生、热爱教育事业和为人师表的自觉性。除此之外，很多学校还会安排老教师向新教师分享教育经验。可是，我们会发现一个有趣的现象：往往一些同学会对新教师产生很深的感情，然而对年长的教师并不会这样，这是为什么呢？

知道越多，越自以为是

奥斯凯普（Oskamp，1965）邀请临床心理学家、心理学专业研究生和本科生参与了一项实验。在实验中，研究人员要求他们阅读一份涉及病人当前状况、童年生活、学习生涯和部队经历的病例。每阅读完病例的一部分，他们就需要基于病例提供的信息，对病人的人格形成临床判断，然后再估计自己的判断在多大程度上是正确的。实验结果显示，心理学家、心理学专业研究生和本科生之间的信心评估分数，并无显著差异。但是将三个群体的数据合起来分析发现，随着阅读案例信息量的增加，他们越来越相信自己的临床判断是准确的，然而实际上他们判断的正确率并非如此。读完病例材料的第四部分后，超过 90% 的人对于自己的判断过于自信，奥斯凯普（Oskamp）将这一现象命名为过分自信。在教育领域中，从事教育行业多年的老教师们也可能出现过分自信的情况，他们往往认为自己有着丰富的教学经验，能很好地了解学生们的行为意图，这种过度自信也导致了他们的自以为是。

教师的爱，让学生变可爱

过度自信会影响我们的感觉和行为。一旦对学生或者某个行为形成固定信念，教师就会在教室和教学中寻找那些支持自己信念的证据。如果找不到，他们就会主动去创造。在罗森塔尔（Rosenthal，1968）的实验中，我们知道了“教师期望效应”。当教师主观认为某些随机选出的学生，在智力发展上会有显著进步时，这些学生的确在一学年后的智力测验中有了显著的提升。

后续研究发现，这主要是因为教师会通过情绪、语言和行为对他们认为“聪明”的学生表现得更加友善和耐心：他们给予这些学生更多的微笑，进行更多眼神交流，对这些学生的课堂回答给予更多赞同。重要的是，学生也强烈地感受到了来自教师的热爱和期望，因此而发生了改变。他们变得更加喜欢校园生活，更乐意接受教师对其错误的建设性评判，并努力进行改进和提高，变得更加自尊、自信和自强，从而使各方面得到了异乎寻常的进步。教师的信念会激发教师付出更多的教育努力，而学生在感受到教师的努力时也会做出相应的行为回应教师。

克服自以为是，始终不忘初心

随着教师工作经验的不断积累，他们变得更加自信，在日常的教育教学工作中他们很容易出现自以为是的现象。因此，教师想要克服自以为是，必须对教学工作常怀敬畏之心，对学生常怀关爱之情。

不忘初心，热爱自己的学生。过往的经验表明，教师只有热爱学生、热情对待学生，让学生感受到教师的亲切和活力才能为学生们所喜爱。优秀的教师更会利用“教师期望效应”来帮助后进的学生。因此，教师应热爱自己的学生并设法长期保持这种状态。

保持谦逊，听取他人的意见。一个人无论多么聪明，多么有才华，他的知识和技能在某种程度上也是有限的，尽管教学多年的教师见过各种各样的学生，阅历十分丰富，但是由于每个学生都有其独特性，自以为是地理解学生是不正确的。因此，新教师应该从入职开始就保持谦虚的心态，广泛听取他人意见，不先入为主地理解学生的行为。

不断思考，反思自己的不足。通过反思，教师可以明白自己在哪些方面还存在不足，以后就要努力在这个方面做出改变，提升自己的能力。教师只有在工作中不断反思才会进步，才能更加准确地理解学生，才能得到真正的成长，成为优秀的、令学生喜爱的教师。

70. 人有“更年期”，教师有“高原期”

教育心理学家在研究操作技能形成的过程时，发现了一种普遍现象——高原现象，即在练习过程中的一定阶段上个体会出现效率降低，进步速度减慢甚至停滞的现象。教师在从教 10 年左右，便可能会进入职业发展的高原期，这时教师的教学水平往往停滞不前。不论是在对教学内容的掌握与分析上，还是在教学方法的处理上，再没有明显的进展，有的教师甚至放弃了进一步努力的要求。这种高原现象持续时间短则四五年，长则十几年，甚至有些教师直到退休仍然处于“高原现象”时期（张继安，1992）。

为何人到中年容易进入职业高原期

工作繁重，压力巨大。我国中小学教师职业压力大，这一点有目共睹。而且处于高原期的教师一般正处于中年阶段，他们在学校是教学骨干，工作繁多，压力大；在家又上有老下有小，家庭负担重，于是常常处在满负荷或超负荷的运转状态，体力、精力都不堪重负，缺少学习和研究的时间。

心理惰性。安于现状的心理惰性是教师突破高原期的大敌。这一时期的教师在经过多年的工作实践后，积累了较丰富的经验，也锻炼出了较强的工作能力。随着教师业务水平和外部评价的不断提高，部分教师学习的紧迫感和动机水平逐渐降低，甚至开始出现自满情绪。在没有外力督促的情况下，自我期待值不高的人会较早定型，陷于高原期而不能自拔。

思维定势和经验主义倾向。随着教育经验的不断增长，教师会逐渐产生教育中的思维定势和经验主义倾向，这种定势虽然能起到提高教育工作效率的作用，但也会影响教师能力向高层次发展。这时的教师遇事往往过分地看重和依赖于过去积累的经验，忽视思维的深化，以静止不变的眼光看待不断变化的教育现象和教育实际，从而制约了自己能力向更高层次发展。

意志品质薄弱。教师要突破高原期就需要不断充实和调整知识结构，不断学习新的教育教学理论，掌握现代化的教学手段等。这些都需要长时间艰苦的劳动，对教师的个性品质提出了更高的要求。部分教师尽管也有进一步提高的意愿，但往往因意志薄弱，不能持久坚持对自己的要求与努力，终究还是半途而废，始终不能突破高原期。

高原期教师专业发展对策

以竞争机制增强教师职业提升的紧迫感。教师是一个相对稳定的职业，这种稳定性在某种程度上造成了教师缺乏职业危机感，容易产生职业惰性。良性的竞争机制能在很大程度上加深教师的职业与生存危机感，为了在竞争中获得优势，教师就不得不关注自己的职业发展，并通过各种途径去努力摆脱在高原期职业能力发展的低迷状态。

以终身学习理念增强教师自我提升的内驱力。从教师个体职业发展的角度来看，不断学习是教师摆脱职业发展高原期的有效手段。学校不仅是学生学习的场所，也是教师学习的社区。教师必须将工作与自身学习紧密结合在一起，在工作中不断地提高和充实自己，促使自己逐步由“经验型”向“科研型”，由“教书匠型”向“专家型”转化。也只有这样，才能不断地促进教育质量的提高，才不至于被时代发展所淘汰。

人性化管理是教师突破高原期的必要条件。过去我们的教育行政部门和学校的领导的确存在片面追求分数，片面追求升学率的倾向。对教师的评价主要是从其所教学生考分的多少来反映教师水平的高低，把教师的教育教学能力片面化。教师会感到自己是受制于学校的升学目标及给定的工资酬劳的，丧失对自我发展的关注，从而失去自我学习与发展的动力。学校管理要重视教师的职业心理，对教师的情感需要、专业尊严给予高度重视，更要为教师提供各种学习机会。只有如此，才有可能使教师愿意为学校教学全力付出，主动摆脱停滞状态，获得新的发展。

科研是教师走向成熟的关键所在。教师一旦以研究者的心态置身于教育情景，以研究者的眼光审视已有的教育理论和教育实际问题，则对已有的理论会更愿意思考，对于教学活动中新的问题也更敏感。许多中小学教师经过一定时期的探索,已经成长为“科研型”的教师,他们针对教学实践中的问题,能不断对其进行积极主动反省或调节,持之以恒地开展教学研究,其成果针对性强、有明显的实际效果,对自己教育教学水平的提升起到了极为重要的作用。因此,教师是否具有教育科研能力是教师职业发展成功与否的重要保证,也是教师能否突破职业发展高原期的关键所在。

71. 克服职业压力与倦怠的三部曲

对教师而言，压力和倦怠总是难免的。良好的时间管理、适当的运动与休闲、保持工作与家庭的平衡关系、构建自己的社会支持系统等对于教师舒缓压力和倦怠感都是非常有效的。除此之外，教师还可以通过以下的方式来管理与应对自己的工作压力与倦怠。

正视工作压力与倦怠的存在，建立合理的专业期望

在形成任何有效的应付策略之前，教师都要对压力与倦怠有明确的认识并采取接纳的态度。教师应该认识到压力及其反应不是自身个性的弱点，也不是个人能力差的标志，而是人人都会体验到的正常心理现象。教师要承认自己也是一个平凡的人，会有七情六欲，喜怒哀乐。只有了解自己的优缺点，才能破除那些事业上存在的迷惘，做一个真实的、有缺点的、能自我接纳的人。

给予自己积极的心理暗示

心理暗示是以言语信息为手段，影响人的心理状态，使其发生相应的变化，从而达到提高活动效率的心理活动。教师要学会从积极方面重新审视情境，利用言语给予自己鼓励、支持等。例如，当遇到学生犯了错误却又不接受教师的批评时，教师内心会灰心泄气，这时就可以采取积极的自我暗示策略，对自己施予言语命令：不能发火，要冷静地对待，绝不泄气，要有信心教育他……在这样的言语自我暗示下，教师的心理状态能在一定程度上得到调节，由急躁或泄气灰心变为情绪镇静、信心充足。言语暗示也可以在教师心理活动水平太高，超过工作、学习需要时，用以降低心理活动水平。如教师情绪太激动时，不能安心备课、上课或进行思想教育工作，此时教师可以采用抑制性言语暗示自己："要镇静下来，完成当前教学任务，要认真备课、仔细批改作业。"采用积极的言语暗示策略，对于教师压力管理、提高心理健康水平都具有十分重要的作用。

学会放松自己

教师的职业压力和倦怠大多是由心理疲劳引起的。教师的职业劳动是以脑力劳动为主,有关心理能量的研究表明,脑力劳动时心理能量的消耗最大。正是由于教育家们懂得教师劳动的特点,所以学校的传统是给教师较多的假期。教师的休息时间如果长期被占用,使之经常处于消耗大于补充,身体和精力无法得到恢复的状态,工作倦怠的产生和健康水平的下降便是自然的事情了。

停止过量工作、加强营养、睡眠休息都有助于教师身心的恢复,但这只是一种自发性的恢复,单纯靠这种恢复方式,对于从事体力劳动的年轻人,可能效果较好,而对于中老年人,就不一定有效。教师可以尝试采用放松的方式使自己由紧张状态转向松弛状态。当压力事件不断出现时,持续数分钟的放松,往往比一小时睡眠的效果还好,放松训练便是一种较好的方法。

下面以教师的自律训练为例,介绍放松的技术。教师在心理疲劳时,经常表现为全身肌肉紧张,呼吸短促,在床上睡不着、躺不稳等。对此,国内外多采用以骨骼关节、肌肉放松和呼吸减缓为主的训练方法。教师可以在床上做肌肉和骨骼关节放松动作,使全身肌肉动作处于低消耗的抑制状态,与此同时控制自己的呼吸频率,使其减缓到近乎入睡的程度。这种以训练自身动作和呼吸为手段的方法,称为自律训练,或自律运动。这种训练的机制被称为生物反馈,即用自身肌肉、骨关节放松和呼吸减缓的信息,带来整个机体生理活动的降低,以此为契机反过来影响教师的大脑神经活动。它可在睡眠前或课间休息时练习,也可以在紧张、焦虑的时候进行,以达到部分、全部恢复身心放松,缓解压力的目的。

72. 自我激励:帮助教师快乐工作

所谓自我激励,就是指人们在努力前进的过程中,凭借自我调控能力给自己不断打气、调动自身能动性的过程。学校常以物质奖励和精神奖励等外部激励方式激励教师,这在一定程度上对勉励教师发挥了积极作用。但由于这种外部激励方式难以确保激励的全面性和公平性,特别是如果没有内化为教师的自觉行动,其效力难以持久。美国激励大师道南(Deman)认为:“一个人开始激励别人前,要先激励自己,如果自己没有积极性,是不能调动起别人积极性的;如果自己没有信念,是不能使别人有信念的。”由此可见,在工作中需要时时处处激励学生进步的教师们进行自我激励是多么重要。

自我激励的巨大作用

自我激励是行为动机的催化剂和兴奋剂。只有通过自我激励才能满足自己的需要,并在实践中不断提升自己的需要,以达到自我否定、自我超越、自我发展和自我创造的目的。美国情绪智力研究专家考尔曼(Coleman)甚至将自我激励能力视为人类情绪智力的五大成分之一。他认为,“自我激励首先通过认知层面,对自己提出克服困难和坚持目标的理性要求,抵制本能所产生的退缩等消极意念,转而沉浸于充满自信的积极情绪的体验中,以促成目标的实现。”因此,自我激励是个人主动地通过对自己的认识,适时地激发和鼓励自己以及付诸实践并保持振奋工作行为的和高效的工作成果的动态过程。它是利用某种诱因使自己处于一种有活力的自觉行动的良好状态之中。自我激励是人的一种高度自觉性的表现,是激发教师工作积极性最有效的方式之一(庄可,2011)。

研究表明,与那些只有在外人的监督和督促,或者外部力量的推动和迫使下才能行动起来的人相比,能够自我激励的人拥有更强的自信心,更能通过自身的努力来获得成功。自我激励能力比较强的老师,一般都非常热爱生活,在遇到困难和挫折的时候,具有比较强的抗压能力,还懂得如何为自己减压,会保持积极乐观的心态。

如何自我激励

教师在职业生涯中，总会遇到挫折和不顺心，这时作为老师不应该过分期待他人的理解和帮助，自我激励或许是你快乐工作的重要源泉。一般而言，教师可以通过以下方式进行自我激励。

学会积极的自我肯定。积极的自我肯定是一种自我暗示的方法，它通过对某种事物的有力、积极的叙述，让积极的思想观念替代过去陈旧的、否定性的思维模式。这是一种强有力的、能在短时间内改变我们对生活态度和期望的技巧。教师在遇到问题时可以这样告诉自己：如果我觉得自己能行，那我不能轻易放弃；只有勇于新的尝试，才会有成功的可能；我能实现自己的预期目标等。

经常自我奖励。自我奖励也是自我激励过程中的一个重要组成部分，教师要学会善待自己，经常采用自我奖励来激励自己。当我们完成了自己预期的目标或者任务的时候，就应该给自己一些小小的奖励。比如去看场电影，或者去商场购物，买一些自己喜欢的东西，反正是自己喜欢做的事情都是奖励自己好的方式。

进行必要的自我安慰。自我激励的另一个策略是要找出阻碍自我能动性发挥的因素，并想办法克服它们。最常见的就是害怕成功或者害怕失败，两种因素都会在不同程度上影响教师能动性的发挥。例如，当你在工作中取得一定成绩的时候，你的同事很可能会对你冷嘲热讽，说你是爱出风头之类的。这个时候，你可以按照自己的既定目标继续努力，完全没有必要把这些话放在心上，因为那只是嫉妒心在作怪罢了。当然，受到了别人的指责和批评时，也不要一味地沉浸在消极的情绪抵触当中。要告诉自己，如果别人的批评有道理，那就应该坦然接受，因为这会让你的工作做得更好。

不忘初心。自我激励的直接动力和原始动因是个人内心的需要。面对日复一日的辛苦工作，作为一名教师切勿忘记初心，才能不断自我激励。

73. 组织公民行为价值多

当你生病时，就有教师主动帮你代课；当你工作负担过重时，就有同事主动替你分担；当你教学遇到瓶颈时，就有同事愿意花费时间帮助你解决所遇到的各种问题与困扰。这样的学校工作环境，教师是不是更具职业幸福感呢！可见，教师自觉自愿表现出来的这些有利于学校其他人的利他行为，不但有助于组织效能的提高，更有利于教师职业群体幸福感的提升。

什么是教师组织公民行为

卡兹和卡恩（Katz & Kahn，1966）认为，一个组织要想具有人文关怀地高效运行，员工的行为必须符合下列三种情况：员工必须参与并且留任在组织中；员工的行为必须符合组织的特定角色要求；员工在获得超越角色要求的组织目标时，必须具有创新及自发性行为（Katz & Kahn，1966）。这里的第一种行为是员工的维持性行为；第二种则是员工达成组织绩效所需要的行为，即角色内的工作行为；第三种则是员工主动执行超越自身角色范围且对组织目标的实现有贡献的行为，即组织公民行为（organizational citizenship behavior，OCB）。基于此种认识，我们可将教师组织公民行为界定为，教师为了超越学校规定的正式绩效标准，自发地表现出的有利于学校、同事与学生的美德行为。

学校中教师组织公民行为的表现

组织公民行为在教师当中有许多具体的表现，索莫奇和波格勒（Somech & Bogler）从三个方面对教师组织公民行为进行了划分：对学校、对同事及对学生，并将其分为组织公益行为、人际利他行为及教学公益行为三个部分（Somech & Bogler，2002）。

组织公益行为。是指教师表现出来的，超越学校正式规定而额外付出的公民行为。如随手关灯节约学校资源等。

人际利他行为。是指教师在学校人际交往中，表现出对同事的利他行为。如主动协助同事完成学校分配的工作任务等。

教学公益行为。是指教师表现出高度的责任感，在教学工作上为学生额外付出，如牺牲自己休息时间帮因病缺课的学生补课等。

上述三类教师组织公民行为，都具有以下特点：首先，教师组织公民行为是教师自觉自愿表现出来的行为；其次，教师组织公民行为是一种角色外的行为，虽然是一种未被学校正式规范规定的行为，但却是学校所需要的；最后，教师组织公民行为不是由正式的奖惩系统来评定的行为，它的完成不会被学校奖赏，而教师不从事这些行为也不会被学校惩罚。

教师组织公民行为的价值

教师的组织公民行为不但对于学校组织目标的达成有重要的影响，也有利于形成更具职业幸福感的学校工作氛围。虽然教师组织公民行为并非教师角色内的工作责任，但教师们如果能够表现出许多的公民行为，将会形成一种合作、团结的文化与价值观。大量教师组织公民行为表现的累积，提供的是一种心理性与社会性的组织气氛，它就像“润滑剂”一样，使教师之间彼此合作、相互帮助、减少人际摩擦，同时还能使校园冲突在无形中降低及避免。

此外，教师也不需要大小事都向领导者寻求协助。如此一来就可以让领导者做更为重要的事，而不是将大量精力用于日常的管理与监控，从而有效提升组织运作的效率。当教师能够通过组织公民行为的展现，表现出更多的利他行为时，还能够实现互相协助、知识分享、专业共进。这样不但有利于减少组织的训练成本，而且也有利于学校提高对教育改革的适应和创新能力。

如此看来，学校应大力提倡组织公民行为，为教师营造愉快的工作环境，为学校节省管理成本。

74. 利用认知失调原理创新师德培训

师德培训一直是一个难点，大家普遍感到听听讲座、设定红线还不足以塑造良好的师德。浙江师范大学有一门叫“积极行为塑造”的课程也许可以给师德培训提供思路。任课教师孙炳海教授要求每位同学制作一个宣传视频并向校内外发布，公开宣传就餐排队（不插队）、不乱停放车辆、不闯红灯……在此过程中，上课的学生虽然承认自己难以改变其他人，但却异常坚决地表明今后无论别人如何做，自己一定要遵守各项规则。

一开始仅仅是当一个作业向外宣传，最后却塑造了自己的良好行为。是什么原因让这些学生如此坚决呢？其实是那些同学通过制作视频诱发了“伪善”，利用认知失调的原理塑造了新行为甚至达到至善。诱发道德伪善为创新师德培训模式提供了思路。有的教师对自己本专业和教师职业产生厌倦，只是把教学当作一种谋生的手段。怎样让教师真正喜欢自己的专业，并且把自己的专业知识服务于社会呢？我们可以从为自己撒一个“谎”开始！

道德伪善：装到最后想法真的改变了

道德伪善是个体的行为表现得“道德”，但内心并不是出于这种真实的“道德”动机的过程。通过创设情境可以诱发道德伪善，即让个体做一些与原有不良行为相反的公开陈述、声明，并在实施过程中意识到其观点和行为的不一致，诱发个体的认知失调，进而促使其选择更合理的减轻认知失调的方法——主动改变行为或态度。

彼得森（Peterson，2008）通过诱发伪善对不同自尊水平的人的戒烟行为进行了研究，将61名吸烟的大学生分成两组：实验组（道德伪善组）需要录制戒烟声明的视频，向其他中学生宣传不要吸烟；控制组则无须录制声明。实验结果发现，实验组被试的戒烟行为显著高于控制组，而且自尊越高的人，戒烟行为越明显。在增加使用避孕套预防艾滋病（Eithel & Friend，1999）、减少超速驾驶行为(Fointiat,2004)、节约水资源行为(Dickerson,1992)和垃圾回收行为(Fried & Aronson,1995)等方面,通过道德伪善的方式都可以改变个体的行为。

道德伪善发挥作用的原理:认知失调理论

道德伪善之所以能产生作用,其根本原因在于认知失调。费斯汀格(Festinger)在1956年首次提出认知失调理论(cognitive dissonance),即我们由于出现与态度不一致或者言行不一的行为时而引发的不适感。

那么我们如何减少这种不适感呢?如图74-1所示,当新的认知元素A引入个体原有的认知结构后,与原有信念A′产生不协调,这种不协调会使个体在心理上产生不适感。为了消除这种不适感,个体会通过以下各种途径:第一,改变或修改原有认知结构中的认知元素A′;第二,改变新的认知元素A;第三,增加新的认知B;第四,避开产生失调的情境或信息C,最终达到心理上的平衡。

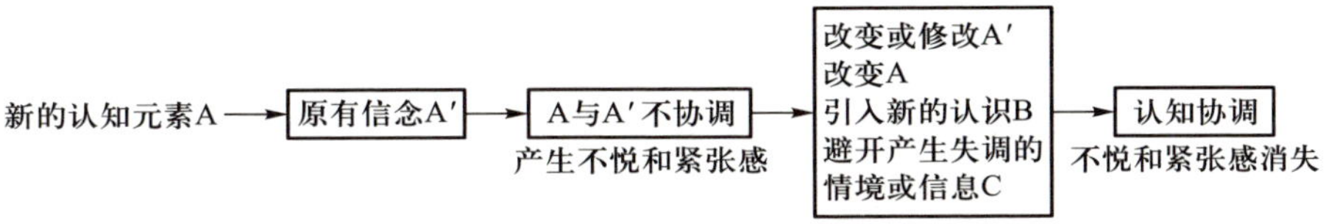

图74-1　道德伪善的心理机制

师德培训方式创新:可以从诱发伪善开始

提高教师的职业道德水平,有许多种方法。利用认知失调原理可以有效养成良好的职业道德行为规范,切实提高职业道德素养。绝大多数教师都具有专业背景、一技之长,都可以在自己的领域为他人服务。利用自己的专长为他人、为社会服务是教师职业道德素养的重要组成部分。

学校要鼓励教师在自己的专业领域,利用自身的专业知识,提出并开发自己的微课、慕课。然后不断向他人介绍或公开宣讲自己的专业课程可以带给学生或他人的价值。你可能已经想到了,通过让教师"声明"自己对这门专业的热爱以及专业的重要性,可以让教师确信自己是非常热爱所学专业的。即使教师一开始并不一定真的觉得自己从事这样的工作有何价值,但却在大家面前"实践"这些做法,为了降低认知失调,最终教师可能会"确信这样做是对的",从而坚定了自己的目标!

75.“短”板“长”用也能获得成功

有人说:“在一个组织当中均衡十分重要,比短板高的长板其实就是一种资源浪费,是完全没有意义的。”也有人说:“想要改变木桶的盛水量,唯一的办法就是想方设法增长短板。”类比到一个人身上,补足短板确实是提高个人综合能力的有效方法,但却不是成功的唯一方法。

短板理论

盛水的木桶是由许多块木板箍成的,盛水量也是由这些木板共同决定的。若其中一块木板很短,则盛水量就为短板所限制了,这就是木桶效应,也可称“短板效应”。如果要使木桶的盛水量增加,只能换掉短板或者加长短板才可以。木桶效应已经被世人普遍接受,并广泛应用在社会生活的各个领域。短板也就是事物最薄弱的地方,只有想办法找到短板,并补足短板才能在现有的条件下获得最大的成功(宋立华,2016)。

假如完成某件事情需要5种能力,其中水平最高的是A能力,水平最低的是B能力,那么根据木桶效应理论,能力高低便取决于B能力的大小,但是事实真的是如此吗?我们只要调整每块木板的位置,把木板合理排序,并且将木桶放置在一个斜坡上,使得代表A能力的木板在最下面,并将木桶倾斜。也许这时他的能力就取决于A能力的大小了,而B能力也能有更多的空间去提高,这就是“新木桶理论”,又称“反木桶原理”。

金无足赤,人无完人,每个人都存在自身的短板,有些短板可以克服,有些却不能。但短板只是限定了你解决问题时所处的条件,却未曾制约你解决问题时可使用的方式。所以教师在面对自己缺点的时候,不要一味地补救,而是要学会利用自己的优势,转变思想,让你的缺点不再是自身的限制因素(王彦,2009)。

转化缺点成为有个性、有特点的老师

如果你是一个有方言口音的老师,可能无论你如何努力也没有办法克服浓重的口音,这或许会令你心生自卑,不敢在讲坛上侃侃而谈。但是,你可以

发挥你其他方面的优势，比如可以通过幽默的表达、精致的PPT被学生们牢记，或者你可以通过自己的创造力，把你的方言口音变成讲课的一种特色。

如果你是一个上了年纪的老师，可能无论你如何努力也无法真正融入互联网时代，这或许会使你与学生间略有代沟，无法真正融入他们。但是，你丰富的人生阅历，渊博的学识是你最宝贵的财富。当你把自己的人生经验作为最闪耀的特点的时候，学生可能会对你有不一样的认识。

如果你是一个内向的老师，可能无论你如何努力也无法像有些老师那样和学生亲密无间、亦师亦友，这或许会让你觉得学生对你敬而远之。但是，若你将精力都用在把更多的知识传授给学生，那你高超的学术造诣、精辟的点拨，会让你成为学生敬仰的人生导师。

作为老师，我们或许还有许多短板是无法克服的，但只要我们心系学生、态度真诚，只要稍稍调整一下教学的方式，发挥自己的优势来弥补自己的不足，我们一样能成为学生眼中最棒的老师！

76. 高自我控制意愿未必有利于成功

“我要减肥！我要瘦身！我要控制自己的饮食，不减到100斤以下我就绝不吃晚饭！”相信在你周围也有这样为了减肥而“扬言”要控制饮食并立下各种各样“誓言”的教师同事。的确，自我控制在我们达成一个目标的过程当中起着至关重要的作用，它能通过抑制冲动或者放弃即时的需要和满足，促使人们参与到以目标为导向的行为中去。很多的研究也展示了自我控制对生活方方面面的巨大影响。

自我控制意愿与自我控制

然而，上述的例子当中“我要控制自己的饮食”的“口号”却不属于自我控制，这只是一种自我控制的意愿。自我控制意愿反映了目标与表现潜能感知间的差距。当个体面临当下的自我控制挑战时，这种差距呈现出最大化，它只是一种欲望。而自我控制是一种能力，这两者并不是相同的。那么，这两者有什么关系呢？是否自我控制的意愿越强，自我控制就做得越好呢？

自我控制意愿对任务表现的影响

以色列学者尤里尔和美国学者鲍迈斯特（Uziel & Baumeister，2017）通过一系列研究探讨了自我控制意愿对任务表现的影响。

研究Ⅰ中，研究者选取了75名本科生为被试，采用自编自控欲量表（冲动、情绪、认知、行为控制）测量被试的自我控制欲望，采用简版特质控制量表测量被试的特质自控。同时，研究者将被试随机分为两组，一组进行高难度的誊抄任务，另一组进行低难度的誊抄任务。其中高难度任务是用外语准确抄写一段文字，低难度任务是用本土语言准确抄写一段文字。结果发现，强烈的自我控制意愿在完成高难度任务中起到了消极作用。

研究Ⅱ在研究Ⅰ的基础上，对278名美国居民进行自我控制意愿操纵。高自我控制意愿操纵是让被试先写出高自我控制意愿有益的说服性论据，之后要求被试描述两件自己需要但却未能发挥高自我控制能力的事件；低自我控制意愿操纵是让被试写出高自我控制意愿无效甚至带来问题的说服性论据,之后描述两件自己需要却未能发挥低自我控制意愿的事件。同时,研究中将被试随机分配完成高或低难度的字谜任务。结果发现,对自我控制意愿进行操纵影响了被试完成字谜任务的成绩,高自我控制意愿对完成高难度字谜任务起到消极作用,对完成低难度字谜任务影响不显著。

从这项研究中我们可以发现,在完成高难度任务的时候,相比于低自我控制意愿的个体,那些有着较高自我控制意愿的个体会表现得更差。因此,我们在需要完成某个任务的时候并不是自我控制意愿越高越好。

完成目标不是嘴上说说就可以的

显然,拥有强烈的自我控制意愿并不等于可以充分发挥自我控制能力,有时还会适得其反！我们往往会发现那些说着“要减肥,不瘦 20 斤就不吃晚饭”的人,因为忍受不了减肥的痛苦,最后以失败告终。强烈的自我控制意愿并不能帮助他们达成目标,相反,那些口口声声说要自控的人更可能以沮丧、退缩(效能感下降)的方式来应对难题,最终败给困难！

看来,自我控制真不是靠想的。要想完成某项目标,仅仅有着强烈的自我控制意愿是没有太多帮助的,还是要一步步制订切实可行的计划,通过付出实际的行动才能达成目标。

77. 微笑是教师最美的语言

微笑是最具有魅力的体态语言，它体现了人类的相互尊重与亲近。它不分文化、种族和宗教，每个人都能理解。跨文化研究表明，微笑是世界各地通用的情感沟通手段。同时，微笑也是一门艺术，而不谙艺术的教师绝对不是一名好教师。作为一种表扬方式，学生最喜欢看到教师的微笑，因为它能带给学生温暖、鼓励、接纳和勇敢，同时，它也意味着理解、赞扬和信任（张鲁宁，2017）。微笑能够引起学生心灵的共鸣，拉近学生与教师之间的心理距离，从而产生良好的教育契机。

社会性微笑触发“感觉良好激素”

纳曼玉（Nummenmaa，2017）等人发表在《神经科学》（*Neuroscience*）期刊上的研究发现，社会性微笑会触发大脑中与兴奋和情绪有关区域的内啡肽的释放。内啡肽是一种内源性（脑下垂体分泌）的类吗啡生物化学合成激素，通常也被称为“感觉良好激素”，会与大脑中阿片受体发生相互作用，有助于减轻疼痛、触发快感，是天然的镇痛剂。更重要的是，内啡肽释放产生的愉悦和镇静效果可散发出安全和促进感情和睦的信号，在提升亲和力方面发挥着重要的作用。

该项研究总共招募了 12 名健康的男性被试，研究人员给每位被试都注射了一种能与脑内阿片受体相结合的放射性物质。通过使用正电子成像扫描（PET）来监测与阿片载体结合的内啡肽以及其他肽类的释放。实验中，先后对被试进行了两次 PET 的扫描：第一次是在每名被试单独待在房间里 30 分钟之后进行扫描，第二次是在被试观看 30 分钟亲朋好友的搞笑视频之后进行扫描。

研究结果显示，社会性微笑会使得丘脑、尾状核和前脑区的内啡肽的释放显著增加，而这些部位均与兴奋和情绪感知有关。此外，研究还显示，大脑扣带回和眶额皮质阿片受体数量越多的被试在观看好友的搞笑视频时更容易发笑。换句话说，大脑中与情绪处理相关的区域内阿片受体越多的人，社会性微笑就越多。总之，该研究结果表明，社会性微笑引起的内啡肽的释放是人与人之间形成、加强和维系社会联系的一个重要途径。

教师微笑的功效

教学实践中，部分教师对“严”存在曲解、误用，认为严厉就意味着教师态度的强硬、武断，使学生惧怕、退缩，这反而对学生的成长和发展产生了负面影响。

苏联著名教育家苏霍姆林斯基说过：对学生来说，可怕的并不是自身不尽人意的成绩，而是老师对他的冷漠态度。对某些学生来说，教师的冷漠态度可能会使其就此一蹶不振，甚至是毁掉一生。相反，教师一个会心的微笑，一个欣赏的眼神则可能就会成为学生奋进的动力，使学生成就辉煌的人生。微笑是一种极好的无声语言，应成为教师的职业表情。

首先，教师的微笑本身就是一种教育资源。微笑是教师心理健康、良好性格的标志，更是教师积极、乐观向上的人生态度的反映。而这本身就是一种强大的教育资源、教育力量，对学生人生态度、良好个性品质的养成都会产生潜移默化的影响，利于培养学生愉快的心理，从而使学生健康地成长。

其次，教师的微笑有助于建立良好的师生关系。微笑是教师爱的外在表现，是对学生关怀的商标。一个经常面带微笑、对学生充满感情的教师能够轻易得到学生的拥护。而对于自己喜欢的教师，学生也会愉快地接受他所安排的各种教育活动。因此教师微笑着面对学生，能给学生一种宽松的师生交往人际环境，使学生感受到教师的理解、关心、宽容和激励。

最后，教师的微笑有利于组织课堂教学。课堂教学不只是需要教师的有声语言，也需要体态语言，教师使用微笑会达到意想不到的效果。在课堂上，教师微笑着上课，能够活跃课堂氛围，使学生思维活跃，学习更有积极性；教师微笑着管理班级，行为不良的学生会感到理解和宽容，这会引起他们的自我反思和觉醒。行为良好的学生会因此受到鼓励和赞许，不断努力和进取（王志芬，2016）。

78. 赞美是美德，会赞美是教师的能力

犹太人有一句谚语："唯有赞美别人的人，才是真正值得赞美的人。"赞美是人的一种美德，作为教师更应将赞美作为一种重要的激励学生努力的方式。不过运用赞美还是要注意一些问题，才能达到最佳的效果。

怎样赞美效果最好

多样的语句。使用赞美来奖励学生的良好行为，要避免千篇一律地说："谢谢你！你真是个好孩子！"学生听久了，会认为这是教师的口头禅，而没有奖励的意义，所以赞美的用语要经常更换。表 78-1 列举了一些表扬用语，教师可以经常变换使用这些语句。

表 78-1　80 句赞美的话

1. 谢谢你	22. 可以继续试试看
2. 看到你很高兴	23. 真令人惊喜
3. 真高兴你会这么主动	24. 你学习很努力
4. 你会做好的	25. 你充分表达了意见
5. 恭喜你	26. 你很关心同学
6. 你今天心情很愉快	27. 你会感激别人
7. 你做得到	28. 你今天在班上的表现，让大家为你高兴
8. 最近你长大了	29. 看起来今天心情很好
9. 你会自己想一想怎么办	30. 难道还不为你自己感到骄傲
10. 做得好	31. 看到你们努力的过程，老师很感动
11. 今天你做了不少事	32. 你想出了解决问题的新方法
12. 你感恩同学的帮忙真好	33. 你常会有些新的创意
13. 谢谢你和我分享你的秘密	34. 好极了
14. 你会记得老师说的话	35. 这是一个新的尝试
15. 上课时你很专注	36.（竖起拇指说）好！
16. 你是个用心读书的孩子	37.（握着拳头说）加油！
17. 你的用词很优美	38.（微笑着说）我赞成你这个想法
18. 恭喜你发现了	39. 卫生评比班上又得到第一名，真为我们班高兴
19. 你这种想法让我开了眼界	40. 你的表现让人感动
20. 我好喜欢你	41. 你学会分享、心情愉快
21. 你是个懂事的孩子	

续表

42. 你唱得真好听	62. 看得出你学数学很有潜力
43. 这件事挺难的，但我相信你会努力的	63. 谢谢你分担了老师的工作
44. 你很细心	64. 我很欣赏你写的字
45. 你帮同学推车，自己一定也很高兴吧	65. 谢谢你提醒老师
46. 继续加油	66. 谢谢你把真实的想法告诉老师
47. 今天看来比昨天进步	67. 你带领同学温习功课，老师觉得很高兴
48. 你写的作文让老师印象很深刻	68. 我为你感到骄傲。
49. 看来你花了不少时间完成这件事	69. 我能了解你所做的努力
50. 我会记得你	70. 这是我们班上的目标，一起努力吧
51. 你帮老师布置教室，谢谢你	71. 这个月来你学了不少东西
52. 你是个懂事的孩子	72. 谢谢你们在我生病时关心我
53. 你的衣服真干净	73. 你的英语每天都在进步
54. 祝贺你，你答对了	74. 对于不同的意见，你会仔细听，真棒
55. 这次做得很顺利	75. 你的意见，使班上的秩序变好了
56. 这可是你的长项	76. 做完这件事，觉得你好棒哦
57. 很高兴看到你弹钢琴时快乐的样子	77. 你们在台上的表演让老师好感动喔
58. 我对你的能力有信心	78. 我感觉到你像个美丽的小天使
59. 把这件事情做好一定花了你很多精力吧	79. 太奇妙了
60. 你的数学正在进步中	80. 遇到困难时想起和大家一起讨论，很好
61. 再来一次，你就会了，加油	

态度真诚。赞美学生时，教师的态度应该诚恳真实，以自然舒适的方式表达出来。“那太好了！”教师在说这话时只有面带微笑并且语气中带着欣赏时，学生才会觉得是在表扬自己。在表达赞美时不能只靠语言，眼光接触、面部表情、声调也是很重要的，赞美的信息也包含温暖的声调、身体的接触，如抚摸头发、轻拍肩膀等。

与行为相关。赞美时要注意赞美学生的行为，而不要笼统赞美学生本人。称赞学生是“好女孩”，是一般性、比较笼统的用法，没有赞美到她的特别行为，应该说：“谢谢你把黑板擦干净。”这样学生才会清楚了解教师的赞美与其行为有关。尤其对低年级的学生，这样他们才知道教师赞美的是什么样的行为。

注意赞美的场合。有效的赞美必须适合被称赞者的年纪。年纪小的孩子喜欢在公共场合被人称赞。年纪稍大的学生也喜欢,但更喜欢私下被人称赞。平时,对个别学生要进行私下表扬,当众表扬会让一些学生觉得难为情,甚至会引起他们与其他同学之间的麻烦。在与学生私下打交道时所给予的表扬会让学生觉得这种表扬是真诚、真实的,就会避免这种表扬像是在把这个学生树立为班上其他同学的榜样的问题。

避免赞美的后遗症。赞美如果使用太多,会使学生养成依赖教师的赞美才开始行动的习惯,如为了得到教师的称赞才认真完成作业。有些学生为了得到教师的赞美,上课时的焦虑感提高,直到获得称赞才会变得舒服。这样会使学生关心“我做些什么才能受到人家的表扬”,也会形成“别的不用管,只要自己受到表扬就行了”这种错误的想法。过分表扬还会使学生产生一种错觉,以为受表扬是自己理所当然的权利。儿童一旦有了这种错觉,如果做出了努力却未得到与其努力相称的赞赏,就会对未能给予表扬的人满腔怒火:“我做得这么好,竟然没人表扬我。真是可恶! 我真可怜!”从此对家长和教师的话失去了信任,对自己的努力也失去了信心。不实的表扬,还会让孩子迷失自我、爱慕虚荣,一旦遇到挫折或失败,往往会走向自卑甚至自毁的极端。所以,要控制赞美的使用频率和使用方法,切不可滥用。

让赞美融入日常点滴之中

人们对生活环境的赞美是对生活的欣赏和热爱。教师对学生的赞美是对学生的欣赏和热爱。对于教师来说,学会赞美不仅能表达对社会生活的热爱,更能表达对个人职业、教育对象的热爱。教师爱赞美学生,表明教师开朗、豁达,学生也会模仿学习,也会更积极向上。

79. 缓解压力的捷径:学会自我同情

在生活中,压力、焦虑十分常见,几乎每个人都会有所体验。虽然适度的压力与焦虑有助于人们点燃激情,提升人们在学习和工作中的表现。但是过量的压力会对人造成多方面的危害,不仅使人内心痛苦,还会使身体健康受到一定程度的损害。有研究发现,自我同情是缓解压力最简单有效的方法。

自我同情的定义与结构

自我同情是由耐夫(Neff,2003)提出来的,她认为自我同情是指个体对自己的痛苦和失败不予回避,而是用开放宽容的态度加以感受,并给予无偏见的理解。简单来说,自我同情的人对待自己,就像是富有同情心的人对待身处困境的亲朋好友一样——热心友善,关怀备至。面对挫折时,以温情和关心做回应,而非妄下定论,批评自己。

自我同情包含三个基本成分:自我宽容、普遍人性与正念。自我宽容是指关怀善待自己,而不是过分挑剔;普遍人性是指个体对"人无完人"的接受程度,即认识到所有人都会失败、犯错或者沉湎于不健康的行为,不孤立地看待自己的遭遇,强调个体与他人的联系;正念则是指当发生一些令自己沮丧的事情时,个体尝试保持情绪稳定,而不是一心想着做错的事情。

自我同情能够降低压力提升幸福感

古埃里(Gunnell,2017)等人发表在《个性与个体差异》(*Personality and Individual Differences*)杂志上的研究考察了大一新生的自我同情与压力、幸福感的关系。

先前研究表明,刚步入大学的一年级新生因环境、人际关系等因素的改变,幸福感会下降,心理压力会上升。因此,古埃里等人选取了189名大一新生为被试(其中77.2%为女生)进行了研究,并采用纵向研究的方法,分两个时间点进行数据收集。在新学期开始时,让被试填写相关的自我报告问卷,5个月之后再进行一次问卷的填写。研究结果发现,那些自我同情度较高的学生相比于自我同情度较低的学生,压力水平显著下降,幸福感也显著提升。

研究者解释说，自我同情能够缓解学生从高中升入大学这段过渡时期的压力，是因为自我同情增强了学生的自主性以及相应的心理需要。自我同情度高的学生会积极思考，且能够对情境做出更切合实际的评估，并做出更加准确的反应。

自我同情“三步走”

自我同情是一门可以被传授的技能，教师在工作中也会面对各种各样的压力，因此教师也应该学会自我同情，降低生活中、工作中面对的压力。多项研究表明，即使人们只是短暂地接受指导，也能达到意想不到的效果。

首先，培养自我同情的第一步是仔细观察你何时对于自己过于苛刻。你有没有对自己说气话？你是不是用苛刻的要求惩罚自己？或你在受挫时是不是剥夺了自己享乐的权利？如果你发现你亏待了自己，还徒增了压力的话，那就反省一下吧。其实，少量的自我批评已足够，不用对自己过于苛刻。

其次，当挫折突如其来或者你的表现不尽如人意时，请不断提醒自己，生活并不是一帆风顺的。每个人都会失败、遭遇困难、体会损失、被人羞辱，经历各种各样的负性事件。我们应该认识到，这样的经历既不是特殊的，也不是针对个人的。我们不必对遭遇到的失败小题大做，而是要端正态度、冷静下来，认识问题并尽可能想办法解决它。

最后，学会培养对自己的善意，在心理及行动上温柔地对待自己。作为一个社会人、作为一名教师，我们在善待他人的同时，也要多为自己考虑，努力做到善待自己。

80. 教师应引导学生合理面对压力

美国射击选手埃蒙斯是奥运会赛场上的“倒霉蛋”。在2004年雅典奥运会男子步枪决赛中，他在领先对手3环的情况下将最后一发子弹打在别人靶上，失去即将到手的金牌。在2008年北京奥运会男子50米步枪决赛中，他在倒数第二轮领先将近4环的情况下，最后一轮仅打出了4.4环，意外落马。这种情况在学生的考试过程中也屡见不鲜。你在日常生活中是否也有这样的经历？明明平时学习很好，可是每次的考试成绩都让你难以置信——分数低得让你怀疑老师是不是给你算错分数了，答案是不是错了？其实，这就是心理学中的詹森效应在作祟。

什么是詹森效应

詹森(Jansen)是一名运动员，他平时训练有素，实力雄厚，每次测试成绩都很好，但是一到赛场上就失误连连，根本发挥不出训练时的水平。这种平时表现良好，但由于缺乏应有的心理素质而导致竞技场上发挥失常的现象称为詹森效应(Jansen Effect)。这是人的一种浅层的心理疾病，是人在无意识中将现有的困境无限放大，从而产生心理异常的现象。这一现象与考试动机的强弱密切相关。

詹森效应告诉我们，竞技场上考验的不仅是选手的实力，更是选手的心理素质。有些人之所以无法在正式比赛中发挥自己真实的水平，与他们对比赛结果过度重视有关，过强的动机无形中给自己增加了压力，这样自然难以发挥自己全部的实力。

詹森效应的解读——耶克斯-多德森定律

耶克斯-多德森定律(Yerkes-Dodson Law)恰好可以解释“詹森效应”，进而分析考试焦虑与学业水平之间的关系。耶克斯(Yerkes)和多德森(Dodson)通过实验研究归纳出的一种法则，用来解释心理压力、工作难度与作业成绩三者之间的关系。动机水平与工作效率之间的关系不是一种线性关系，而是倒U形曲线。具体体现在：不同难度的工作任务有着不同的适宜动机强度，当动机处于适宜强度时，工作效率最佳；动机强度过低时，缺乏参与活动的积极性，工作效率不可能提高；动机强度超过顶峰时，工作效率会随强度增加而不断下降，因为过强的动机会使机体处于过度焦虑和紧张的心理状态，干扰记忆、思维等心理过程的正常活动（图 80-1）。

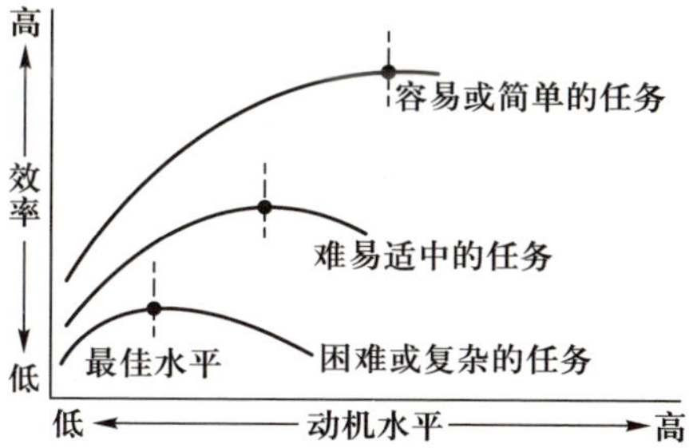

图 80-1　耶克斯-多德森定律

如何摆脱詹森效应带来的困扰

詹森效应会给学生带来很多不利的影响，比如会使学生丧失信心，对自己的能力产生怀疑，使学生丧失学习兴趣，产生厌学情绪，甚至在考前出现呕吐、恶心、小便频繁、睡不好觉等生理症状。因此，我们必须找到应对这一效应的有效方法。

引导学生调整认知，制定合理目标。教师应引导学生客观而全面地认识自己的能力，既要看到自己的优势，也要看到自己的不足，有意识地针对劣势科目进行复习。同时使学生学会用辩证的、发展的眼光看待自己，制定适合自己的目标，理想与现实之间的差距不要过大，只要做到心中有底，“詹森效应”带来的影响自然会降低。

淡化个别考试结果，注重具体过程。考试只不过是对考生现有知识水平、掌握并运用这些知识解决问题的一种综合性测试，教师和家长不要总是强调学生的成绩和名次，避免在无形中给他造成一种心理定势：只能成功不能失败。要让学生对考试保持平常心态。学生不应过度考虑结果如何，而应把主要精力集中于具体问题的解决过程中，这样才能使自己发挥出正常水平。

指导学生放松训练，进行自我减压。传授学生全身肌肉渐进放松、腹式呼吸法、想象放松、音乐舒缓放松、自我催眠等放松训练方法降低焦虑水平。也可以鼓励他们通过户外休闲活动来达到放松目的，如有氧运动、郊游散步、游戏竞赛等。

开展学生自信训练，增强自我效能。教会学生用积极思维方式代替消极思维方式，采用积极暗示来克服紧张心理。例如在遇到不会解答的题目时，要用“冷静、细心、沉住气”等词语来暗示自己，而不要用“别紧张、千万别出错”等否定性词语。

81. 有效降低焦虑:适当的仪式不能少

在学校生活中,会出现很多让教师和学生感到焦虑的事情,比如公开演讲、参加考试等。尽管适度的焦虑有助于激发潜能,但焦虑过度则会对那些教师和学生的表现产生极大的负面影响。如何降低焦虑,这几乎是每个人都会有的疑问。我们也了解过降低焦虑的一些常见的方法,如深呼吸、转移注意力等。但这些方法对于有些人来说很有效果,而对于另一些人来说却不管用。那么,还有没有其他的方法呢?有研究发现,简单的仪式能够有效地降低焦虑,其效果甚至好于一些人尽皆知的方法。

仪式能够显著降低个体焦虑水平,提高任务表现

这里的仪式,有三个关键特征:固定的行为、象征性含义、非功能性行为。固定的行为是指该行为是重复性的,其中的内容和出现顺序都是固定的。象征性含义则是指除了纯粹的动作外,也具有主观含义。非功能性行为是指行为没有任何目的,不能实现一些目标。

布鲁斯(Brooks,2016)等人发现生活中一些人在即将要从事一些会引发焦虑的事情时,会做出一些仪式性的行为,如穿某件特定的衣服、吃特定的早餐等。布鲁斯(Brooks)在这些现象上深入思考,并做了一系列的实验来考察仪式是否真的能显著降低焦虑水平,提高任务表现。

实验Ⅰ,研究者们选取了85名大学生为被试,平均年龄20.26岁。被试被随机分为两组,仪式组和无仪式组,并在实验前、实验中、实验后测量被试心率,作为评价其焦虑水平的重要指标。仪式组的被试需要把自己当前的感受画下来,并在上面撒一把盐,大声数到5,然后将画弄皱,扔进垃圾桶,整个仪式持续一分钟。而无仪式组的被试仅需要安静地坐着,时间也是一分钟。之后,要求被试当众唱歌,并告诉被试将会得到额外的被试费,因唱歌的准确性分数而异,分数越高额外的被试费会越多(最高5美元)。结果发现,仪式组被试在唱歌任务之前的焦虑水平显著低于无仪式组,而任务表现即唱歌的准确性分数显著高于无仪式组。研究者进一步发现,仪式之所以能够提高表

现是因为它显著降低了被试任务前的焦虑水平。

因实验Ⅰ对于仪式的操纵涉及情感表达，在一定程度上有利于缓解焦虑。因此，为了更加准确客观地探讨仪式的作用，研究者设计了实验Ⅱ。在实验Ⅱ中，增加了自我控制组，即要求被试尽可能使自己的情绪平静下来。研究者对仪式的操纵也变成不带有情感色彩的数数，要求被试大声、慢速地从0数到10，再从10数到0，且把焦虑任务换成了做数学题。结果与实验Ⅰ一致，更重要的是，与自我控制组相比，仪式组被试的焦虑水平更低（图81-1），表现更好。

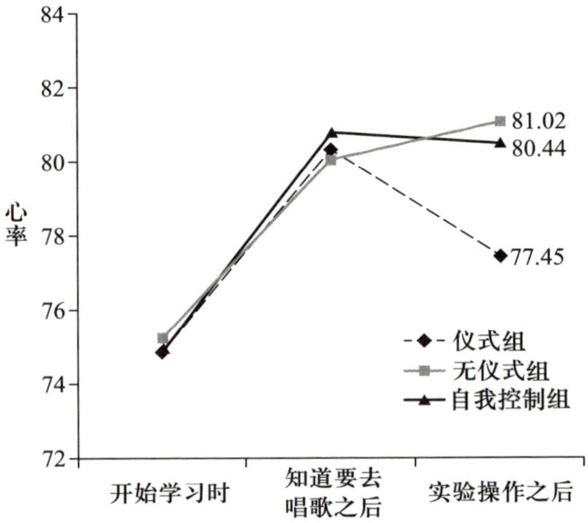

图 81-1　仪式组、无仪式组与自我控制组心率比较

选择适合自己的仪式行为

上述研究表明，仪式能够显著地降低焦虑水平，提高任务中的表现水平。这里的仪式并不是指宗教仪式也不是指升国旗、奏国歌那样的仪式，而是简单的数数，或者其他的简单重复的固定动作。这是不是意味着可以随便选择一个或者仅模仿别人的仪式行为呢？答案显然是否定的。教师和学生应细心观察，主动感受，根据自己的习惯，选择适合自己的仪式。

当教师和学生处于焦虑中或者即将要做一件会引发焦虑的事情时，不妨多尝试一些具有仪式性的行为，这样有助于更快地找到属于自己的仪式，更快地调整自己的焦虑的水平！

82. 舒适放松的坐姿让人更有创造力

“葛优躺”因为其独特舒适的姿势，被人们纷纷效仿。其实“葛优躺”不仅仅能让我们感到舒服，有时候还能激发创造力呢！大量研究发现肢体运动和手势会影响个体新奇想法的产生。2017 年一项研究发现，与正襟危坐相比，放松随意的坐姿更能激发人们的创造力。

开放式姿势可提升创造力

瓦伦蒂娜（Valentina，2017）等研究人员从姿势视角探究开放式姿势是否能够促进创造力，而封闭式姿势是否反之。研究人员选取 102 名心理系学生，将他们随机分成两组。每组被试分别以开放式和封闭式姿势完成产品改进和想象情境的两个创造性任务，在进行任务时，被试需要保持姿势不变。其中，产品改进任务要求被试改造毛绒大象以便让孩子们获得更多的乐趣；想象情境任务是让被试想象不可能情境下所有可能发生的有趣事件。开放式姿势条件下的被试坐在一张椅子上，两腿微微弯曲、双脚落地，双臂放松，头靠在座位的边缘。封闭式姿势条件下的被试双腿交叉坐在椅子上，手臂交叉放在胸前，双手放在他们肩膀上，低头直至几乎能触碰到自己的胳膊。研究人员将从流畅性、灵活性和独创性这三个维度评价两种创造性任务中的产品。

研究结果显示，两组所获得的两个创造性任务分数间存在显著性差异，开放式姿势组的创造性任务得分明显高于封闭式姿势组。但研究至此还存在一点疑问：也可能是这些姿势中的生理状态和姿势舒适程度等因素影响被试完成创造性任务的表现。因此，并不能得出开放式姿势更能激发创造力的结论。

为了进一步验证实验假设，研究者通过主观量化评级和肌电图评价个人舒适程度以排除干扰因素。研究结果表明不同姿势对创造性任务的影响，并非由肌肉紧张和生理激活间存在的差异或是与姿势相关的舒适程度导致的，即排除了激活水平和舒适度对这种关系的干扰。也就是说，开放式姿势确定能够促进创造力。

提高创造力的小妙招

上述研究表明，相比于封闭式姿势，开放式姿势能够更好地促进创造性思维，提升人们的创造力。那么除此之外，在日常生活中还有哪些简便的方法可以提高创造力呢？

多吃高蛋白食物。高蛋白食物中的蛋白质能转化为血清素和多巴胺，而多巴胺和血清素是大脑中影响创造力的两大化学物质。

每天冥想。事实证明冥想可以让我们的注意力更集中，变得更加专心，而且还有研究发现冥想能促进脑中多巴胺分泌，让我们成为更富创意的人。所以每天要给自己一点时间停下所有事情，冥想 15 分钟，让自己的大脑更灵活。

定期放松。创造性的工作需要大量精力，所以需要进行定期的放松。荷兰一项研究发现，与那些熬夜进行创作的人相比，定期放松的人创造力要更强，而且更善于提出有创意的想法。

减压。在 2017 年英国的一项研究中发现，当人们受到的心理压力较小，更能够有创造性地进行思考。因为当我们觉得太辛苦的时候，我们的大脑会试图用它以前解决问题的思维捷径，所以也就很难提出新的解决方案。因此，当我们很有压力时，不妨吃点甜点或者散散步，缓放一下压力。

83. 费斯汀格法则对教育工作的启示

电影《荒蛮故事》里，爆破工程师西蒙在为女儿买蛋糕的时候，不小心将自己的车停在了违规区域，车子便被车管部门拖走了。这个区域相对模糊，对西蒙来说也是不确定并且不可控的。他为了取回被拖走的私家车，错过了女儿的生日聚会。因此，他对车管部门蛮横拖车罚款的行为非常不满，从而策划了一场针对车管部门的爆炸，这一行为也引发了后续的一系列“大事”——制造爆炸、导致失业、最后离婚。其实，西蒙的故事就是费斯汀格(Festinger)法则最好的例子。

费斯汀格法则说明，发生在生活中的所有事件，个人不可控的事件只占10%，但这一开始的10%却可能会影响后续的90%。一开始也许只是一件小事，之后却可能会变成大事。

什么是费斯汀格法则

费斯汀格法则认为，生活中有10%的事情是我们无法掌控的，但我们能掌握另外90%的事件，因此，情绪控制能力往往决定事物的走向。

费斯汀格曾举过一个非常生动的例子来说明上述法则。

卡斯丁早上洗漱时，随手将自己的高档手表放在洗漱台边，妻子怕手表被水淋湿，就将其拿餐桌上。但是，儿子拿面包时，不小心将手表碰到地上摔坏了。于是，卡斯丁揍了儿子一顿，又骂了妻子一通，没吃早餐，直接开车去了公司。快到公司时，他发现忘了拿公文包，又立刻转回家。这个时候，妻子去上班了，儿子在上学，卡斯丁的钥匙又在公文包里，他进不了门，只好打电话向妻子要钥匙。妻子往家赶时，撞翻了路边的水果摊，摊主要她赔偿，她赔了一笔钱才摆脱摊主。待门打开拿到公文包后，卡斯丁已迟到了15分钟，挨了上司一顿严厉批评，卡斯丁的心情坏到了极点。妻子也因早退被扣除当月全勤奖，儿子这天参加棒球赛，原本夺冠有望，却因心情不好发挥不佳，第一局就被淘汰了。

费斯汀格法则的启示

生活中看似互不相干的事情，却可能有着某种内在的联系，我们的一个小举动不仅会影响自己，也会影响到周围的每一个人。这对自我情绪管理、学生管理也有重要启示。

平复情绪，改变态度。如果自己或学生出现了不可控的情绪、行为，要努力平复情绪及时止损，改变态度。如果卡斯丁在那10%的事件产生后换一种反应，比如，他抚慰儿子："不要紧，儿子，手表摔坏了没事，我拿去修修就好了。"这样儿子高兴，妻子也高兴，他本身心情也好，那么随后的一切就不会发生了。

防微杜渐，及时止损。即使已经出现了不可控的情绪问题或行为问题，并且出现了后续的情绪、行为问题，我们还是要尽早地卡住"恶化"的损点。西蒙如果能在车辆被拖走后止损也不至于最后完全失控。焦点解决咨询中的滚雪球效应告诉我们，如果学生出现了那不可控的10%时，教师应该及时发现，并将其问题控制在摇篮里。

控制情绪，有效教导。如果没有处理好学生的情绪问题，即使教师的教导水平很高，也很难取得好的效果。所以当学生有情绪的时候，教师应先处理学生的情绪，再进行教导。对待自己的问题也是同样的道理。

转换视角，体验后果。如果学生出现了愤怒等不可控的情绪时，教师可以尝试引导学生换一个视角去体验可能出现的恶果，或许学生就不会急于做出大量不可控的行为。相信在引导学生的同时，我们自身的控制能力也会大大提高。

84. 黄金时间的自我破坏行为

在学校生活中,不管是教师还是学生,都会遇到一些有难度的任务。当你遇到这些任务时,你会选择在什么时间处理它们呢?很多人可能会认为在自己精力最充沛的时间(黄金时间)去处理这些任务比较合适。但是,研究发现,人们常常会在自己精力最充沛的时候表现出自我破坏行为。举例来说,对于一个夜猫子,他精力最充沛的时间是晚上,如果他要在晚上完成有难度的任务,他很有可能在完成任务的过程中表现出自我破坏行为。那么,自我破坏行为到底是什么样的呢?

自我破坏:自我的失败借口

自我破坏是指人们为了防止失败,导致自尊受影响,事先采取破坏性措施来保护自己的自尊。在人们面临着重大任务或者困难时,会创造出不利于他们在困难任务中充分发挥能力的情景。最经典的例子就是,当人们第二天有一个重要的考试时,往往前一夜没法好好学习;或者第二天有一个重要面试的时候,往往前一晚熬夜不想睡觉。

研究人员埃印克(Eyink)等人于 2016 年探讨了生物节律与自我破坏之间的关系。在研究中,研究者们先通过生物节律测试将实验参与者分为了"早起的人"和"夜猫子"。然后,告诉其中一半的被试,压力会影响人们在测试中的表现;另一半被试不会被告知这一信息。接着研究者们通过压力水平测试,评估被试自我破坏行为的倾向性。最后,在确定被试的生物节律两周以后,会对被试进行一个智力测试,测试在早上 8 点和晚上 8 点各一次。在实验过程中,被试并不知道生物节律也是研究中的一个变量,同时他们也不知道自己被分到了"早起组"或者"夜猫子组"。

实验结果发现,被试在一天的黄金时间中自我破坏行为倾向性和智力测验分数更高,被试在非黄金时间,倾向于与那些没有进行自我破坏行为的个体报告相同的压力水平。只有在黄金时间,被试会为自己较差的表现找借口,说自己压力太大了。由此可见,在黄金时间,人们更容易出现自我破坏行为,为自我的失败找借口。

师生如何在黄金时间避免自我破坏

既然教师和学生们在一天的黄金时间内完成有难度的任务会产生自我破坏行为,从而可能妨碍任务的顺利完成。那么,为了避免自我破坏行为的发生,把这些困难的任务安排在非黄金时间处理是否更合适呢?答案是否定的。事实上,自我破坏是一种资源需求策略,我们在非黄金时间的认知资源是缺乏的,只有那些具有黄金时间认知资源的人才能够表现出自我破坏行为。那如何避免自我破坏呢?

注意力训练。当我们在面对困难或者面临重要任务时,可以有意识地训练自己,将注意力集中在对任务的准备上。将自己的所有精力放在准备任务上,不去管任务完成的好坏,抑或是他人是否满意。做好自己应该做的,在一定程度上可以避免出现自我破坏行为。

寻求帮助或进行相关咨询。倾诉往往是一个降低压力的好方式,如果想要在黄金时间更有效率地完成任务,不妨事先找个朋友倾诉一下,将压力释放出来。通过这种方式减轻自己的压力,从而更好地投入到任务中。我们也可以到相关咨询机构咨询一下如何能有效地避免自我破坏。

85. 教师应引导学生确立目标感

今天你被点赞了吗？朋友圈和其他各种社交媒体无所不在的“赞”往往会成为人们关注的问题，获得的点赞数量越多，就会体验到越多的自豪感。研究表明，当人们看到自己的朋友圈被点赞了之后，他们大脑中的愉悦中枢就会被激活，因此也能体验到愉悦的情绪。但是，有一部分人似乎对这种由被点赞引起的自豪感具有很强的免疫力，他们就是有目标感的人。

有目标感使得自尊水平不受点赞量影响

研究人员布鲁沃（Burrow，2016）针对大学生获得的点赞量与自尊水平之间的关系做了一项研究。研究人员首先找来 100 名大学生被试，让被试把一张自拍照片放在 Facebook 虚拟社交平台上，然后分别告诉被试他们得到高的、低的或者平均数量的赞。与此同时，研究人员测量了被试的自尊和目标感。得到更多赞的被试也获得更高的自尊评分。但是有高水平目标感的人们，不管告知他们得到多少赞，自尊水平都没有变化。也就是说，只有在具有低水平目标感的人们当中，得到更多的赞与更高的自尊评分相关。

为什么有目标感的人能如此“淡定”

目标是指在一定时间内要达到制定的标准。布鲁沃和其他研究者对目标感的定义是自我导向，即以未来和对他人有益为方向。有着强目标感的人倾向于赞同类似“对我来说，所有我做的事情都是值得的”，以及“我有很多理由活着”这样的句子。有目标感的人能够以一种使自己不受影响的方式来对待虚拟反馈。有强目标感的人对得到的赞的数量表现得更有弹性，虽然他们也注意到了正反馈，但是他们不依靠这些正反馈来使他们感觉良好。有目标的人能以有助于实现他们目标的方式行动，他们可以抑制对所得奖励的冲动反应。

别让虚拟的赞许决定你的自尊水平

虽然在网络上或者是其他情况下得到赞许都是令人愉悦的事情，但是把自尊建立在得到他人赞许上并不是一件什么好事。因为，这样的话，在得到很少赞的日子里，我们会感觉很糟糕。从长远来看，把自尊取决于别人的赞许，这不健康，也不具有适应性。因此，教师应该不断引导学生提高自己的目标感，合理对待被赞这件事。

为自己制定合理的、可实现的小目标。很多人往往会为自己制定一个不切实际的目标，这样的目标很难实现，也就导致了他们以后丧失了制定目标的兴趣。因此，我们在制定目标的时候一定要选择合理、可实现的、较清晰的目标，一旦目标实现就会强化我们再次为自己制定目标。

要将长远目标与近期目标结合起来。设立目标可以让我们朝着自己的目标努力，并且也会让我们尝试着用有助于实现目标的方式行动。人生的长远目标，是需要花十年、二十年甚至几十年为之奋斗的，应该定得比较远大一些，这样有利于发挥自己的潜能。但由于长远目标比较遥远、模糊，实现起来要花很长时间、遇到很多困难，因此，我们应该将长远目标分解成为一系列的近期目标，将长远目标与近期目标结合起来，通过一系列的近期目标的实现逐渐实现自己的长远目标。有了长远目标和近期目标，我们就会更多地关注自己的目标，而不是将额外的精力花费在一些虚拟的赞上面。

86. 教师要发掘“光源”形成光环

马云的墨宝“话禅”拍出468万元的高价，这让书法圈不淡定了。各种吐槽、批判紧接而上，“这么难看、毫无艺术价值的‘蝌蚪字’‘狗屎书法’竟然会走红”，“哪个有眼无珠的人竟然把狗屎当和田玉一样的珍宝”。马云因为事业成功，即使这样的作品也被奉为经典，他甚至被戏谑地称为“蚯蚓体”书法家。

为什么这种“狗屎书法”会拍出如此天价？其实这和马克尼（Marconi）的“名声销售”（Reputation Marketing）有异曲同工之妙。比如为什么商家频频以秀色可餐的美女为自己的产品代言？为什么偶像剧的主角通常选颜值高、仪表美的“小鲜肉”“女神”来扮演，而反面角色常被化妆成丑陋、邪恶的“矮矬穷”呢？其实附带上明星光环，更容易得到大家的认同，关键是“光环效应”（the Halo Effect）在起作用。

“美”即是好的

桑代克（Thorndike）在1920年首次提出“光环效应”，指个体对物和人的认知判断往往从局部优势特征出发，然后据此扩散得出整体良好的评价的现象。即俗话说的“爱屋及乌”“一好百好”，它是影响人际知觉的重要因素。

“光环效应”特别典型的是颜值，人人都是“颜值控”，认为美的总是好的、更有吸引力、说服力更强。迪恩（Dion）和同事在1972年的实验中，让被试看一些有魅力、中等、无魅力人的照片，并对其与魅力无关的特定方面进行评价。结果发现，被试对有魅力的人比对无魅力的人赋予更多理想的人格特征，如和蔼、沉着、好交际等。

尼斯伯特（Nisbett）和威利索尔（Wilson）在1977年调查了学生是如何评判教师的。研究者将学生分到两个小组，分别看两段关于同一位教师的不同视频。其中一组学生看到教师和蔼而友好地回答问题，第二组学生看到讲师用冷酷而疏远的语气回答同样的问题。然后，要求学生给这位教师的外表、语言习惯等特点打分。结果显示看到教师“和蔼”形象的学生认为他更有吸引力，他的语言习惯更令人喜爱，甚至他的口音也更加有魅力。

利用“光环效应”构建良好的师生关系

哈佛大学一项持续了76年的“格兰特研究”(The Grant Study)表明亲密温暖的人际关系是美好生活的重要保障。在教学中，良好的师生关系也可以成为光环效应的光源。

“光环效应”会产生一个很强的“心理定势”，教师可以在与学生的交往中，利用“光环效应”增强自身的人际吸引力。教师的吸引力越大，所吸引的学生越多，学生对课程的关注度越高，就越容易建立和谐、融洽的师生关系。而和谐、融洽的师生关系不仅有利于教学实施，而且能对学生进行有效的教育。正所谓“安其学而亲其师，乐其友而信其道”，因此，教师要利用好这一“无招胜有招”的策略。

创造光源形成“光环”，让“光环”名副其实

提高形象魅力，做一个“女神”（“美男子”）。俗话说：“三分姿质，七分打扮”，首先教师要做到仪表美，成为一个“美男子”或“女神”。如着装整洁，发型美观，举止端庄，精神焕发。

重视表情、姿态，巧妙运用体态语。美国传播学家艾伯特梅拉比曾给出一个公式：感情表达=7%言语+38%声音+55%表情。如关爱的眼神、亲切和蔼的微笑，都会很快缩小师生的心理距离，赢得学生的好感。

利用人格魅力感染学生，扩大积极效应影响学生。能持久影响学生的是教师的人格。教师要为人师表、以身作则，对学生表达出共情、关爱、尊重与宽容。作为优秀教师，还不能仅仅依靠几个光点来制造光环，还真需要不断积累自己的发光亮点形成货真价实的光环，否则总有一天会穿帮。所以教师要多读书，真正成为一名学识渊博、才高八斗的“学霸”才行。

87. 选择困难:师生可能都会遇到

你是否感受过因为选择而带来的痛苦呢?大到抉择人生道路,小到衣食住行,你是否总在多种选择之间犹豫不决,担心“如果我选择另一个的话,会不会更好”?滑铁卢大学的哈恩(Hughes)教授说过,这些人在选择之前的心理活动大概都是:“在我查清楚哪种选择对我最有利之前,休想让我在金斧头和银斧头之间做个选择。”

揭秘“选择困难症”

选择困难症,也称选择恐惧症,是人们表现出来的不自信和逃避责任的心理。选择困难症“患者”通常具有缺乏自立意识,害怕失败的特点。他们在选择时往往会感到异常艰难,无法正常做出自己满意的选择。他们在多种选择中必须要做出决定的时候会感到很恐慌,甚至汗流浃背,最后对选择产生某种程度上的恐惧。

选择困难:鱼与熊掌不可兼得

2017 年,哈恩(Hughes)和斯高乐(Scholer)对选择困难症群体进行了问卷调查。研究中,他们将这些人称为“利益最大化倾向者(maximizer)”,也就是说,他们在做决定之前,会仔细思索所有的可能性再从中挑选。他们将选择困难症分类为“提升型”和“评估型”。对于“提升型”选择困难症患者,他们每次做出选择之前都会思考一些问题。比如,这个选择会不会提升我的社会地位?我有没有钱可以赚?通常,他们都会在谨慎思考之后,做出选择。而另一类人,也就是“评估型”选择困难症患者,他们在做出选择时,并不会将自己限制在几个已有的选项之间,而会选择探寻有没有其他的可能性,因此他们的思考时间会特别长。

不过,我们也不该把选择困难症全盘否定,它也同时存在着优点和缺点。选择困难症会让人思考得更加面面俱到,不过也让人更容易在思考问题的时候花费大量时间。

时间要花费在重要的事情上

在生活中，我们经常会遇到难以做选择的情况。在学校中，教师和学生也会经常遇到类似的情境。我们都知道鱼和熊掌不可兼得，所以，当师生在做出选择的时候，采用一些实用的策略是十分必要的。

对比优劣帮助自己进行选择。在选择的过程中，如果我们感到比较困难而不知如何抉择，这时可以给自己列一个对比表，一边列出做每个选择的10项优点，在另一边列出做这个选择的10项缺点。两相对照，便可以更加清晰地看到自己选择的结果，从而帮助自己做决定。

明确目标。日本作家奥野宣之的《如何有效阅读一本书》中写道：带着目的去选书、带着书单去购书、带着问题去读书。明确了目标，然后针对性地进行选择，高效决策并有效地吸取书中的内容，实现活学活用。这个简单的办法不仅仅适用于读书，生活的方方面面都与明确目标息息相关。大到人生道路，小到市场买菜都是如此。

让自己坚定地接受一种选择。在面对多种选择且优劣相当的时候，我们可以尝试着让自己只选择其中一项，不论对错，也不去考虑更多，而是坚定这一选择。当选择完成后，告诉自己不要后悔，也不要去做什么对比，相信自己的选择是最好的。实际上，这是一种正面的心理暗示，我们可以通过不断重复这样的心理暗示，来逐渐走出选择障碍的阴影。

懂得采纳推荐。有时候，朋友的推荐可以起到一定的决策作用，当局者迷旁观者清，就是这个道理。

88. 像肌肉一样的自我控制力

2015 年 10 月一则“江苏游客新疆吃自助餐，浪费 1 200 克被罚 2 400 元”的新闻引发广大民众的热议。我们并不关心餐厅有没有权罚款，关心的是食客为什么会如此浪费。每次吃自助餐时，“扶墙进，扶墙出”现象并不少见。有些人抱着一种既然花钱了，就要拼命吃回来的决心去吃自助餐，很容易产生“必须拿够、吃够”的心理预期，千方百计也要“多吃”，甚至“多扔”也毫无羞耻感。在吃自助餐的时候，许多人都是“眼大肚小”，最终“盛宴”变成了“剩宴”。尽管不少餐厅在明显的位置都有提示客人“多次少取，杜绝浪费”的标语，但这种提示往往没什么效果。“谁知盘中餐，粒粒皆辛苦”早已被忘到九霄云外。为什么有的人“宁可撑死也不愿亏死”呢？心理学上该如何解释？其实，这与自我控制力有密切联系。

棉花糖实验：你能 Hold 住自己的欲望吗

自我控制力（self-control）是一种自我调节资源，是个体去控制自己想法、情绪、欲望和行为的能力。米切尔（Mischel）曾以 60 多名 4 岁的小朋友为对象进行了经典的“棉花糖实验”。

他把小朋友带到一个观察室，告诉小朋友他要离开屋子一会儿，桌上的棉花糖暂时是不能吃的，而如果小朋友能等到他回来，便可以得到 2 个棉花糖。结果发现，有些小朋友能够通过自我控制策略，如各种注意转移，战胜棉花糖的诱惑。而另一些小朋友则把持不住，还没等到他回屋子，便吃掉了棉花糖。而在追踪研究中发现，在实验中不吃棉花糖的小朋友成年后具有更高的人生成就。

大学生的自我控制力与肌肉力量

自我控制力不仅仅体现在吃上，它存在于生活的方方面面，比如打游戏、上网聊天、刷手机、购物、追剧，等等。很多时间当人们遇到“诱惑”时就过度兴奋以至于完全压倒了本来拥有的自我控制力。其结果往往是造成物质和精神上的诸多浪费，影响到正常的工作和生活。

所幸，目前已有的研究认为，我们可以通过训练提高自我控制力。鲍曼斯特(Baumeister,2006)认为自我控制力就像肌肉一样，“要么使用，要么退化”。它会疲倦，但是常规的练习可以让它更强大，我们可以像运动员进行体能训练一样来训练我们的自控力。新南威尔士州大学的丹森(Denson,2010)说，通过练习用自己不习惯用的另一只手使用鼠标、搅拌咖啡、开门等，可以练习自我控制力，进而能很好地限制人们的攻击性。他的另一项实验也证实，那些练习了自我控制力的人对于侮辱者的回应具有更少的攻击性。所以，如果你的自我控制力较弱，不妨尝试着练习，因为“练习自我控制力和打高尔夫球或者练钢琴没有什么区别”。

像训练肌肉一样训练自控力

由于大脑做选择的过程就像肌肉也会习惯某种动作一样，因此，教师可以引导学生通过训练提高自身的自控力。

强化“我不能”。承诺说话时不要带上口头禅和脏话，试着使用非惯用手来做一些事。

强化“我要”。承诺每天做一件原来不做的事情，比如每天冥想5分钟，每天写日记，起床叠被子……

强化自我监督。将追踪自己原来不注意的细节变得日常化，比如记录开销，记录饮食，记录上网看电视玩游戏的时间等。

89. 做决定的时间关乎抵制诱惑的成败

人生时时面临诸多诱惑:权重的地位是诱惑,利多的职业是诱惑,光环般的荣誉是诱惑,欢畅的娱乐是诱惑,甚至漂亮的时装、可口的美味都是诱惑……诱惑不见得都是坏事,但在长远目标面前,很多时候我们需要抵制诱惑,控制住自己的行为。抵制诱惑可不是件容易的事情,有些人希望自己拥有苗条的身材,但是最后大多数人往往会抵制不了美食的诱惑。在抵制诱惑方面,自我控制能力总是到用时"方恨少"。其实,人们成功抵制住所面对的诱惑与他们什么时候做出决定是有关系的。注意做决定的时刻,或许能对抵制住诱惑有帮助。所以,尝试着合适的时间做出决定或许更容易成功抵制诱惑。

开头与结尾的自我控制

自我控制是一种控制冲动以抵抗诱惑和保护个体制定的有价值的目标的能力,在面对诱惑时个体需要面对两种敌对的力量,一种是呼吁个体做出合理行为的自我控制力量,另外一种是鼓励个体做出满足欲望行为的冲动力量,要精确预测自我控制结果必须同时考虑这两方面对行为的影响。研究表明,一个长期的目标其潜在影响是会增加个体行使自我控制的可能性。当个体接收到连续的刺激时,相较于中间部分的刺激,人们倾向于记住开头的几个刺激(首因效应)和结尾的几个刺激(近因效应),在开头和结尾的时候也更容易进行自我控制。

开头和结尾抵制诱惑失败让人感觉很难过

在玛弗曼和耶里特(Maferima & Ayelet,2015)的一项研究中,研究者给被试设置一个情境:被试现在正在戒除咖啡因,但是他们现在正面对咖啡的诱惑,经过一番思考,他们最终屈服于诱惑,拿着自己的常客卡(集满 9 个章可免费得到一杯咖啡)购买了含有咖啡因的咖啡,并喝了一大杯咖啡。研究者为了提高情境的真实感,他们在一所大学的咖啡店附近选取了被试。根据常客卡的不同研究者把所有被试分成了三种情况:常客卡有 1 个章(开头)、

5 个章（中间）和 8 个章（结尾）。最后，研究者让被试说明自己在没有抵制住诱惑这个过程中的感受。研究结果发现，相比于抵制诱惑发生在中间，如果被试抵制诱惑失败发生在开头时和结尾，他们会感受到更多的消极情绪。也就是说，当人们在一件事情的开头和结尾面对诱惑时，他们对抵制诱惑失败的结果更难以接受，为了避免这种负性情绪，他们一般在这个时候更能够进行自我控制，抵制住诱惑。

找准时机做决定

我们每天经历着各种各样的时间序列，不同的时间序列会有不同的开头、中间和结尾，比如，一年里有开头、中间和结尾以及一天里也有开头、中间和结尾。根据研究，大脑的奖赏处理系统在早上和晚上最活跃，而下午则是活动较低的时刻。既然在一件事情的开头和结尾做出决定更容易通过自我控制抵制诱惑，那么教师可以尝试着引导学生在特定时间做出决定，比如一年的开始与结束，一个学期的开始与结束，甚至一天的开始与结束，这些时段也许都是做决定的好时机。

第五编
课外与校外

在这个通信业高度发展的时代，校园的围墙不再是校内、校外的分界，我们不会一直生活在象牙塔里，教师需要和学生一起关心社会、走向社会，以便将来更好地适应社会、服务社会。在这信息爆炸的时代，若能理性全面地分析接收到的信息，有助于我们正确认识事物；相反，若我们未能对信息进行适当分析，便很难正确看待事物。同时，我们形成的认知也会影响到我们的动机。若我们认为考试失败是因为自己不够努力，那么在接下来的学习中，这一认知会影响到我们的行为，使得个体付出更多的行动。若我们将失败归因于能力不足，那便会影响到我们的预期，我们预感下一次也会失败，那么便不会全身心投入，而只是消极应对。

本编我们将介绍一些研究和效应来揭示某些社会现象背后的认知和动机，通过透视课外、校外的一些社会现象来介绍一些有助于形成正确认识和恰当动机的方法，让我们更有效地认识、理解自我和他人的行为。

90. 警惕教师群体被“污名化”

2018 年 1 月 5 日，合肥罗姓女子为了让自己的丈夫能够赶上高铁，擅自扒高铁门，阻碍高铁发车。各大媒体纷纷报道了这名女子阻拦高铁发车的事件，这一事件也引起了广大网友的广泛关注。网友们发出一边倒的声讨，有意思的是，在这一片指责中，绝大多数网友都注意到了这名女子的教师身份，指责声也重点指向对其职业能力和素养的批评和质疑。

有网友评论说：“现在的老师，幼儿园的扎针，小学的阻拦高铁，大学的性骚扰学生，就没有让家长们放心的老师了。”支持此观点的人还不在少数。大家想一想，这名女子有很多身份，比如父母的女儿、孩子的母亲、已婚妇女等，为何大家不提及该女子的其他身份而偏偏关注她的教师身份呢？其实仔细思考一下就知道这是一种以偏概全的说法，教师队伍这么庞大，这些事件都只是个例，为什么还有很多人持这样的观点呢？一种心理学的现象或许可以解释。

“污名化”的产生和后果

“污名化”是指有关某一个体的负面评价言论会扩散到其所属的职业，“污名化”在很多领域内都会出现，比如教师、医生、公务员等。上述各个新闻事件中就存在着对教师群体“污名化”的风险。为什么会出现对教师群体“污名化”这种情况呢？考克（Crocker，2005）认为污名他人具有增加个人优越感和缓冲焦虑的功能。生活中，很多人通过贬低、污名化别人来增加自身的优越感。教师代表着知识，教师是知识分子，污名化教师能在一定程度上增加自己“有文化、有素质”的优越感；行为举止有违教师职业道德的教师会对教育事业产生一定的威胁，将这些行为举止有违教师职业道德的教师污名化能够将其排除在教育资源之外，这一点也可以降低自身焦虑。

污名化他人可以增加我们的优越感并且能降低自身焦虑，但是却会对教师群体产生一些不良后果：第一，从事教育事业的工作者感觉得不到理解，会产生对立情绪，自己的付出没有得到社会的认可，劳动结果没有被尊重，可能也会对学生甚至社会产生抵触情绪；第二，一些教师可能会停止努力甚至离职，由于被污名化，教师感觉自己再努力也不会得到好结果，因此部分教师可能不再努力，严重者可能不认同自己的身份和群体，从而产生离职想法；第三，社会可能会对教师工作产生偏见，发生了这些以教师为当事人的负性事件后，大家可能在潜意识里觉得教师都是靠不住的，可能会影响教师与学生、教师与家长的关系，不利于教育事业的正常开展。

冷静思考，防止“污名”

尽管事情还没产生上述那样严重的后果，但是污名化教师却会在一定程度上对教师、对教育事业产生消极影响。教育事业关乎国家的未来，不管是教师群体，还是其他行业的同仁，都应该理性思考，避免教师群体被污名化。

关注群体的比例。我国有 1 600 余万名教师，违反职业道德只是极少数，绝大多数都是敬业、负责的教师。我们不光要关注个别教师的错误行为，也要关注教师群体当中那些用心培养学生的优秀教师。

关注行为出现的概率。阻拦高铁这种事出现的概率本来就很小，发生在教师身上的概率就更小了。所以，对待这件事，我们要冷静思考，理性对待，避免自己不合适的言论对某一个大群体带来负面影响。

教师注意提升自身修养。在网络发达的时代，加强自身修养尤为重要。作为教师不仅要通过不断的学习来拓宽知识面，提升理论水平和专业技能，还要加强自身的思想道德修养，防止由于自身的不当言行导致整个教师群体被污名化。

91. 晕血女生为何冒险去献血

一则名为《大学生争抢奖学金,晕血女生献血不为公益为加分》的新闻报道称,广州某高校女生小莹不顾自己晕血的情况,“冒着生命危险”去献血。她通过献血加了 0.2 分,获得了二等奖学金,如果没有这 0.2 分,她只能获得三等奖学金。小莹认为献血非常值得,不仅获得了更多的奖学金,而且也赚足了面子。

学校设置奖学金是为了奖励学习用功、成绩优异的学生,从而增强学生的内在学习动机。现实中很多学生一味追求奖学金,只是为了获得老师的赞扬、为了自己有面子。在这种“附属内驱力”的作用下,他们恐怕并不能真正激发内在学习动力,反而可能因为学习结果不符合期待而导致内在学习动机下降。

附属内驱力:为了获得别人认可的需求

美国当代著名的认知心理学家奥苏伯尔(Ausubel)将学习动机划分为认知内驱力、自我提高内驱力和附属内驱力三种类型。自我提高内驱力和附属内驱力都属于外部动机。附属内驱力是个体为了保持他人(如家长、教师等)的赞许或认可而试图把学习或工作做好的一种需要。自我提高内驱力是个体由自己的学业成绩而获得相应的地位和威望的需要,把学业成绩看成是赢得地位和自尊的根源。只有认知内驱力才属于内部动机,它是一种了解和理解的需要,要求掌握知识的需要,以及系统地阐述问题并解决问题的需要(沈卉卉,2010)。

学校设置奖学金的初衷应该更多地指向增强学生的认知内驱力,让学生真正想要去获得知识、提升自己的能力。可是在日常生活中,学生更多的是想获得奖学金本身,由此来提高自己在同学中的地位或者凭此得到家长、老师、同学等的称赞。在这种情况下,奖学金的设置只是增强了自我提高内驱力和附属内驱力,并且在程度上有一种过度化的倾向。这样的奖学金就很难起到真正促进学习的作用,无法增强学生的认知内驱力。

研究表明，能够持续地推动学习进行的是认知内驱力，附属内驱力只能起到辅助作用。只有当附属内驱力转化为认知内驱力，并且以认知内驱力为主时，学生才能充分感受到学习本身的乐趣，无需过多的外在动机也能主动地、自发地、积极地投入学习活动中。

制度设置：驱动学习内在动机

我们要知道学校设置奖学金是很有必要的，但是目前广大学生对奖学金意义的理解存在偏差，使得奖学金的真正用途没有发挥出来。因此学校应该采取措施改变学生对奖学金的错误看法，让奖学金能起到增强认知内驱力的作用。

第一，学校应该引导学生正确地看待奖学金，树立恰当的观点，不要把奖学金看作自己优秀的证明。

第二，制定详细的奖学金评选制度，让奖学金制度条款化，评定奖学金时依据详细的条款可以在一定程度上避免部分学生的投机行为。

第三，不仅从横向上（期末考试）评定奖学金，即同学之间进行比较，奖励成绩优异的同学；还从纵向上（多次考试）评定奖学金，将学生当前成绩与之前成绩比较，设置学习进步奖奖励有很大进步的学生。

第四，评奖中讲团结、讲风格，做好落选同学的思想工作。通过评奖，使学生朝着明确的目标努力进取，让学生更多地通过平时努力学习的方式争取奖学金。

92. 天之骄子的挫败感是如何产生的

心理学家曾做过这样的实验，把实验组的狗放进一个无法逃脱的笼子，给狗施加电击，电击的强度能够引起狗的痛苦，但不会伤害狗的身体。结果，这只狗在一开始被电击时，拼命挣扎，但经过再三的努力，仍然无法逃脱后，它挣扎的程度逐渐降低了，最后根本不再挣扎。随后，把这只狗放进另一只笼子，这个笼子由两部分构成，中间用隔板隔开，隔板的高度是狗可以轻易跳过去的。隔板的一边有电击，另一边没有电击。当把经过前面实验的狗放进这个笼子时，它们除了在头半分钟惊恐一阵子外，此后一直卧倒在地接受电击的痛苦，那么容易逃脱的环境，它们连试也不去试一下。

这种现象就是习得性无助：当有机体接连不断地遇到挫折和失败时，便会产生自己无法控制行为结果或外部事件的体验，出现学习动机降低、认知障碍、情绪失调等问题，进而产生无能为力、放弃努力的心态。人在受到挫折后的反应与动物十分相似，如果一次又一次地遭到失败，他就会倾向于放弃再试一次的努力，认为自己无论如何也做不好这件事。

是哪些原因造成大学生的挫败感

帮助大学生克服挫折感是教师经常面对的，也是最难的任务。有着严重挫折感的大学生，通常受到下列三种因素的影响。

过度期待。学生对于结果的期待越高，失败之后受到的打击就越大，在经历残酷的高考之后，学生常常对大学生活产生很美好的期待，这种过分美好的期待往往会让他们缺乏面对困难的勇气。有些大学生在进入大学校园后，付出了一定的努力来融入大学生活或者应对大学生活中的困难，一旦这些努力宣告失败之后，他们会感到非常沮丧而失去继续努力的勇气。

竞争与压力。在教师和父母的眼中，能考上大学的孩子都是优秀的孩子。的确，能考上大学的学生往往是中学班级里较为优秀的学生。但是进入大学，来自天南地北的优秀的孩子就会集中到一起。这个时候，一个原先在中学班级很优秀的学生想要在大学班级里继续获得中学时期的成功体验和班级地位，往往会面临更大的竞争压力。一旦经过了努力得不到成功，一些大学生会萌生一种错误的观念：不论他如何努力，都很难脱颖而出，继而产生挫败感。

对失败的错误预期。对失败的错误预期和习得性无助的概念有些相似。有些大学生在经过失败的体验后，会潜意识地提醒自己，他们是不如别人的，他们做不到别人能做到的事儿，因此也产生“自己不会有机会拥有重要的位置”这样的观念。这样无形之中就形成了一种“壳”，这种“壳”使他们只希望躲在自己的囹圄中，不希望别人对其有任何要求；并且他们会认为自己如果显现出无能的样子，别人便不会叫他做事，而如果不参与，不做任何事的话，就能够避开羞辱或难堪。

以“自我效能感”克服“挫败感”

对充满挫败感的大学生，教师应该及时关注，即使他们付出最小的努力，也要给予适当的支持和鼓励，强化他们的自我效能感。自我效能感是指个体对自己是否有能力为完成某一行为所进行的推测与判断，自我效能感的核心是效能期望。当人确信自己有能力进行某一活动时，他就会产生很强的内部动机，并积极实施该行为。心理学家认为人们的自我效能感决定了他们的动机水平，具体表现在人们付出努力的多少和面对困难坚持时间的长短。个体的自我效能感越强，他就越自信，成就动机目标越高，也使得他付出的努力更多，坚持的时间也随之增加。下面是一些建议，可以通过提升“自我效能感”帮助大学生克服“挫败感”。

转变学生信念，鼓励学生尝试。帮助学生转变其不合理的信念，例如“认为自己很难成功”等，使得学生了解到，只要肯付出努力，就一定会得到好的回报，如果不去尝试，将永远无法得知自己真正的能力，也无法获得成功。帮助学生领悟到，大学生活就是要锻炼自己，提高自己的能力，以日后更好地适应社会，提高学生的成就动机。

提供团体支持，利用集体力量。教师可以发挥团体的力量，鼓励同学在日常生活中多多给予他人正能量，在相互鼓励下共同进步。同时教师可以组织同学进行一些群体讨论，让其他同学对自我效能感较低的学生有所了解，发展出同理心，并且主动去帮助他。要让学生知道，如果他努力尝试过了，真的是做不到，教师和同学会随时给予他指导和帮助。

根据学生条件，提供成功机会。教师要按照学生的能力和兴趣，提供一些机会，使其也能尝到成功的滋味。教师应该多肯定学生的表现，少吹毛求疵，以减轻学生的压力。千万不可叫学生去做一定会失败的事。教师要时刻清楚，一次失败的体验往往比一次成功的经历带给学生的影响要大，所以要根据学生的具体情况，使用不同的手段来帮助学生更好地体验成功。

93. 见怪不怪:犯错的人认为自己没错

2016 年 1 月 2 日,一女子在上海地铁 2 号线吃泡椒凤爪,扔得满地都是骨头,遭到指责后舌战地铁上的众位乘客。后续的新闻报道中,“凤爪女”上央视认为自己没有任何过错。果真如此吗? 是不是因为这样的行为太多了,习惯了,不以为然了? 有句老话说:“见怪不怪,其怪自败。”这话现在看来也许不对。只有“见怪呼怪”,才能“其怪必败”。那些诸如插队、吐痰、地铁里吃东西、开车开远光灯等违规现象看得太多,多到让人不以为然时就相当可怕了。一个有着 13 亿人口的大国,出现这样或那样的“怪”事,并不可怕,可怕的是有些人麻木不仁,见怪不怪,觉得“虱多不咬”“债多不愁”。若一直如此,我们的社会如何能风清气正。

榴莲和 Lady Gaga:久了就习惯了

榴莲闻多了就不觉得它臭了,是由于嗅觉的适应效应。具体来说就是,嗅觉上皮细胞在最开始闻到气味的时候比较敏感,然后由于暴露在气味里的时间长了,嗅觉上皮细胞产生负反馈,传递的神经信号受到抑制。也就是说,此时你对臭味已经脱敏了,不觉得臭了。那么同样的,过多接触到一些违规现象的事件或新闻,也会导致我们对这些行为的习以为常,见怪不怪。

对于这一现象,坎贝尔(Campbell)等人在 2014 年的一项研究已经给出了初步解释。他们通过 5 个实验来验证当人们面对过度曝光时,是否会在做出判断时产生脱敏偏差。众所周知,美国著名歌手雷德·盖格(Lady Gaga)向来以雷人的服装造型而闻名。在实验中,实验者就以雷德·盖格的雷人造型作为实验材料,将被试随机分为两组,每组被试都需要完成一系列的娱乐调查。在这个过程中,屏幕上会出现雷德·盖格的照片。给其中一组被试呈现的照片中雷德·盖格戴着一副十分雷人的面具,而给另一组展现的照片中雷德·盖格浑身上下缠满了犯罪胶带。在完成娱乐调查之后,实验者会给被试同时呈现这两张雷德·盖格的照片,然后询问被试:“如果这两张照片你都是第一次看见,你会认为哪一张照片更令你震惊呢?”实际上两张照片的雷人程度相差无几,但是大多数被试都会认为自己没有看过的那张照片更令人震惊。

最终的研究结果也证明,在经历重复的曝光后脱敏效应是切实存在的,这似乎可以解释为什么我们会在生活中对于违规现象的反应越来越淡漠。我们身处在这个信息爆炸的时代,通过各种各样的渠道了解到了太多的此类现象,经过这种过度曝光后,我们在面对这些事情做出反应和判断的时候就会在一定程度上存在脱敏偏差,即认为这些事情并没有什么大不了。

见怪不怪,其怪如何能败?

那么,对于这一现象我们应该怎么做呢?首先,多关注正面新闻。作为生活在网络时代的“新新人类”,电视、电脑、手机等媒体的播报对我们的影响非常大。无论是电视的主流媒体,还是网络上的微博,以及各大门户网站都应该尽量减少对社会中违反规则事件的播报,多多宣传社会中积极的、正能量的事件,防止人们对那些违规事件变得习以为常。其次,将注意力放在生活中美好阳光的事情上。减少对那些违规事件的关注,逐渐让那些美丽的事物去净化我们的心灵。最后,当自己遇到这些“怪事”,要在适应、合理的范围中不与坏现象妥协,做出正义、有礼的回应。

94. 留学利于促进人格发展

浙江省高等教育“十三五”发展规划指出要积极扩大国际交流与合作，每年资助2 000名优秀本科生和500名研究生赴境外高水平大学进行为期一学期或一学年的专业学习。2017年，浙江师范大学为培养具备国际视野和竞争力的高素质人才，特推出了出国（境）交流奖学金，特别奖学金最高金额可达15万人民币，专项奖学金资助金额在1万到4万人民币之间。浙江省高度重视海外交流，浙江师范大学投入高额资金资助学生海外交流，那么这样的做法到底值不值呢？

个体独特的经历会影响人格发展

暂且不说留学带给学生们学业上的影响，有一项研究发现国外生活经历对学生人格发展有积极作用。人格是人们为了实现一系列人生目标，而发展出来的具有独特风格的处事方式和态度。人格的形成不仅受遗传因素影响，个体独特的经历也会对其人格产生潜移默化的影响。古希腊古典剧作家欧里庇得（Euripides）曾说：“体验、旅行，这本身就是教育”。成熟的心理表现为对自我人格的准确理解和把握，而出国留学的经历可以提供机会让人们更加深入地理解自我人格以及拓展自我人格。

海外留学对人格发展的影响

2014年，兹莫曼（Zimmermann）和尼耶（Neyer）进行了一项关于国外生活经历对人格发展影响的研究。实验者招募了一批德国大学生，将他们分配到实验组和控制组中，其中实验组的被试要在另一个国家学习一段时间，而控制组的被试则一直留在本国大学学习。在留学前，所有参与者要参加“大五人格”测试并提供他们的社交网络的扩展列表。当实验组的被试留学结束后，所有参与者一起再次参加这些测试。

研究发现，有国外学习经历的学生通常比没有国外学习经历的学生具有更高的外倾性。同时，那些全年旅行的学生通常比没有旅行的学生在开放型人格测试方面得分更高。最后的研究结果表明，从国外留学回国后，经历过旅行的人往往表现出更为开放的态度，他们的情绪稳定度与那些没有国外留学经历的学生相比也有所增长。这些人格变化也与社交网络的变化有关。那些没有国外学习经历的学生在整个学习期间保持着类似的社交网络，而相比之下，那些出国留学的学生往往会有产生许多新的社交圈子，与原来的社交圈交流频率会逐渐减弱。而在之前人格测试中表现出高开放型的学生在留学过程中，也会对于新的社交网络展现出更高的接受度，同时也会表现出更加稳定的情绪管理能力。

如何适应海外生活？

越来越多的学生选择以出国留学的方式继续深造，2016 年中国海外人才交流大会的数据显示：2016 年中国留学人数首次突破 50 万，中国成第一大国际生源国。海外留学给学生带来的好处有很多，当然在这个过程中也会面临多种挑战。学生在留学时自己一个人要面对很多事情，采用什么样的方式去处理这些事情对结果非常重要。如果学生要选择出国留学，那么教师一定要引导其做好充分的准备工作。

培养外语综合实力，重点提高听说能力。首先要想尽一切办法把外语学好，尤其是听说能力，语言是留学的基础，出国留学必须克服语言障碍。所以无论在国内还是国外，一定要尽可能把握住各种外语学习的机会，尽快让外语过关。有很多留学生的心理问题是由于语言沟通不畅而产生的。

了解中外文化差异，转变国内生活习惯。对留学生们来说，除了学习方式的转换调整外，对新环境和中外文化差异的适应也很重要。想要尽快融入新环境，就必须多了解一些中外日常生活和文化上的差异。在与当地人交往时，应该注意当地的文化传统和一些日常禁忌。

构建人际交往网络，主动发展积极友谊。来到陌生的国度，亲人朋友都不在身边，很容易产生孤独感，所以我们在人际关系上就要融入或建立新的圈子。我们要以开放的心态去交朋友，敢融入这全新的生活，同时也要有一定的自我保护意识。

了解当地医疗状况，适时选择心理咨询。一个人在国外遇到困难时难免会感觉到无助和苦闷，在发现无法通过与朋友家人倾诉来排解不良情绪时，应该寻找一个专业的倾听者来宣泄心中的苦恼情绪，专业的心理咨询就是一个很好的选择。

事先做好留学规划，提前了解留学生活。根据留学目标国家当前教育情况，结合自身实际情况，制订相应学习计划与生活计划。学生和家长可以通过多种途径了解出国留学可能出现的各种问题，提前做好准备，为帮助学生尽快适应海外学习生活打好基础。

95. 出国经历利于认清自己

如今,越来越多的同学选择出国深造,有国外生活经历的情况也将会越来越普遍。身处在异国他乡,身边必然会有来自不同国家和地区的同学,我们也会有更多的机会与持有不同价值观的人交流、学习。以往研究发现,这些经历有诸多好处,如提高创造力、减少偏见、促进职业成功等。2018 年的一项研究发现了在国外生活的另一个好处:出国经历会帮助人们提高自我概念的清晰度,即更加清晰地认识自己。

出国经历会帮助你认识自己

自我概念清晰度(self-concept clarity)是自我中一个重要的结构组成,指个体对自我认识的清晰程度,反映了自我概念的明确性和一致性水平(Campbell et al. , 1996)。清晰的自我概念会带来很多积极作用,如提升心理幸福感、提高抗压能力等。

2018 年,亚当(Adam)等人探究了国外生活经历对自我概念清晰度的影响。研究中所有被试都有过国外生活的经历。首先,将被试随机分为国外组和国内组。在国外组中,被试描述一段在国外生活的经历;在国内组中,被试描述一段在国内生活的经历。然后,所有被试完成了自我概念清晰度和自我反思量表。结果表明,相比于国内组被试,国外组被试报告的自我概念清晰度、自我反思水平都更高。同时,自我反思在国外生活经历与自我概念清晰度之间起着重要的中介作用。也就是说,生活在国外的经历通过不断的自我反思能够增强自我概念的清晰度。

“深度”的国外生活能够预测职业决策清晰度

研究Ⅱ进一步探究了国外生活经历的深度与广度对自我概念清晰度的影响。其中,深度是指生活在国外的总时间,广度是指生活过的其他国家的个数。同时,研究者也探究了一个和职业相关的假设,即国外生活经历的深度或广度是否能够通过提升自我概念清晰度,进而提高职业决策清晰度(career decision-making clarity)。研究者共招募了 98 名 MBA 学生,他们来自37个美国以外的不同国家。被试报告了他们国外生活经历的深度和广度，完成了自我概念清晰度量表，并回答了问题："你对MBA项目毕业后的职业发展有清晰的规划吗？"结果表明，国外生活经历的深度能够正向预测自我概念清晰度，而广度则没有预测作用。同时，国外生活经历的深度能够正向预测职业决策清晰度，而且自我概念清晰度在其中起着重要的中介作用。

学会自我反思好处多

综上所述，长时间生活在国外不仅能够让人们更加清晰地认识自己，而且能够更加清晰地规划未来的职业发展。有趣的是，游历多少国家并不重要，在国外生活经历的时间长短才是影响人们认识自己的决定性因素。因为这种"深度经历"更能够让人们对自己的价值、看法和行为进行深刻的反思。虽然身处他乡更容易让我们进行自我反思，但是我们在平时生活中也应该学会全面反思自己，并且及时总结教训，认识自己并付出相应行动，让反思成为生活一个重要部分。

如果你恰巧有出国看看的打算，或许可以考虑多待一段时间，说不定能够帮助你更好地认识自己！

96. 文化多样性提升创造力

目前,很多学校都提倡兼容并包,倡导国际化的办学方向。截至2018年,全国留学生总人数创历史新高,留学生与中国学生同堂上课成了中国大学课堂上的一种新现象。这样的学习氛围可以促进不同文化背景的学生们相互交流,进一步的研究还发现文化多样性对提高学生的创造力具有非常重要的作用。

文化多样性能提高学生的创造力

韦佐利等人(Vezzali et al.,2016)进行了一项文化多样性与创造力之间关系的研究,该研究的目的是检验在文化多样性这一特定的条件下,是否能够增加学校学生的创造能力。研究人员将149名意大利小学生随机分为两组:文化多样性组和非文化多样性组。文化多样性组是由意大利小学生与移民学生组成的,非文化多样性组则全部由意大利"本国"小学生组成。两组学生分别在小组内合作完成一个新奇的、高参与度的任务:想象出一个故事,在这个故事中自己需要扮演一个角色并与小组其他成员合作生存下去。实验结果显示,文化多样性组的小学生在完成实验任务时比非文化多样性组的小学生更具有创造力。也就是说,文化多样性促使学生在任务中表现出更多的创造力。

拥有创造力,就是拥有一种无形的力量

创造力是人们在创造性地解决问题的过程中表现出来的一种个性心理特征,是成功地完成某种创造性活动所必需的心理品质;是在一定的目的支配下,运用自身掌握的所有信息,发挥自己的创新性思维,产生出某种新颖、独特、有价值的产品的能力;其核心是创造性思维能力。简单地说,创造力就是创新的能力,它要求人的创造性思维在最高水平上进行。创造力在人们的学习、工作和生活领域都发挥着重要的作用,科技进步、文化发展都离不开创造力的推动。无数的发明创造不仅方便了人们的生活,更使社会生产力发生了日新月异的变化。因而,创造力的培养对个人和社会都是至关重要的。

通过不断增加文化多样性提高创造力

学校教育是个体一生中所受教育的最重要组成部分，在学校教育中进行创新能力的培养十分有必要。既然文化多样性能够促进个体创造力的发挥，学校、教师就可以通过增加学生与多种文化、多种知识接触的机会，来不断开阔学生的视野，从而提高学生的创造力。

首先，鼓励学生主动与留学生交流，积极参加学校组织的留学生交流活动。很多学校都有留学生，学校里也会定期组织一些留学生交流活动。教师要鼓励学生们积极主动地参与这些活动，多与有着不同文化背景的留学生交流，不断增加自己的文化多样性，从而提高自身的创造力。

其次，在条件允许的情况下，多出去看看。各个学校都与国外的一些学校有着长期的合作关系，访学、交换的机会很多。在条件允许的情况下多让学生们到国外的学校进行交流，亲身体会不同的教学方法以及不同的文化环境。即便没有太多机会去国外交流，能到国内不同地区，深入接触不同民俗文化也是很有帮助的。

最后，适度调整“专”与“宽”的关系。不论是课外兴趣班，还是经常一起玩的朋友，同学们都不能仅仅把目光局限在自己的“小圈子”里，还应该打开视野，不断丰富自己的知识，多接触不同种类的知识对提高创造力也具有很大的促进作用。

97. 出国经历可能让人变得不道德

随着信息化的不断发展，出国经历也受到人们越来越多的重视。每年各地的教育部门还会花费大量的资金资助学生出国进行交换、访学。出国确实可以给人带来许多好处，比如，让人们变得更加具有创造力，让人们变得更加自信，还有较好地掌握一门外语，甚至还能让人们得到人格成长。可以说，出国交换或者访学是个人一段非常宝贵的经历。但是，2017 年有项研究发现，出国经历会让人变得更加不道德。

出过国的人会表现出更多的不道德行为

2017 年，研究者（Lu）进行了一项研究探讨出国经历与不道德行为之间的关系。研究者按照出国的时间将被试分为三组：1 个月、6 个月和 12 个月。三组被试都要完成道德测量任务。结果发现，出国时间越长，人们便越可能表现出不道德行为。也就是说，有 6 个月和 12 个月出国经历的被试，要比有 1 个月出国经历的被试表现出更多的不道德行为（谎言和欺骗）。随后，研究者又考察了出国的形式与不道德行为之间的关系。研究者根据出国经历的形式把被试分为广泛的出国（周游列国）和深入的出国（只去一个国家）两组，这两组被试同样也要完成道德测量任务。结果发现，那些有着广泛出国经历的被试会表现出更多的不道德行为，也就是说，相比于长期生活在某一国家的人，那些周游列国的人更可能表现出不道德行为（Lu et al，2017）。总的来说，出国经历的时间和出国经历的形式都会对个体的不道德行为产生影响。

出个国为什么就不道德了呢

我们都知道，出国经历能够提高认知灵活性、打破思维定势，让人们变得更加具有创造性。但是，也正是这种灵活性让人们更可能违背道德。因为灵活的思维模式会让人们对于同一事件产生不同的评价，对待不道德行为的态度也更为宽松。不同文化的国家可能会拥有不同的道德判断标准，人们在不同国家生活过就会在道德判断方面变得越来越相对道德主义。所谓相对道德主义，与绝对道德主义相对，其认为对还是错是相对的，因为道德信念是历史文化的产物。一般来说，持有这种观念的人对于道德标准的态度更加宽松，因此更可能会对自己或他人的过错从宽处理。也就是说，他们觉得某一行为并没有什么，因为衡量的标准并不是绝对的。因此，持相对道德主义的人也就可能做出一些不道德行为（图 97-1）。

图 97-1　出国经验与不道德行为的关系

别慌张，有意识地注意自己的行为就可以了

总体来说，国外有很多东西都令人向往，文化的多元性也促使我们想要深入了解外国文化。不同文化背景的人通过相互交流碰撞出思想的火花，是一种非常好的体验。学生出国留学可以接触到很多不同的东西，从而不断扩大自己的视野。当然，出国经历也可能存在“副作用”。既然我们认识到了这种副作用，那就要尽力减少它。我们应该时刻审视自己所处的文化环境，用一种符合当下文化的道德判断标准来对待身边的事物，警惕生活中出现的相对道德主义意识倾向。对待不道德行为要时刻保持一种严格的态度，尽量避免自身做出不道德的行为。

98. 谨防被物质主义绑架

现如今,很多传统节日被异化、物质化了,可以滋养人们心灵的文化元素却变少了。所以现在一提及过节,大家首先想到的就是抢购狂欢、胡吃海喝,很少人去追求传统节日所传承的文化意义和精神内涵。难怪有网友感慨:"所有的节日都是一个过法,完全为喝酒应酬、大肆购物、出游聚会所填充。"是什么原因导致传统节日越来越商业化呢?除了商家、营销家们的驱动之外,人们心中日益增长的物质主义(materialism)不可等闲视之。

什么是物质主义

物质主义是一种重要的生活价值观,是把物质占有视为其人生的重心,由消费行为来获得生活上的满足,以拥有财物为快乐之源。物质主义倾向的孩子会专注于消费,他们以自我为中心且缺乏安全感。同时,他们也体验着过度的焦虑和低自尊,人际关系也常常出现问题。那么物质主义对学习影响如何?其内部机制又是什么呢?

物质主义:让人想钱而不是学习

迪玛和曼吉(Dittmar & Banerjee, 2014)通过横向、纵向及实验室研究相结合的方式,考察和比较了英国和香港两地学生的物质主义、学习动机和学习结果之间的关系。在前两项研究中,要求每个学生完成物质主义问卷、成就目标问卷和适应性学习模式量表,然后收集他们的期末成绩进行分析,一年后又开展了一项后续追踪调查。后来又通过实验诱发的方式进行测量,比如先让学生写下自认为最时尚的玩具或衣服,并写出有钱的好处。然后列出五种他们有钱后想买的玩具或衣服,接着想象他们意外获得了 2 000 港币,再写下他们准备用这些钱要买的东西,最后来评估其成就目标和物质主义倾向。

研究结果表明,物质主义价值导向的学生降低了其内在学习动机,提升了外部动机,进而导致更差的学业成绩、更容易放弃任务。物质主义与较差的考试表现有着直接的关联,研究也表明更低的掌握目标和更高的表现目标调节着两者的联系。

如何克服物质主义

在物质富裕的当下,节日所带给人们的物质满足感日渐微弱,我们需要的不再是物质,而是精神养料了。在节日期间,我们可以这样做,让节日变得更有意义。

创造一个仪式。仪式能很好地衬托节日,给孩子们一种团聚和传统的感觉。仪式可以十分简单,比如点蜡烛,唱歌,或者做一个特别的告白。如果这些都不够好,不如试试来个假日远行,办一个甜饼聚会,或是一大家人聚餐。

关掉电子设备。你不能阻止假期的商业化,但你可以拒绝受其影响。关掉电子设备,和家人一起进行更有假日氛围的活动。比如和家人一起做做饭,去附近的溜冰场、博物馆或水族馆,找出纸笔做节日贺卡等。

99. 物质奖励会扼杀学生的内在动机

每逢春节，长辈总要给小辈压岁钱，这既是喜气又是鼓励。也有一些有“觉悟”的家长会利用压岁钱做文章，比如激励孩子学习的劲头，获得好成绩便给予一定的物质奖励。然而，物质奖励的方式不对可能会起到适得其反的作用，这是不是大家始料未及的？

外部奖励削弱内部动机

有位老人为了避免孩子们的吵闹声打扰自己休息，于是就想出来一个很好的办法让孩子们不愿意到老人家周围玩耍了。老人跟孩子们说“吵得越厉害得到的奖励就越多”，当孩子们已经习惯于获取奖励的时候，老人开始逐渐减少奖励，最后无论孩子们怎么吵，也不给一分钱。结果，孩子们认为受到的待遇越来越不公正，认为“不给钱了谁还给你叫”，自此之后再也不大声吵闹了。

这是一个经典的外部奖励削弱内部动机的案例。孩子们做这件事情最初是出于好玩即是内部动机（吴国东，汪翔，蒲勇健，2010）。后来由于老人给予了外部奖励，这些孩子就只用外在理由（得到报酬）来解释自己的行为（吵闹），一旦外在理由不再存在（没有报酬了），这种行为也将趋于终止。

使用外部奖励对提高期望的行为有时确实有立竿见影的效果，但当人们对一项活动本身感兴趣时，给予过分突出的外部奖励很可能会削弱内部动机，降低个体对事物本身的兴趣（李刚，2008）。这就是著名的德西效应，这对习惯用各种物质奖励来激发学生“奋发图强”的家长和老师是一个警示。

许多家长好心办坏事

“儿子，这次期末考试你要是进了班级前三名，老爸就奖励你一辆捷安特。”这句话听起来一定不陌生，很多家长都对孩子说过这样的话，目的是激励孩子认真学习。“只要你坚持游泳锻炼，就可以玩电子游戏”，这可能也已经让你习以为常了。但是这些做法都可能让孩子失去对学习或锻炼本身的乐趣，甚至导致孩子不能形成为人处事的真正原则，只被一些外在的利益驱使,变得唯利是图,将注意力集中在物质上。没有内在动机的人生是危险的,会让我们失去方向,精神和心灵变得颓废。在生活或教学中,仅仅依靠物质刺激培养学生适宜的学习动机是远远不够的,最重要的是激发学生对学习活动本身的内在动机。

众多的教育家都认为,让学生对一件事情真正感兴趣,远比一次考试的分数重要得多。家长可能会通过物质奖励很慷慨地激励孩子从事某项活动,但如果孩子对这些活动本身感兴趣的话,家长很可能会好心办坏事,用物质刺激反而可能降低孩子对活动本身的兴趣,让孩子变得越来越物质。

物质奖励并非越多越好

如果孩子们只为了外在的一些物质奖励而从事某项活动,那么他们的兴趣将难以缺乏持久。因为外在奖励一旦撤销或者减少,对应的行为便会止步。为了避免外部奖励削弱内在动机的情况发生,教师和家长要从德西效应中得到启示。想要强化孩子内在兴趣,要反思自己的物质奖励有没有给对。

奖励不是不可以有,而是一定要聚焦于期望的行为。当学生对学习活动本身感兴趣时,强化物必须是可以增进学习兴趣的物件或机会。比如学生爱踢球,那么送他梅西的成长励志传奇书籍便是适宜的奖励,这会让他对自己的兴趣越来越关注,保持内在的动机,以此激发行为。

明确每个学生不一样的兴趣点,给予合适的奖励。爱写作的学生可以奖励更多公开展示作品的机会,爱发明创造的学生可以获得更多的实验机会,给予学生喜欢而又合适的奖励。

培养 1 ~ 2 个可以受用终身的兴趣点。比如读书、运动、旅游等,这些是可以让人一辈子从事的活动,尽享其中的乐趣。

物质奖励能否起到激励作用并非在于数量,过多的物质奖励甚至将孩子的期望点直接引向经济结果,与家长的原始目标相差甚远。合适的量与明确的目标相结合是外部奖励转向内部发展的前提。因此,我们要及时反思我们的奖励是否合适,是否维持了个体的内在动机。

100. 学生主观社会经济地位不能低

2010 年 10 月，出身豪门的药家鑫开车撞到路人，后又拿出刀子将对方捅死。2004 年 2 月，出身寒门的马加爵与同学打牌发生争执，将宿舍四人全部杀死。药家鑫和马加爵，一个生活富裕一个生活节俭，两个生活背景、经济条件相差这么大的人都做出了如此残忍的事情。尽管他们享有的物质资源不同，但是他们的共同点是主观社会经济地位低。格瑞特耶（Greitemeyer，2016）的研究发现，主观社会经济地位低的人攻击意图更强，同时也会表现出更多的攻击行为。那么到底什么是主观社会经济地位呢？

主观社会经济地位

主观社会经济地位是体现个体如何感知、认同自己在社会经济结构中所处的位置高低。有研究表明，主观社会经济地位与个人的幸福感有关，主观社会经济地位高的人对生活感到满足，因此幸福感也会比较高。但是，个体的主观社会经济地位与攻击性之间的关系还没有一个统一的定论：有人认为主观社会经济地位高的人会表现出较高的自恋倾向，因此可能有更高的攻击性；而也有人认为主观社会经济地位低的人会体验到很强的消极情绪，因此可能有更高的攻击性。研究人员格瑞特耶通过实证研究得出了结论：主观社会经济地位越低攻击性越强。

主观社会经济地位越低攻击性越强

格瑞特耶的研究证实了主观社会经济地位与攻击意图之间存在因果关系。研究者把被试随机分为两组：高地位组和低地位组。高地位组中，被试会看到三张图片，有昂贵的跑车、带着游泳池的豪华房子和美食餐厅。在低地位组，被试也会看到三张图片，但照片上是廉价的车，预制的房产和一个热狗摊。然后，被试需要想象下生活在图片场景中的人，并简要地描述一下这种生活，被试还需要评价一下自己和这些人相比的社会经济地位。最后，被试完成一份敌意量表。处于高地位组的被试对自己主观社会经济地位的评估要明显高于处于低地位组的被试。结果发现，主观社会经济地位较高的被试表现出的敌意水平要明显低于主观社会地位较低的被试。

如何提高主观社会经济地位

主观社会经济地位是个体对自己在社会中所处地位的自我感知，人们本身的经济实力并不是影响主观社会经济地位的唯一因素，也就是说富人的主观社会经济地位不一定高，穷人的主观社会经济地位也不一定低。因此，我们每个人都应该努力提高自己的主观社会经济地位。

关注自己的该做的事，不要盲目攀比。我国高校的学生来自全国各地，同学们除了在生活习俗方面不同之外，家庭经济条件也存在很大的差距，家庭经济不平衡往往会造成同学们盲目攀比，导致他们不能正确认识自己。人的注意力资源是有限的，因此当我们把注意力更多地投入到自己应该完成的事情上时，我们就收获充实感、成就感，对他人的关注自然就少了许多，这样便弱化了攀比心理，也非常有利于提高自己的主观社会经济地位。

多与他人交流，在沟通中营造良好的人际氛围。当我们在积极与他人进行沟通的时候，就会拥有更加良好的人际关系，也就会有较高的社会支持。这在一定程度上也会提高人们的主观社会经济地位。

保持乐观的心态，提高自身心理素质。心若向阳，生活便到处精彩。当我们在生活中遇到困难和挫折的时候，只有保持乐观的心态才能积极应对、合理解决，这样不但有利于提高自身的心理素质，也有利于提高我们的主观社会经济地位。

101. 青年学生为什么这么相信星座

不管是中小学还是大学,校园里一直有一股强烈的星座风。各种星座测试、星座人格、星座运势等充斥在社交网络和校园生活中,有些学生甚至将其作为交友、恋爱和生活的指南。因为许多青年学生觉得那些关于自己星座的分析对自己而言非常“精准”,几乎每一条都可以对得上。年轻人为什么对星座预言如此热衷呢?星座分析到底准不准呢?巴纳姆效应为你揭晓谜底!

巴纳姆效应是什么

巴纳姆效应(Barnum Effect)是指人很容易相信一个笼统的、一般性的人格描述,认为它特别适合自己并准确地揭示了自己的人格特点。即使这种描述内容十分空洞,人们仍然认为这种描述准确地反映了自己的人格面貌。

弗格(Forer,1948)对学生进行了一项人格测验。他采用了一段描述性格的“个人分析”作为测验材料,之后要求学生对这段材料与自身特质的契合度进行评分,0 分为最低,5 分为最高。结果他们给出的平均评分为 4.26 分,也就是说这些学生认为这段材料与自己的契合度很高。实际上,这些测验材料是弗格从星座与人格关系的描述中搜集出来的,并且在这个研究中每个学生看到的测验材料都是一样的。结果表明人们很容易相信一种广泛的、笼统的描述,这一实验结果也验证了巴纳姆效应的存在。

星座预言真的准确吗

法国的研究人员曾做过一项测试:通过杀人狂魔马塞尔·贝迪德的出生日期等资料得出精准的星座报告。三天后,星座报告公司得到了如下的结果:他适应能力很好,可塑性很强,当这些能力得到训练就能发挥出来;他在生活中充满了活力,在社交圈举止得当;他富有智慧,是个具有创造性的人;他非常有道德感,未来生活会富足,是思想健全的中产阶级。事实上,“颇有道德感”的贝迪德犯下了 19 条命案,于 1946 年被处以死刑。可见,星座不能准确预测一个人的性格特点与未来的成就。

三招教你摆脱巴纳姆效应的负面影响

青年学生的生活阅历相对单一,笼统的描述就成为印证他们想法的好途径。生活中的巴纳姆效应是很常见的,一些内容十分空洞的描述会让人信以为真。许多人将星座、血型与自己的命运联系起来,认为自己的命运是先天决定的,从而忽略了后天的努力。这种现象通常会给人们的生活和学习带来很多不良的影响,让人们变得消极、被动。因此,必须要采取一些有效的措施来帮助人们摆脱巴纳姆效应带来的负面影响。

第一,注意那些显而易见的错误。由于知觉具有选择性,人们往往优先选择那些自己期待的结果,从而会忽略一些明显的错误。在日常生活中,人们应该在做出选择之前进行理性思考,发现那些容易被忽略的错误。

第二,警惕万能描述。网上的算命先生、星座测试等通常会把一些万能的描述当作他们取得顾客信任的法宝,而其实这种万能描述适用于大部分人。人们应该学会对这些万能的描述进行辨别,并提高自己的警惕性。

第三,最重要的一条是相信自己。不少人在对一些事情感到迷茫的时候,就会选择去算一卦,以求得到心安。这往往是遇事不自信的表现,需要大家在日常生活中不断提高自己解决困难、应对挫折的能力,提高自己的自信心,从而相信自己是有能力面对并解决生活中的困难的。

102. 批判性思维减少学校中的消极事件

海绵的特性是吸水性强。拥有海绵式思维的个体认为知识吸收得越多越能了解事物的本质和复杂性。但面对知识不应该是简单的学习和吸收，在吸收的过程中如果缺少了批判性的思考，就容易茫然无措，人云亦云，失去标准。这时人们就急需批判性思维的帮助。2017 年的一项研究表明，批判性思维越好，现实生活中的消极生活事件越少。

批判性思维比智力更能预测生活事件

2017 年，海泽(Heather)等人想要探讨为何聪明的个体不会发生很多具有消极影响的生活事件。参与者是244 名社区成人和大学生，其中69% 为女性。所有参与者都完成了《HCTA 批判性思维评估测试》《韦氏智力测验》和《生活事件量表》。在批判性思维评估中，参与者对 20 个日常生活场景进行分析和批判。比如报纸上报道接受学前教育的儿童在小学时阅读能力更强，是否应该强制所有儿童接受学前教育的问题。《生活事件量表》则是用来测量参与者经历的消极生活事件。消极生活事件主要来自 5 个方面，分别是人际、工作、财务、健康和教育(Butler, 2012)。

结果表明，批判性思维分数和智商分数越高的参与者，报告的消极生活事件更少。进一步的研究表明批判性思维比智力更能有效地预测生活事件。批判性思维越好，现实生活中的消极生活事件越少。

批判性思维的其他作用

首先批判性思维有助于我们树立正确信念。通过引入批判性思维，引导自我独立思考，可以帮助形成自己的独特观念，确立自己的理想与信念。其次它也有助于我们独立思考，批判性思维就是对思维成果的审视与思考，对任何观点、信念或理论都要追问它的根据。在弄清有无根据或根据是否成立之前，我们都要采取存疑的态度，在缜密思考的基础上做出自己的判断。再次批判性思维有助于信息的分析与评价，批判性思维的方法告诉我们，呈现在我们面前的并不都是一个“必然推出”的逻辑世界，要善于辨别信息的真假。最后它有助于培养公正的精神气质，批判性思维强调理性，关注思考，要求我们不迷信与盲从，公正客观，热爱真理，这些精神气质与传统教育严谨务实的学科特质深为契合，有助于我们的成功。

如何形成批判性思维

上述研究表明批判性思维能在一定程度上减少消极生活事件的发生。批判性思维是基于充分的理性和事实，而非感性和传闻来进行客观评价的能力。以往研究表明批判性思维是可以通过练习发展起来的。

突破"从众效应"。苏格拉底曾经拿着苹果问所有学生，"你们闻到苹果的香味了吗"。前几个学生都回答自己闻到了苹果的清香。全班只有一个学生基于自己的感知回答没有。事实上，苏格拉底拿着的是一个假苹果。感知和思维能够接触到现实，一味地从众往往会陷入骗局或失败，坚持自己的基于理性和事实的想法其实是一种胜利。

自我校准、谨慎断言。杜威强调反思性思维，这是批判性思维的前身。他强调论证某个观点或假说要进行细致的、持续的理论探究和实验，不要立即赞成或反对——延迟判断。批判性思维很重要的一点就是自我校准，只有质疑、反思并加以实践，才能离真相越来越近。

103. 完美主义促进成绩提升

英国首相丘吉尔曾说:“完美主义等于瘫痪。”这句话很精辟地阐明了完美主义的害处。心理学上所指的完美主义者是那些把人和事的标准都定得过高,高到不切合实际,而且带有明显的强迫倾向,要求自己去做不可能做到的人或事。由于他们过于注重思考和筹划,所以他们缺乏行动力。完美主义让个体渴求完美,恐惧缺憾,一旦出错,个体就会进行过度的自我批评,导致焦虑、抑郁等消极情绪。然而完美主义只能产生“不完美”的作用吗?

每当我们坐在电视机前欣赏精彩的体育比赛时,总是惊叹于费德勒在网球场上每一个精准的落点,惊叹于艺术体操队员每一次完美的器械抛接,惊叹于足球健将罗纳尔多每一次过人时鬼斧神工般的脚法。然而,究竟是什么使得运动员如此不懈努力,去追求在场上每一个完美的表现?是完美主义。由此可见,适度的完美主义还是有价值的。2017 年的研究还发现完美主义可以有效提升学业成绩。

完美主义提升学业成绩

德米纳(Damian,2017)等人的研究想要探讨完美主义和学业成绩之间的关系。来自罗马尼亚的 487 名大学生参与了这项研究,其中 54% 为女性。此次的纵向调查持续了 4 ~ 5 个月,分别在 3 个不同的时间点进行数据收集。通过弗斯特(Frost)编制的多维完美量表来测量被试的完美主义评分,题目涉及个人目标设定、过度担忧错误、怀疑行为等。由于无法获得学生的在校成绩,只能让参与者口头汇报期末的学业成绩。因为研究者认为学业效能感(个体认为自己具备完成相应学习任务的能力)是一个重要变量,所以研究者还使用适应性学习量表(PALS)对所有参与者进行了测量。

研究结果表明完美主义能够有效预测学业成绩的提升。进一步研究发现,学业成绩的提升也可以预测完美主义和学业效能感的相对增加;也就是说,学业成绩的提高会促进个体追求完美主义。

如何对完美主义趋利避害

该研究表明完美主义有助于提升学业成绩,这说明完美主义既有消极作用也有积极作用。另外也有研究发现大部分参与者对完美主义的态度是又爱又恨，虽然感到痛苦，但却不愿放弃。那么对于完美主义，我们如何趋利避害呢？

对自己的能力和成绩区间要有一个正确的估计。既不能估计过高，以至盲目乐观；也不必过于自卑，应多看到自己的长处和优势，并以此培养起自尊自豪的品质，树立自信心。

重新认识“失败”。谁都会遇到失败，不同的只是失败的多少而已。失败并不可怕，可怕的是对失败的消极态度，应把失败看作是自己前进道路上宝贵的反面经验，相信这一次失败之后一定就是成功。

为自己确定一个短期的合理目标。目标定得太高，形同虚设，反而欲速则不达；目标定得太低，轻轻松松就过关，自身的潜能受到抑制，不利于自己水平的提高。目标定位的原则是“跳一跳，够得着”，让自己一步步接近或超过目标，培养起成就感和自信心，在以后的学习、工作和生活中逐渐取得优异的成绩。

通过与他人的合作与探讨，取他人之长补己之短。善于向他人学习，是许多优秀人士的成功之道。画地为牢式的学习，是毫无成效可言的，也不符合时代发展的趋势。任何一个学生、朋友、同事身上总有值得我们学习和借鉴之处，这就要求我们要独具慧眼，善于发现别人的长处，为自己所用。

104. 三年前的选择还会影响现在的喜好

如果我们一定要在两款手机(例如,小米和魅族)中选择其中一款,往往会感到难度很大。这两款手机各有优点,经过一番艰难的抉择,也许你最终选择了小米手机。但是,我们可能同时也会觉得魅族手机有很多优点,小米手机有些不足。这样我们就产生了所谓的“认知失调”,一种不愉快的情绪体验。为了减轻或消除这种不愉快情绪,我们会自觉地采用一些策略不知不觉地降低这种不愉快体验。比如,在无法改变已经购买小米手机的前提下,我们通过增加对小米手机的肯定、减少关注魅族手机的优点来降低自己的认知失调。

该理论对那些高校志愿调剂生是有重要启示的。不用太担心他们会不热爱自己的专业,特别是对于那些曾经纠结于不同专业的学生来说。他们完全可以通过一系列的策略来缓解自己认知失调的程度,以便能积极投入到专业学习。

认知失调理论是什么?

认知失调是指一个人的行为与自己先前一贯的对自我的认知产生分歧,从一个认知推断出另一个对立的认知时而产生的不舒适感、不愉快的情绪。在决策后引起的失调,可以通过增加选中物的相对吸引力,减少未选中物的相对吸引力来降低这种失调(项光勤,2010)。

三年前的选择会影响现在的喜好

马克曼(Markman)对这种现象进行了实验调查研究。实验中,研究者首先让被试给一些景点进行评价打分。然后让被试从这些景点中进行选择,这里把被试分为两种条件,一种是被试自己选择景点(自己选择景点又分为容易选择和难以选择两种情况),另一种是通过电脑给被试选择景点(强制选择)。最后研究者又让所有的被试给景点进行评价打分。通过比较两次打分的情况发现,在难以选择条件下的被试最终对自己选择的景点打分较高。

三年后,再次让所有被试对这些景点进行评价打分,结果发现,那些当时难以选择景点的被试仍然对自己选择的景点有较高的评价。被试采取这种方式(强化我们所选事物的吸引力,即更加喜爱自己之前的选择,否定未被选择事物的价值)来降低自己的认知失调,以免引起不愉快的情绪。

如何面对被调剂而来的学生

既然三年前的选择会影响现在的喜好,我们应该充分利用认知失调理论。特别是对那些由家长决定选择而自己不了解本专业的学生,那些在选择专业时难以抉择的学生和那些被调剂到其他专业的学生的学习和生活更具启发意义。

第一,越投入越喜欢,引导大学生从事大量专业活动。大学生如果从事大量与自己专业相关的活动,就会引起他们的思考:我为什么要做这么多与专业相关的事情呢?为了使自己的努力合理化,大学生就会产生“我喜欢我的专业”这样一种认知。

第二,对那些曾经纠结性强的学生来说,效果更好。当初的选择是那么的痛苦,这些学生最终还是选择了现在的学校、选择了现在的专业。他们需要从事大量的与本专业相关的活动,来增加对所选学校和专业的喜爱程度,以肯定自己当初的决定。

第三,改变原有决策未尝不可。对于调剂的学生或实在是不喜欢当下专业的学生来说,他们的冲突认知不容易消除,消极情绪十分强烈。如果持续增强,学校可以适当地为这些学生提供重新选择专业的机会。

105. 信息性社会影响导致网络谣言传播

作为一个社会人,我们时刻都会接收到各种各样的信息,其中不乏虚假的信息。也有很多学生家长会在家长微信群里转发各种各样的不实信息,面对这些在网络上流传的信息,你会选择怎么做呢?

2016年初,一条有关SB250病毒的消息,迅速流传在各种微信群里,很多网民纷纷转发,告诉自己的亲人朋友不要吃酸菜鱼。2016年底的"罗一笑,你给我站住"也闹得沸沸扬扬,很短的时间内转发量飞涨,网友捐款数额更是高达数百万,一度成为网民关注的焦点问题。类似的消息还有很多:某同学准考证掉了,请捡到的人联系学生家长;某某孩子重病需要捐款救助;某某省市又现几百万支问题疫苗……为什么会有那么多人盲目地传播这些消息呢?

信息性社会影响让人们盲目地传播不实消息

信息性社会影响指的是在一个模糊的情境下,人们不知道如何做才是正确的,这个时候他们只能依靠别人的行为来帮助自己进行选择。当人们看到这些消息的时候,他们不知道这些消息的真伪,只能根据别人的行为来帮助自己做出"到底应该怎么做"的决定。因此就会有"别人转发了,我也跟着转发一定是没错的"这样的心态。这就使得人们往往不会花费时间仔细辨别信息的真假,只是盲目跟着别人转发、扩散未经证实的消息。

别人的意见会影响我们的判断

早在1936年谢里夫(Sherif)就利用自动效应进行实验,说明了人们是如何根据他人提供的信息来做出判断的。在实验的第一阶段,研究人员要求被试单独进入暗室观看4.6米以外的一个光点,这个光点会先消失然后再出现。研究人员会询问被试再次亮起的光点与之前相比移动了多远的距离(实际上光点并没有改变位置,由于自动效应这种视觉错觉让人们感觉它好像动了)。在这个阶段被试们报告的移动距离相差很大,从几厘米到几十厘米。

实验的第二阶段是在几天之后进行的，被试会与其他两个都经历过第一阶段实验的被试组成一个团体，他们仍然要继续第一阶段的任务，不同的是，他们三个人都必须大声说出他们的判断结果。虽然自动效应的经验是因人而异的，但是研究结果发现，当被试听到他们的同伴给出了与自己不同的判断结果后，他们会慢慢达成一个共同的估计数值，并且每个成员都遵从这个估计值。在这种不确定什么是正确答案的情况下，人们倾向于跟他人保持一致，依据他人的答案确定自己的答案（Sherif，1936）。

在信息爆炸的时代保有慧眼

在2016年发表的一篇综述中，美国西北大学的研究人员拉普（Rapp）指出，人们会假设自己的信息来源可靠，并且会快速地将接收到的信息“下载”到记忆中去（Rapp，2016）。为了避免受到错误信息的影响，我们可以从以下方面入手提高辨别真伪的能力。

对信息进行批判性地评估。当我们看到一些大家都在转发的消息之后，不应该盲目跟着转发。此时，我们应该保持理智，学会从不同渠道搜集相关信息，确保信息的正确性。

考虑信息来源。通常，人们更容易相信由可靠来源提供的信息。很多虚假信息都是假借权威发布消息，让很多人信服。因此，看到大家都在转发消息的时候，应该仔细查找一下信息来源于哪里。

勇于承担净化网络环境的重任。我们在生活中或多或少都会接触到一些虚假的、不实的消息。作为教师，如果发现这样的信息，应该及时对这些谣言进行分析，号召身边的人理性对待这些信息。

106. 爱发朋友圈的人易泄露隐私

2016 年这个夏天,电信诈骗异常猖狂。山东的准大学生徐玉玉被他人以发放助学金为由,骗走了学费和生活费近一万元人民币。徐玉玉在报警回家途中心脏骤停,不幸离世。在电信诈骗案件中,个人隐私信息泄露是骗子得手的关键原因。研究表明,人们使用社交媒体的习惯与他们对待隐私的态度有着密切的联系。

网络社交日渐流行

2015 年 7 月 19 日上午,第六届中国传媒领袖大讲堂开幕式在上海交通大学闵行校区举行。开幕式现场,上海交通大学人文艺术研究院副院长谢耘耕教授发布了《2015 年中国大学生媒体使用习惯调查报告》。结果显示:大学生几乎每天都会接触互联网,超过 90% 的人使用时长超过两小时,每日接触互联网超过 8 小时以上的大学生占 12.2%,远超于每日接触报纸(0.4%)、广播(0.5%)、电视(0.9%)、杂志(0.7%)的学生,仅有 1.1% 的大学生每日从不接触互联网。另外,微信和 QQ 是大学生应用最多的社交媒介。很多大学生除了花费大量时间从朋友圈中了解朋友们的动态之外,他们也很乐意在网络上与朋友们分享自己的日常生活。

爱发朋友圈的人不太注重隐私

米娜(Mina)和詹姆斯(James)等人于 2016 年发表在《新媒体与社会》(*New Media & Society*)上的一篇文章对大学生使用朋友圈的情况以及对待隐私的态度进行了研究。研究人员在 2010 年至 2015 年间,对一门课程中的学生的朋友圈使用习惯和对待隐私的态度进行了调查研究。这一研究是针对某一特定年龄的被试进行连续多年的调查,可以多维地了解社交媒体使用者的态度。结果发现,热衷于发朋友圈的那些人对待隐私的态度十分随意,非常乐意分享自己的日常生活。尽管发朋友圈可以让朋友们更了解自己,但是在发朋友圈的时候一定要注意保护自己的隐私。隐私信息泄露太多,说不准什么时候骗子就会盯上你。

保护隐私，谨防受骗

网络给大家带来了诸多便利，比如，学生可以学习不同学校的精品课程、可以下载有用的学习资料、还可以通过网络休闲娱乐结交朋友。网络在给人们带来方便的同时，也存在一些潜在的危害，大量个人隐私信息在网络上公开发布，让骗子有了可乘之机。因此，同学们应该学会在使用网络的过程中注意保护自己的隐私，防止隐私泄露、上当受骗。

第一，提高保护隐私的意识。保护信息安全，最关键的是广而告之，提高学生的信息安全意识。学校应该向学生宣传信息安全的重要性，时时提醒学生在生活中注意保护自己隐私信息。

第二，谨慎参加网络优惠活动。网络上有很多优惠活动，大多数优惠活动需要学生填写自己的信息。这时候，学生们一定要保持理智，不要为了眼前的蝇头小利泄露自己的信息。

第三，遇到不认识的链接不要打开。骗子们往往会使用软件大量发送包含病毒链接的短信或消息，以公司周年庆、幸运观众、低价机票、电话充值、征婚交友为名，窃取用户的身份证号码、银行账户等信息。学生在收到这样的信息之后应该立即删掉。

第四，谨慎使用公众热点。免费热点见就连，当心背后有风险。攻击者有时会利用人们节省流量的心理，假冒 wifi 热点，对受害者进行窃取数据。所以学生们在公众场合连热点时，要注意辨别 wifi 热点，不要连入安全性未知或陌生的 wifi 网络。

107. 暴力游戏最好远离

在长长的假期里,大家都没少玩游戏,包括暴力游戏。老师与家长都担心游戏内容是否会影响学生们的认知或行为。国内调查发现上网的青少年中有62%在玩网络游戏,而网络游戏中80%与暴力和血腥有关,所以有人说网络游戏是“电子海洛因”,并把它比做洪水猛兽。美国一项民意调查显示,58%的成年人指责游戏导致暴力行为和犯罪。

而《普通心理学展望》(*Review of General Psychology*)在2010年针对视频游戏暴力发表一期特刊,认为:无确凿证据证明虚拟暴力与现实世界暴力行为之间存在必然联系。而且按照精神分析的观点,暴力游戏缓解了个体内在暴力的冲动,释放了内在暴力的压力,起到了显著的缓冲作用。

暴力游戏究竟是暴力行为或犯罪行为的诱因,抑或缓冲了个体内在暴力倾向呢?目前并无定论,不同的理论可能持完全相反的观点。

暴力可能习得了:班杜拉的充气娃娃实验

1961年班杜拉(Bandura)和其助手在斯坦福大学完成了一项实验,为了阐述儿童是怎样习得攻击行为的。儿童被分为两组:实验组看到成人叫喊着用木锤击打充气娃娃,控制组看到的只是成人悄悄地自己玩玩具。在孩子们看了约十分钟后,把他们带到另一间放着各种各样玩具的屋子,但告诉他们这些玩具是留给别人玩的,以此引起他们的挫折感。之后把儿童带到第三间屋子,屋子里有一些玩具,包括充气娃娃。

结果显示:实验组比控制组的儿童表现出更多的身体和言语攻击波比娃娃的行为,并且男性的攻击次数要远高于女性。他们证明了即使不给榜样或观察者以任何强化物,暴力行为能通过观察和模仿而习得。

以班杜拉为代表的社会学习理论认为,人类的攻击行为是一种通过示范作用习得的社会行为。其实验也表明儿童在观看电视时能习得攻击性行为,并在同其他儿童玩耍中表现出攻击性的反应。

暴力游戏降低暴力行为:宣泄了个体的攻击欲

弗洛伊德(Freud)认为个体为了消除焦虑,会无意识地采用自我防御机制。比如否认、升华、合理化、投射、转移等都是个体在不知不觉当中又情不自禁地使用着。这与个体与生俱来的死的本能有关，当这种原始欲望要脱离道德自我的约束时，坚持现实意义的自我就会采用转移的方式进行排解、引导个体或是去看一场电影，玩一场暴力游戏，从而实现降低焦虑的目的。

费什巴赫(Fellbach)也提出了“宣泄”假说。他认为，在一定条件下，观看有暴力内容的电视节目会减弱观看者的攻击性行为，并且电视中的暴力节目使观看者产生攻击性焦虑，使他的攻击欲望受到抑制。他认为通过观看媒介传递的暴力内容，可以产生替代性满足从而减少内心的暴力冲动，类似于弗洛伊德提出的当本我与超我产生冲突时，自我会引发心理防卫机制来调节，如转移和代偿。

远离暴力游戏

在科学研究中，暴力游戏的作用尚有争论，但作为学校或家长还是要警惕暴力游戏的害处，有些做法值得借鉴。

首先，学生玩游戏上网必须写相应的日记或反思。具体记录一定时间内主要在何时上网、持续时长、游戏内容以及自身感受，记录本身会起到一定的控制作用。

其次，合理利用游戏，启示学生分析不同的游戏类型，会有利于其跳出游戏本身，而不沉迷其中。比如“英雄联盟”让你更有团队合作感，劲舞团让你的手指更灵敏。

再次，不让学生轻易获得玩暴力游戏的机会，在一定周期里才允许学生玩可以体验紧张并释放压力的游戏活动，引导学生宣泄可能存在的攻击欲望。

最后，引导学生多参与现实活动，多交朋友，多进行户外运动，以避免其因沉迷游戏而封闭自我、缺乏与现实交流，共情能力降低，甚至变得情感淡漠。

108. 销售量与点赞率：公开好评更重要

随着“大众创业、万众创新”政策的深入，越来越多的大学生乘着“互联网+”的东风成为“创客”。有的同学开办了网店，有的做起了微商，而他们的销售策略也各有千秋，有的在意销售量，有的很在乎消费者的点赞率和评价。试想一下，作为一个消费者，你想要在网上买一本书，是书的销量还是网友的评价更能够让你做出购买的决定呢？当你选择看一个视频时，你是更容易受到网友点赞、“顶”的数量的影响还是播放次数的影响呢？这其中就涉及了“从众”的概念。

公开的好评胜于“冷”事实

从众（conformity）是人类的天性，它能帮助我们获得社会认同与归属感，提高决策准确性等，在这么多的好处下，我们自然就从善如流了。一般人认为行动的影响力比话语的影响力大，觉得大家都这么做了，我也就跟着做了。然而，芝加哥大学费斯巴赫（Fishbach，2015）教授指出，从众更容易出现在我们的偏好中，而不是行为上，即比起别人的行为，我们更倾向于受到别人偏好的影响。比如，如果好朋友告诉你，他很喜欢那双球鞋，看起来很酷，你更有可能也跟着去购买。但如果你得知他已经买了并且还穿着和你一块儿打过球，那你去买这双鞋的可能性反而不如前者高！

费斯巴赫教授设计了一系列实验来论证这个假设，其中之一是“口香糖实验”。在实验中，首先，第一个被试被要求只根据两种口香糖的包装，而并不去试吃来决定自己喜欢哪一种，或者试吃之后，根据口味来挑选自己喜欢的那一种。然后，让第二个被试根据第一个被试的选择进行挑选。结果表明，当得知第一个被试喜欢某种口香糖但没有吃过时，第二个被试更有可能和他选择同样的口味（53%）。而当得知第一个被试通过试吃来确定自己喜欢哪种口香糖时，第二个被试更少地和他选择同样的口味（24%）。所以评价信息的影响比“冷冰冰”的销售数字信息的影响力更大，从而导致更多的从众行为。

与他人的“精神共享”影响我们的选择

他人对商品的评价、点赞量都反映出他人的偏好或者喜好，会对我们的判断和决策产生影响。可见做得好不如说得好，我们受他人偏好的影响要大于受他人行动的影响，这是为什么呢？除了受到文化差异（集体主义与个人主义）、最近的消费行为影响之外，更重要的是精神共享（mentally sharing）在起作用，这种机制使得你中有我，我中有你。特别是关系越亲近的人，这种精神共享越是强烈，对我们的行为影响也越大。所以当我们想要说服别人时，要告诉他们我们喜欢某个事物，而不是我们已经做过或者拥有。同样，对于商家来说，在广告中表达“大家都喜欢”要比“大家都在买”更加有效。

从众行为无处不在。探寻人们会对他人的哪些信息进行回应，为什么有时候我们会与他人的行为趋同是很重要的。根据上述研究的“启示”，不论是在学生创业，还是在教师教学中，改变以往“酒香不怕巷子深”的观念，做点自我宣传，攒些人气和口碑，注重好评也是很重要的。

109. 下雨天学习效率更高

阴雨连绵的季节,空气中渗透着凉意。你看着窗外灰色的天空,触着湿漉漉的空气,听着雨水啪嗒啪嗒的声音。你心里想着,这个天气太适合睡觉啦,或者就该窝在沙发里看电视度过一整天。这时,闹铃声将你拉回现实,你顿时明白这一切设想都与你无关,因为你上班快迟到了。尽管嘴上连连叹气,但你还是拖着被雨水打湿的鞋子来到办公室,心里抱怨着糟糕的天气。或许抱怨坏天气的你还不知道,它其实在不知不觉中提高了你的工作效率。

坏天气也有意想不到的好处

很多人都觉得这个说法不可思议,大家都认为坏天气带来坏心情,坏心情只会造成很多负面的影响,这是“常识”啊,又怎可能提高工作效率呢?然而,哈佛大学的研究者们在 2015 年通过一系列实验证明了坏天气不仅不会降低工作效率,反而还会提升个体工作的专注度,因为这样会减少到户外活动的想法对个体的干扰,进而提高工作效率。这和我们平时的认知完全不同。是不是感觉你的“常识”受到了挑战?那么让我们来看一下这些研究者们是怎么证明这一结论的吧!

雨越多,你的工作效率越高!

在研究Ⅰ中,研究者以日本东京一家银行的员工为被试,收集了他们的生产资料以及东京的天气数据(温度、能见度、降水量等),将二者进行相关分析。结果发现生产力与降水显著相关,即降水量越大,工作效率越高。

在此结果的基础上,研究者们接着进行了研究Ⅱ,他们将错误率也纳入了工作效率的指标,并调查了被试的情绪状态以排除情绪的影响。结果发现,雨越多,完成工作的速度越快,准确率越高,而天气对工作效率的影响与情绪无关。

雨越大,你的心越平静!

研究Ⅲ则主要探讨天气和户外活动吸引力的关系。研究者让一半被试想象自己身处在好天气中,另一半则想象坏天气,然后让被试们尽可能多地写出自己想做的活动(不分室内、室外),并评定这些活动对自己的吸引力。结果发现,想象好天气的被试列出了更多的户外活动,并且对这些活动的吸引力评价也更高;相反,想象坏天气的被试列出的户外活动少,并对这些活动的吸引力评价较低。说明在下雨天被试对户外活动的渴望较少,对其评价也比较低。

在最后一个研究中,研究者通过控制实验室里的光照和温度操纵了天气的好坏,让被试坐在实验室中并能看到窗外。一半被试观看户外活动的照片,评定其吸引力,选择自己最想做或最常做的活动并进行详细描述,让其惦记着户外活动,受到干扰;另一半被试则描述日常工作。然后完成数据录入任务。结果发现,当被试没有受到户外活动想法干扰时,坏天气能显著提高录入速度;一旦受户外活动想法的影响,两种天气情况下的录入速度就没有区别了。也就是说坏天气能提高工作效率是因为坏天气下人们受户外活动想法的干扰变少,所以能有更多的精力投入到工作,使工作效率更高。同时也说明,心里惦记着户外活动会增加认知干扰,降低工作效率。

如何根据天气调整工作呢?

原来,糟糕的下雨天也有如此大的作用啊,这么说天气是影响工作效率的一个很重要且复杂的因素。

从这项研究中得到启发,我们可以根据天气好坏来调整工作任务的先后顺序:天气不好时,尽量先完成较复杂、认知负荷较高、更不允许出错的工作;天气好时,完成相对轻松的、认知负荷度较低的工作。这种分配工作的方式会使工作更加协调有序。既然在下雨天时已经不能出去玩了,那么就接受这一现实,抓住这可遇不可求的糟糕天气,尽情地投入到工作中,发挥你的工作热情,这样才能做到事半功倍!

110. 高颜值:还要看内在修养

随着美容整形技术的发展,越来越多的人加入了“微整”的行列,有些人甚至整容上瘾,停都停不下来。还有的大学生借高利贷去整形,为的是让自己颜值高一点。那么,到底什么样的脸才算是高颜值呢,有什么样标准吗?

高颜值取决于面孔吸引力

研究发现,我们的大脑在毫秒级时间内就能够完成对面孔特征与结构的编码,在看到一张脸后,我们几乎能在一眨眼之间判断出这一张脸是不是美的。这种判断在心理学中被称为“面孔吸引力”。面孔吸引力是指目标人物的面孔所诱发的一种积极愉悦的情绪体验;并由此驱使他人产生接近意愿,其程度表示了吸引力的高低。它传递着诸如年龄、性别、个人身份以及情绪等大量的信息,在人类社会交往和交流中起着重要的作用。经过多项研究发现,平均脸、对称脸和性别化脸算得上是“高颜值”脸的三大标准。也就是说,长相越接近平均脸、越对称、越偏向女性的特征,颜值也就越高。

面孔吸引力主要受社会文化因素的影响

美丽的面孔具有强大的吸引力,高吸引力的面孔不仅会激活大脑的奖赏中心,还会激发我们的性行为。拜尔(Berry,2000)等人认为面孔吸引力的判断标准难以界定,主要受到主观文化习俗的影响。这也就是说,个体对面孔吸引力的判断受诸多社会文化因素的影响,因此判断面孔吸引力并没有统一的标准,同时还表现出跨文化的不一致性。李特、艾皮尔和马尔沃(Little, Apicella & Marlowec,2007)等人检验了西方和与世隔绝的狩猎-采集社会非洲坦桑尼亚北部的哈兹亚(Hadza)中的个体对平均化(平均化是指某一面孔与某种人群下大多数面孔的相似程度)的偏好。结果表明,如果一个人的面孔与该种族大多数面孔的相似性越高,就越会被判断为面孔吸引力较高,也就是“高颜值”。另外,还有一些研究发现,面孔吸引力判断标准还受大众传媒、社会传播和社会比较等社会因素的影响。

在这个看脸的时代，我们不能单纯只看脸

迪昂(Dion)于1972年提出了“美丽就是好”的刻板效应，即相较于面孔吸引力低的个体，相貌出众的个体会被认为是具有更多的积极人格和更好的品质的个体。但是在现实生活中往往不是这样的，外在美并不能等同于内在美。很多面孔吸引力不高的人却有着一颗美好善良的内心。因此，我们要善于用自己的眼睛、用自己的心去发现那些真正善良美丽的人(华春，2012)。

对于我们自身来说，我们要正确地看待自己的面孔吸引力。虽然我们无法改变自己的相貌，但是我们可以改变对相貌的看法，这具有一定的积极意义。每个人都是独一无二的，我们应该确立良好的“自我意向”。不管自己的面孔吸引力高还是低，我们不妨坦然地自我悦纳，即以积极、赞赏的态度来接受自己的外在形象，并设法消除各种附加的“不良信息”，做到不听、不信、不制造。只有建立对面孔吸引力的正确的认知，对自己的面孔吸引力进行正确的评价，才能更好地促进自我发展、人格完善和心理和谐。

111. 穿红色衣服可能让人更自信

人们常常说:“佛靠金装,人靠衣装。”这说明穿着打扮对个人提升自身的形象有着非常重要的作用。先前的研究发现,女性会认为那些穿着红色衣服的男性更具有吸引力。2017 年的研究还发现,红色不仅会影响人们对他人的评价,还会影响到人们对自我的感知,即当人们穿红色衣服的时候会认为自己更加具有吸引力。

穿红色衣服更容易得到他人的青睐

针对衣服颜色与吸引力之间的关系这一问题,美国的科学家做了一项大规模的调查。在调查过程中,他们招募了大量来自不同国家的年轻女子,并为她们提供了一系列男性的照片,被试需要从一系列照片中挑选出最能吸引到她们的一张照片。调查结果发现,那些在照片中穿了红色衣服的男性会得到更多年轻女子的青睐。从后续的访谈中调查人员还了解到,年轻女子们除了认为穿红色衣服的男性更具有吸引力之外,她们还认为这些男性可能拥有更高的社会地位。

穿红色衣服的人也会认为自己更有吸引力

大量的研究发现人们会对身穿红色衣服的人评价更高,而伯特霍尔德(Berthold,2017)等人研究了穿红色衣服的人对自身吸引力水平的评价。

在研究Ⅰ中,研究人员随机地将被试分配到两种条件下,一种是让被试身穿红色衬衫,另一种则是让被试身穿蓝色衬衫。之后研究人员让被试完成人格特质问卷,并评估其感知到的自我吸引力。结果发现,那些身穿红色衬衫的参与者会倾向评价自己更具有吸引力。

在研究Ⅱ中,研究人员通过增加分心阶段测试来检验这种效应是否具有稳定性。研究人员依然将被试随机分配到这两种条件下,并让被试在观看 5 分钟视频的前后对自己的吸引力进行评估。此外,研究人员还收集了被试的情绪状态、体重指数和外倾性等数据。结果发现,穿红色衣服的参与者仍然会觉得自己更具有吸引力,这说明此效应具有跨时间的稳定性。

提高自信，从穿红色衣服开始

上述研究发现，穿红色衣服的个体比穿蓝色衣服的个体对自我的评价更高，并且还认为自己有着更高的吸引力，而且这种评价在一段时间内是稳定的。也就是说，穿着红色的衣服在一定程度上会让人更加自信。所以，我们不妨试着多穿红色衣服，佩戴红色饰品，让自己看起来自信满满！

当然，培养自信不能仅仅依靠穿红色的衣服来实现，还应该通过不断提高自己的能力来实现。

相信积累的力量。多学习能为你积蓄力量，“书是通往人类进步的阶梯”，多看书能够丰富自己的内在。积累可以提升自身的实力，有了实力自然会胸有成竹。滴水石穿，铁杵成针，长期积累后获得的力量能带给你足够的自信，所以我们应当坚持学习，不可小瞧量的变化，日积月累是可以促成质变的。

习得并精通一种技能。技能是工具，要常常打磨使其变得更锐利有力量。当我们精通解决问题的方法时，就会变得不可替代、更加强大，自然就可以自信地立足于社会。

凡事都要提前做足功课。大声说话也好，穿红色衣服也罢，最多只能让一个人“显得”自信，而非真正的内在自信。机会往往会垂青于有准备的人，上一堂公开课、做一次演讲，当你提前做足功课时，想不自信都难！

112. 提高创造力:分组要科学

影响创造力的因素有很多,比如个人情绪、个人动机以及个人所处的环境等,这些都会对创造力产生影响。其实,还有一个影响因素是大家不了解甚至常被忽略的,即在需要团队合作的任务中,新团队成员在原来团队中拥有的权力大小。团队成员的权力大小也会影响新团队的创造力,如果团队成员原来都是高权力者,那么这个团队的创造力就会比较低下。

都是领导者,精力可能花费在其他方面

没有规矩不成方圆,一个国家、一个公司都是由各种具有不同权力的部门组成的。但是,我们经常可以看到,团体领导者们在一起工作时很难达成共识、很难完成他们制定的目标。例如:立法者们很难就一项法案迅速达成一致;裁判员对运动员的评分或判罚也通常有所不同。如果一个团体是由一群拥有高权力的个体组成,那么团队成员会花费更多的精力去争夺自己在团体中的相对地位,而较少地注意到任务本身。同时他们分享给他人的信息的有效性也会更低,这对于团体任务的完成十分不利。

高权力团体在创造性任务中表现更差

加利福尼亚大学安格斯(Angus,2016)教授的一项研究证实了高权力团体在创造性任务中会表现得更差这一观点。在正式实验中,研究人员告诉被试他们需要完成三个任务:第一,配对完成建塔任务(研究人员提供30个牙签,20块软糖果块;让被试充分使用可用的材料,在5分钟内构建出最高的塔);第二,完成创造力任务(被试要在15分钟之内完成一个新的规划方案);第三,再次完成建塔任务。建塔任务由两名被试共同参与,在一部分双人组中,一位被试分配到一个高权力者角色,他的搭档就相应成为了低权力者;在另一部分双人组中,两位被试都不做权力角色的处理,均为中立者。因此,就将被试分成高权力者、低权力者和中立者。在创造力任务中,重新分组,三位被试共同参与一组,并且这三位被试在前一阶段任务中具有相同的角色,比如,三个高权力者一组,三个低权力者一组,以及三个中立者一组。

最后，由两位独立的评判者在不知情的条件下对每个被试的创造力进行等级划分。结果发现，权力状态显著影响创造力，高权力组的创造力不如中立组和低权力组。团队成员中全是高权力个体，会影响团队的合作效率与创造性。

团队成员分配还应考虑其过往经历

一个拥有高权力的个体可能会弱化他与其他高权力个体的协调合作能力，降低团队的工作效率。这一结论对企业管理者和学生管理者都有一定的启发意义，尤其表现在管理者组建新团队时团队人员分配和任务分配上。

如果团队成员原来都是高权力者，那么这个团队的创造力就会比较低。为了提高效率，管理者应该事先了解员工或者学生在原来的团队中处于什么样的地位、拥有多大的权力，避免将高权力者分配到同一个团队中。根据员工或者学生各自的特点合理分配，将高权力者与其他个体互相搭配，发挥高权力者本身的优势（如：他们的领导能力、组织协调能力等），以及低权力者在其他方面（诸如协调配合、合作等）的能力，促进团队成员之间的相互合作，能够在较大程度上提高工作和学习效率。

113. 令人愉悦的音乐会提升团队凝聚力

如今,音乐已经渗透到我们生活的方方面面,我们每天都会感受到音乐的存在,音乐也通过其特有的魅力吸引着我们。商场里播放着动感十足的音乐,咖啡厅里播放着清新悠扬的音乐,甚至很多同学自习的时候都塞着耳机听着自己喜欢的音乐。不同的音乐对人有着不同的影响,我们都知道,听一些令人愉悦的音乐有助于缓解我们一天的工作压力。而研究也发现,当人们在听愉悦音乐的时候,人们会更有团队意识,更愿意为团队贡献力量。

音乐的力量

生活中,音乐会给我们带来许许多多的好处。舒缓的音乐能够让人平静,当我们安静地聆听舒缓轻柔的音乐时,我们浮躁的心情就会慢慢变得平静,同时整个人也就会放松下来。热情的音乐能够调节气氛,我们常常会用一首热情的歌来作为活动的开头或者结束,当大家合唱一首歌的时候,往往会很明显地感觉到彼此团结在了一起。其实,音乐已经广泛应用于很多领域,目前不管是医学领域还是心理学领域都有音乐疗法,音乐能够刺激和调节神经系统,对于个体的心血管系统和呼吸系统都具有良好的作用。医生常常通过播放音乐来辅助治疗,这种方法也取得了良好的治疗效果。我们可以发现,音乐无处不在,音乐也通过种种神奇的力量影响着我们的生活。

人们在听令人愉悦的音乐时更愿为团队付出

康奈尔大学柯尼芬(Kniffin)等人的一项研究测验了不同类型的音乐对团队成员利他行为的影响。在第一项研究中,由三名被试组成一个小团队,每一位被试都有多次机会选择贡献自己手中的钱以增加团队价值,或者选择保留自己手中的钱供私人使用。在正式实验阶段,研究者播放让人愉悦的音乐(欢快、振奋的音乐)和让人不愉悦的音乐(一些不为人知的乐队的重金属音乐)。结果发现,当播放让人愉悦的音乐时,被试倾向于把自己的钱贡献给团队;当播放让人不愉悦的音乐时,被试倾向于保留自己手中的钱。听愉悦音乐的被试对团队的贡献程度比听不愉悦音乐的被试高三分之一。在第二项研究中，研究者加入一个控制组（不演奏音乐时），测试人们的反应，结果发现与研究一相同（Kniffin et al.，2017）。

因此我们可以发现，愉悦的音乐能够激发人们合作的意愿，让人们为团队贡献更多力量。

选择愉悦的音乐激励团队

令人愉悦的音乐能带给我们喜悦与幸福的感觉，让我们身心放松，对我们的身体健身也具有一定的促进作用。当人们在听愉悦的、节拍稳定的音乐时，他们会感觉受到了激励，更可能与周围人合作，更愿意为自己的团队贡献力量，这也为管理者们提供了一些启示。

教师以及管理人员可以尝试着每天早晨花点时间为自己的团队成员选择一些听起来让人感到愉悦的歌曲，听着这样的音乐他们可能就会更愿意为自己的团队付出、就会更具有团队意识。在良好团队氛围的影响下，学生的学习效率和员工的工作效率也会有很大的提高。

114. 顺其自然才是最好的教育

2015 年 1 月 8 日,上海市高级人民法院对“复旦投毒案”被告人林森浩进行了二审的公开宣判,维持了一审的死刑原判。了解林森浩成长经历的人都知道,林森浩从小就是一个品学兼优的好学生。在班里他是班干部,学习成绩优异;在家里他懂事、乖巧,从没有让家人操过心。林森浩的姐姐说,林森浩没有一般孩子都有的青春期的叛逆。“乖孩子”几乎是所有与林森浩的童年有过交集的人共同的评价。大家不禁疑惑,乖孩子为什么会犯如此之大的错误?

传统文化要求我们成为“乖孩子”

中国传统文化崇尚“一”与“和”,强调个体与社会、国家的同构性。在伦理规范方面要求严格,这无形之中忽略了儿童的个性发展,培养了奴性。因此,有人说中国几千年的教育就是两个字“听话”。至今,在日常生活中我们仍然常常听到有些父母对人这样夸自己的孩子:“我们家宝宝可听话,可乖啦。”在幼儿园也常常听到“老师最喜欢听话的小朋友”之类的话。从这些不经意的话语中可折射出几千年口承文化中“好孩子”的界定标准——“乖孩子”。在我国,“乖孩子”多指小孩子表现好、顺从、听话,且不与他人发生正面冲突,其常见的特点是能够顺从父母的意志,听从父母的安排,满足家长或老师的需求,不给父母和老师添麻烦,让大家觉得自己很懂事很体贴。殊不知,教育是为了让孩子成长为拥有健全人格、有思想、有主见、有创新意识的人,而不是成为一个听话、顺从的人。

压抑自己,“乖孩子”更易产生心理问题

心理学中有个“自体”概念,强调的是一个人的总体人格。每个人的人格系统中都同时包含了“真自体”和“假自体”。面对真实的自我需求和表达欲望,“真自体”强调的是一种积极的发展状态,“假自体”则意味着更多的退缩和规避。必须承认,为了保证“真自体”更好地发展,“假自体”的存在具有积极的社会功能,比如对他人的谦让,对社会的妥协,对真实欲望的必要掩

饰。“真自体”的最大敌人是抹杀个性,而“乖孩子”往往是对“真自体”压制和拒绝的结果。其实,许多“乖孩子”更多的是“被乖孩子”,成全他人,压抑自己,“乖孩子”正是在这样的社会环境和心理冲突中不断成长。当现实残酷地拿掉孩子的棱角和个性之后,很容易使其丧失否定、批判和想象的能力。而且,一些“乖孩子”长大以后,可能会产生心理问题,比如心理孤僻、行为偏激、心理偏执、没有主见、缺乏担当、想象力不足、心理承受能力差等。

顺其自然,让孩子自由成长

台湾地区“台北县种子亲子实验小学”创办人李雅卿女士在《乖孩子的伤,最重》一书中这样写道:“乖孩子,常常得付出自信和自尊的代价来讨好成人。”“我倒希望这个世界上不要再有什么乖孩子了,大家都努力让自己成为一个自尊自重的好孩子。如此,孩子们才可以从成人的语言魔法中站起来,长成顶天立地的大人。”对孩子的健康成长影响最大的就是家庭教育和学校教育,为此,家长和教师应采用合理的方法培育孩子。

扭转观念。学校和家长需要逐渐扭转观念,不要一味以“乖”作为衡量孩子好坏的尺度,要多给孩子自由,让他们想哭就哭,想笑就笑,不过度压抑自己。学校和家长多鼓励孩子,建立起他们的自信心、勇气和担当,让孩子顺应天性发展。

鼓励孩子表达自己的想法。虽然理解别人的感受很重要,但是尊重自己的感受也同样重要,“乖孩子”容易顺从别人,容易以别人的感受为中心,从而牺牲自己的感受,所以学校和家长应该让孩子心中有想法就大声地说出来。

在非原则性问题上允许孩子出现错误。很多家长和学校教育孩子不允许孩子出错,一旦孩子出错,便会严厉批评,致使孩子的神经经常绷得很紧,唯恐自己出现纰漏,对家长也就唯命是从。但是要想孩子有独立的人格,就要适合地允许孩子犯错,并为孩子的错误指明正确的方向。

参考文献

[1] Adam, H. , Obodaru, O. , Lu, J. G. , Maddux, W. W. , & Galinsky, A. D. (2018). The shortest path to oneself leads around the world: Living abroad increases self-concept clarity. *Organizational Behavior and Human Decision Processes*, *145*(C), 16–29.

[2] Adelmann, P. K. (1989). *Emotional labor and employee well-being* (Doctoral dissertation, University of Michigan).

[3] Andolfi, V. R. , Nuzzo, C. D. , & Antonietti, A. (2017). Opening the mind through the body: the effects of posture on creative processes. *Thinking Skills and Creativity*, *24*, 20–28.

[4] Andrillon, T. , Nir, Y. , Cirelli, C. , Tononi, G. , & Fried, I. (2015). Single-neuron activity and eye movements during human REM sleep and awake vision. *Nature Communications*, *6*, 7884–7893.

[5] Angus, M. , Bradley, F. , Greene, M. , Reat, D. , Scheerlinck, K. , & Schoonjans, Y. (2016). Estrangement and Creative Adjacencies as an Educational Strategy for Architecture. *Charrette*.

[6] Barnett, J. E. , Vesta, F. J. D. , & Rogozinski, J. T. (1981). What is learned in note taking? . *Journal of Educational Psychology*, *73*(73), 181–192.

[7] Baumeister, R. F. , Gailliot, M. , Dewall, C. N. , & Oaten, M. (2006). Self-regulation and personality: How interventions increase regulatory success, and how depletion moderates the effects of traits on behavior. *Journal of Personality*, *74*(6), 1773–1801.

[8] Bavishi, A., Slade, M. D., & Levy, B. R. (2016). A chapter a day: Association of book reading with longevity. *Social Science and Medicine*, *164*, 44–48.

[9] Berkowitz, L., & Frodi, A. (1977). Stimulus characteristics that can enhance or decrease aggression: Associations with prior positive or negative reinforcements for aggression. *Aggressive Behavior*, *3*(1), 1–15.

[10] Berthold, A., Reese, G., & Martin, J. (2017). The effect of red color on perceived self-attractiveness. *European Journal of Social Psychology*, *47*(5), 645–652.

[11] Bethlehem, R. A., Allison, C., van Andel, E. M., Coles, A. I., Neil, K., & Baron-Cohen, S. (2017). Does empathy predict altruism in the wild?. *Social neuroscience*, *12*(6), 743–750.

[12] Brooks, A. W., Schroeder, J., Risen, J. L., Gino, F., Galinsky, A. D., Norton, M. I., & Schweitzer, M. E. (2016). Don't stop believing: Rituals improve performance by decreasing anxiety. *Organizational Behavior and Human Decision Processes*, *137*, 71–85.

[13] Buffone, A. E., Poulin, M., DeLury, S., Ministero, L., Morrisson, C., & Scalco, M. (2017). Don't walk in her shoes! Different forms of perspective taking affect stress physiology. *Journal of Experimental Social Psychology*, *72*, 161–168.

[14] Burrow, A. L., & Rainone, N. (2017). How many likes did I get?: Purpose moderates links between positive social media feedback and self-esteem. *Journal of Experimental Social Psychology*, *69*, 232–236.

[15] Butler, H. A. (2012). Halpern critical thinking assessment predicts real-world outcomes of critical thinking. *Applied Cognitive Psychology*, *26*(5), 721–729.

[16] Butler, H. A., Pentoney, C., & Bong, M. P. (2017). Predicting real-world outcomes: Critical thinking ability is a better predictor of life decisions than intelligence. *Thinking Skills and Creativity*, *25*, 38–46.

[17] Calvo, V. , Palmieri, A. , Marinelli, S. , Bianco, F. , & Kleinbub, J. R. (2014). Reciprocal empathy and working alliance in terminal oncological illness: The crucial role of patients' attachment style. *Journal of Psychosocial Oncology*, *32*(5), 517–534.

[18] Campbell, J. D. , Trapnell, P. D. , Heine, S. J. , Katz, I. M. , Lavallee, L. F. , & Lehman, D. R. (1996). Self-concept clarity: measurement, personality correlates, and cultural boundaries. *Journal of Personality and Social Psychology*, *70*(1), 141–156.

[19] Campbell, T. , O'Brien, E. , Van Boven, L. , Schwarz, N. , & Ubel, P. (2014). Too much experience: a desensitization bias in emotional perspective taking. *Journal of Personality and Social Psychology*, *106*(2), 272–285.

[20] Chajut, E. , & Algom, D. (2003). Selective attention improves under stress: implications for theories of social cognition. *Journal of Personality and Social Psychology*, *85*(2), 231–248.

[21] Church, U. M. (2016). *The Book of Discipline of The United Methodist Church 2016*. United Methodist Publishing House.

[22] Cohen, P. U. (2017). Not so fast: fast speech correlates with lower lexical and structural information. *Cognition*, 160, 27–34.

[23] Crain, T. L. , Schonert-Reichl, K. A. , & Roeser, R. W. (2017). Cultivating teacher mindfulness: Effects of a randomized controlled trial on work, home, and sleep outcomes. *Journal of Occupational Health Psychology*, *22* (2), 138–152.

[24] Damian, L. E. , Stoeber, J. , Negru-Subtirica, O. , & Băban, A. (2017). Perfectionism and school engagement: A three-wave longitudinal study. *Personality and Individual Differences*, *105*, 179–184.

[25] Denson, T. F. (2009). Angry rumination and the self-regulation of aggression. *Psychology of Self-regulation: Cognitive, Affective, and Motivational Processes*, 233–248.

[26] Dickens, L., & Desteno, D. (2016). The grateful are patient: heightened daily gratitude is associated with attenuated temporal discounting. *Emotion*, *16*(4), 421–425.

[27] Dion, K. K. (1972). Physical attractiveness and evaluation of children's transgressions. *Journal of Personality and Social Psychology*, *24* (2), 207–213.

[28] Dion, K., Berscheid, E., & Walster, E. (1972). What is beautiful is good. *Journal of Personality and Social Psychology*, *24*(3), 285–290.

[29] Doré, B. P., Morris, R. R., Burr, D. A., Picard, R. W., & Ochsner, K. N. (2017). Helping others regulate emotion predicts increased regulation of one's own emotions and decreased symptoms of depression. *Personality and Social Psychology Bulletin*, *43*(5), 729–739.

[30] Dreikurs, R., Grunwald, B. B., & Pepper, F. C. (2013). Maintaining sanity in the classroom: Classroom management techniques. *Taylor & Francis.*

[31] Einstein, G. O., Morris, J., & Smith, S. (1985). Note-taking, individual differences, and memory for lecture information. *Journal of Educational Psychology*, *77*(5), 522–532.

[32] Eyink, J., Hirt, E. R., Hendrix, K. S., & Galante, E. (2017). Circadian variations in claimed self-handicapping: Exploring the strategic use of stress as an excuse. *Journal of Experimental Social Psychology*, *69*, 102–110.

[33] Ferrari, J. R., & Tice, D. M. (2000). Procrastination as a self-handicap for men and women: a task-avoidance strategy in a laboratory setting. *Journal of Research in Personality*, *34*(1), 73–83.

[34] Feshbach, S. (1955). The drive-reducing function of fantasy behavior. *The Journal of Abnormal and Social Psychology*, *50*(1), 3–11.

[35] Festinger, L. (1957). A theory of cognitive dissonance. *American Journal of Psychology*, *207*(4), 2112–2114.

[36] Forer, B. R. (1949). The fallacy of personal validation: a classroom

demonstration of gullibility. *Journal of Abnormal Psychology*,*44*(1),118–123.

[37] Freedman,J. L.,& Fraser,S. C. (1966). Compliance without pressure: the foot-in-the-door technique. *Journal of Personality and Social Psychology*,*4*(2),195–202.

[38] Garcia,J. A.,Crocker,J.,& Wyman,J. F. (2005). Breaking the cycle of stigmatization: managing the stigma of incontinence in social interactions. *Journal of Wound Ostomy & Continence Nursing*,*32*(1),38–52.

[39] Gardner,M.,& Steinberg,L. (2005). Peer influence on risk taking,risk preference,and risky decision making in adolescence and adulthood: an experimental study. *Developmental Psychology*,*41*(4),625–635.

[40] Goldstein, N. J., Vezich, I. S., & Shapiro, J. R. (2014). Perceived perspective taking: When others walk in our shoes. *Journal of Personality and Social Psychology*,*106*(6),941–960.

[41] Greitemeyer,T.,& Sagioglou,C. (2016). Subjective socioeconomic status causes aggression: A test of the theory of social deprivation. *Journal of Personality and Social Psychology*,*111*(2),178–194.

[42] Gunnell, K. E., Mosewich, A. D., Mcewen, C. E., Eklund, R. C., & Crocker,P. R. E. (2017). Don't be so hard on yourself! Changes in self-compassion during the first year of university are associated with changes in well-being. *Personality and Individual Differences*,*107*,43–48.

[43] Henkel,L. A. (2014). Point-and-shoot memories: the influence of taking photos on memory for a museum tour. *Psychological Science*, *25*(2), 396–402.

[44] Hu,T. Y.,Li,J.,Jia,H.,& Xie,X. (2016). Helping others,warming yourself: Altruistic behaviors increase warmth feelings of the ambient environment. *Frontiers in Psychology*,*7*,1349–1360.

[45] Hughes,J.,& Scholer,A. A. (2017). When wanting the best goes right or wrong: distinguishing between adaptive and maladaptive maximization.

Personality and Social Psychology Bulletin,*43*(4),570–583.

[46] Hurlock, E. B. (1925). An evaluation of certain incentives used in school work. *Journal of Educational Psychology*, *16*(3),145–159.

[47] Jecker, J., & Landy, D. (1969). Liking a person as a function of doing him a favour. *Human Relations*,*22*(4),371–378.

[48] Jeste, D. V., & Gawronska, M. (2012). Triumphs of experience: the men of the harvard grant study. *American Journal of Psychiatry*,*171*(2),230–231.

[49] Kajimura, S., & Nomura, M. (2016). When we cannot speak: Eye contact disrupts resources available to cognitive control processes during verb generation. *Cognition*,*157*,352–357.

[50] Kardas, M., & O'Brien, E. (2018). Easier seen than done: merely watching others perform can foster an illusion of skill acquisition. *Psychological Science*,*29*(4),521–536.

[51] Katz, D., & Kahn, R. L. (1966). The psychology of organizations. *New York: HR Folks International*.

[52] Kim, S., Park, Y., & Headrick, L. (2018). Daily micro-breaks and job performance: general work engagement as a cross-level moderator. *Journal of Applied Psychology*,*103*(7),772–786.

[53] Kim, Y. J., & Zhong, C. B. (2017). Ideas rise from chaos: information structure and creativity. *Organizational Behavior and Human Decision Processes*,*138*,15–27.

[54] Kizilcec, R. F., Bailenson, J. N., & Gomez, C. J. (2015). The instructor's face in video instruction: Evidence from two large-scale field studies. *Journal of Educational Psychology*,*107*(3),724–739.

[55] Kniffin, K. M., Yan, J., Wansink, B., & Schulze, W. D. (2017). The sound of cooperation: musical influences on cooperative behavior. *Journal of Organizational Behavior*,*38*(3),372–390.

[56] Ku, L., Dittmar, H., & Banerjee, R. (2014). To have or to learn? The

effects of materialism on british and chinese children's learning. *Journal of Personality and Social Psychology*, *106*(5), 803–821.

[57] Kühnel, J., Bledow, R., & Feuerhahn, N. (2016). When do you procrastinate? sleep quality and social sleep lag jointly predict self-regulatory failure at work. *Journal of Organizational Behavior*, *37*(7), 983–1002.

[58] Leary, M. R., & Shepperd, J. A. (1986). Behavioral self-handicaps versus self-reported handicaps: a conceptual note. *Journal of Personality and Social Psychology*, *51*(6), 1265–1268.

[59] Lee, J. J., Gino, F., & Staats, B. R. (2014). Rainmakers: Why bad weather means good productivity. *Journal of Applied Psychology*, *99*(3), 504–513.

[60] Levin, P. F., & Isen, A. M. (1975). Further studies on the effect of feeling good on helping. *Sociometry*, *38*(1), 141–147.

[61] Lewis, M. S., Snyder, P. J., Pietrzak, R. H., Darby, D., Feldman, R. A., & Maruff, P. (2011). The effect of acute increase in urge to void on cognitive function in healthy adults. *Neurourology and Urodynamics*, *30*(1), 183–187.

[62] Little, A. C., Apicella, C. L., & Marlowe, F. W. (2007). Preferences for symmetry in human faces in two cultures: data from the UK and the Hadza, an isolated group of hunter-gatherers. *Proceedings of the Royal Society of London B: Biological Sciences*, *274*(1629), 3113–3117.

[63] Liu, Y., & Fu, X. (2007). How does distraction task influence the interaction of working memory and long-term memory? . *International Conference on Engineering Psychology and Cognitive Ergonomics*, *4562*(13), 366–374.

[64] Lu, J. G., Quoidbach, J., Gino, F., Chakroff, A., Maddux, W. W., & Galinsky, A. D. (2017). The dark side of going abroad: How broad foreign experiences increase immoral behavior. *Journal of Personality and Social Psychology*, *112*(1), 1–16.

[65] Manninen, S., Tuominen, L., Dunbar, R., Karjalainen, T., Hirvonen, J., & Arponen, E., et al. (2017). Social laughter triggers endogenous opioid

release in humans. *Journal of Neuroscience the Official Journal of the Society for Neuroscience*,*37*(25),688–616.

[66] Marsh, E. J., & Sink, H. E. (2010). Access to handouts of presentation slides during lecture: consequences for learning. *Applied Cognitive Psychology*,*24*(5),691–706.

[67] Maslow, A. H. (1943). A theory of human motivation. *Psychological Review*, *50*(1),370–396.

[68] Matzen, L. E., Trumbo, M. C., Haass, M. J., Hunter, M. A., Silva, A., & Stevensadams, S. M., et al. (2016). Practice makes imperfect: working memory training can harm recognition memory performance. *Memory and Cognition*,*44*(8),1168–1182.

[69] Mautone, P. D., & Mayer, R. E. (2001). Signaling as a cognitive guide in multimedia learning. *Journal of Educational Psychology*,*93*(2),377–389.

[70] Mazza, S., Gerbier, E., Gustin, M. P., Kasikci, Z., Koenig, O., & Toppino, T. C., et al. (2016). Relearn faster and retain longer: along with practice, sleep makes perfect. *Psychological Science*,*27*(10),1321–1330.

[71] Mischkowski, D., Crocker, J., & Way, B. M. (2016). From painkiller to empathy killer: acetaminophen (paracetamol) reduces empathy for pain. *Social cognitive and affective neuroscience*,*11*(9),1345–1353.

[72] Neff, K. (2003). Self-compassion: An alternative conceptualization of a healthy attitude toward oneself. *Self and Identity*,*2*(2),85–101.

[73] Niiya, Y. (2016). Does a favor request increase liking toward the requester?. *The Journal of Social Psychology*,*156*(2),211–221.

[74] Nisbett, R. E., & Wilson, T. D. (1977). The halo effect: evidence for unconscious alteration of judgments. *Journal of Personality and Social Psychology*,*35*(4),250–256.

[75] Panza, G. A., Taylor, B. A., Thompson, P. D., White, C. M., & Pescatello, L. S. (2017). Physical activity intensity and subjective well-being in

healthy adults. *Journal of health psychology*, 1359105317691589.

[76] Park, J., Lu, F. C., & Hedgcock, W. M. (2017). Relative effects of forward and backward planning on goal pursuit. *Psychological Science*, *28* (5), 956797617715510.

[77] Petersen, J., Kaye, J., Jacobs, P. G., Quinones, A., Dodge, H., & Arnold, A., et al. (2015). Longitudinal relationship between loneliness and social isolation in older adults: results from the cardiovascular health study. *Journal of Aging and Health*, *28*(5), 775-795.

[78] Peterson, A. A., Haynes, G. A., & Olson, J. M. (2008). Self-esteem differences in the effects of hypocrisy induction on behavioral intentions in the health domain. *Journal of Personality*, *76*(2), 305-322.

[79] Phillips, A. J., Clerx, W. M., O'Brien, C. S., Sano, A., Barger, L. K., Picard, R. W., ... & Czeisler, C. A. (2017). Irregular sleep/wake patterns are associated with poorer academic performance and delayed circadian and sleep/wake timing. *Scientific reports*, *7*(1), 3216-3229.

[80] Polman, E., & Maglio, S. J. (2017). Mere gifting: Liking a gift more because it is shared. *Personality and Social Psychology Bulletin*, *43* (11), 1582-1594.

[81] Raichlen, D. A., Bharadwaj, P. K., Fitzhugh, M. C., Haws, K. A., Torre, G., Trouard, T. P., & Alexander, G. E. (2016). Differences in resting state functional connectivity between young adult endurance athletes and healthy controls. *Frontiers in Human Neuroscience*, *10*, 610-623.

[82] Rapp, D. N. (2016). The consequences of reading inaccurate information. *Current Directions in Psychological Science*, *25*(4), 281-285.

[83] Rosenbaum, D., Mama, Y., & Algom, D. (2017). Stand by Your Stroop: Standing Up Enhances Selective Attention and Cognitive Control. *Psychological Science*, *28*(12), 1864-1867.

[84] Rosenthal, R., & Jacobson, L. (1968). Pygmalion in the classroom: teacher

expectation and pupils' intellectual development. *Journal of Molecular Structure*, *34*(2), 363–367.

[85] Samson, A., Simpson, D., Kamphoff, C., & Langlier, A. (2017). Think aloud: An examination of distance runners' thought processes. *International Journal of Sport and Exercise Psychology*, *15*(2), 176–189.

[86] Schaller, M., & Cialdini, R. B. (1988). The economics of empathic helping: Support for a mood management motive. *Journal of Experimental Social Psychology*, *24*(2), 163–181.

[87] Schilke, O., & Huang, L. (2018) Worthy of swift trust? How brief interpersonal contact affects trust accuracy. *The Journal of Applied Psychology*, *103*(11), 1181–1197.

[88] Sherif, M. (1936). The psychology of social norms. *Oxford, England: Harper Torchbooks.*

[89] Silveira, J. M. (1972). *Incubation: The effect of interruption timing and length on problem solution and quality of problem processing* (Doctoral dissertation, ProQuest Information and Learning).

[90] Smith, A. M., Floerke, V. A., & Thomas, A. K. (2016). Retrieval practice protects memory against acute stress. *Science*, *354*(6315), 1046–1048.

[91] Smith, C. T., Nixon, M. R., & Nader, R. S. (2004). Posttraining increases in REM sleep intensity implicate REM sleep in memory processing and provide a biological marker of learning potential. *Learning and Memory*, *11*(6), 714–719.

[92] Somech, A., & Bogler, R. (2002). Antecedents and consequences of teacher organizational and professional commitment. *Educational Administration Quarterly*, *38*(4), 555–577.

[93] Strang, S., Hoeber, C., Uhl, O., Koletzko, B., Münte, T. F., Lehnert, H., Dolan, R. J., Schmid, S. M., & Park, S. Q. (2017). Impact of nutrition on social decision making. *Proceedings of the National Academy of Sciences*,

114(25),6510-6514.

[94] Stuart Oskamp. (1965). Overconfidence in case-study judgments. *Journal of consulting psychology*,*29*(3),261-265.

[95] Tamesue, T., & Saeki, T. (2016). Effects of meaningful or meaningless noise on psychological impression for annoyance and selective attention to stimuli during intellectual task. *Journal of the Acoustical Society of America*, *140*(4),3266-3266.

[96] Thorndike,E. L. (1920). A constant error in psychological ratings. *Journal of Applied Psychology*,*4*(1),25-29.

[97] Touré-Tillery, M., & Fishbach, A. (2015). It was (n't) me: Exercising restraint when choices appear self-diagnostic. *Journal of Personality and Social Psychology*,*109*(6),1117-1131.

[98] Tsay-Vogel, M., Shanahan, J., & Signorielli, N. (2018). Social media cultivating perceptions of privacy: A 5-year analysis of privacy attitudes and self-disclosure behaviors among Facebook users. *New Media and Society*,*20*(1),141-161.

[99] Tu, Y., & Fishbach, A. (2015). Words speak louder: conforming to preferences more than actions. *Journal of Personality & Social Psychology*, *109*(2),193-209.

[100] Uziel,L.,& Baumeister,R. F. (2017). The self-control irony: Desire for self-control limits exertion of self-control in demanding settings. *Personality and Social Psychology Bulletin*,*43*(5),693-705.

[101] Vezzali,L.,Gocłowska,M. A.,Crisp,R. J.,& Stathi,S. (2016). On the relationship between cultural diversity and creativity in education: The moderating role of communal versus divisional mindset. *Thinking Skills and Creativity*,*21*,152-157.

[102] Weaver, J. P., Chastain, R. J., Decaro, D. A., & Decaro, M. S. (2018). Reverse the routine: Problem solving before instruction improves conceptual

knowledge in undergraduate physics. *Contemporary Educational Psychology*, *52*,36–47.

[103] Weiner,B. (1974). An attributional interpretation of expectancy-value theory. *Cognitive Views of Human Motivation*,*4*(6),51–69.

[104] Woolley,K. ,& Fishbach,A. (2016). A recipe for friendship:Similar food consumption promotes trust and cooperation. *Journal of Consumer Psychology*,*27*(1),1–10.

[105] Ye,L. ,& Xiaolan,F. (2006). The category effect on the semantic feature retrieval of natural concepts. *Psychological Science*. *29*(2),286–289.

[106] Zimmermann, J. , & Neyer, F. J. (2014). Places and traces of personality. *Psychologia*,*57*(2),115–132.

[107] Zitek, E. M. ,& Jordan, A. H. (2017). Psychological entitlement predicts failure to follow instructions. *Social Psychological and Personality Science*, 1948550617729885.

[108] 鲍丽俊.(2014). 与校园“詹森效应”说再见. *中小学心理健康教育*(15),40–42.

[109] 陈鸿秀.(2004). 论“过度学习”的异化和调控. *当代教育论坛*(10),43–44.

[110] 陈伟,张国斌,& 谢铁丽.(2011). 过度学习法的学习方法指导. *中国科教创新导刊*(10),13–14.

[111] 程少堂,& 孙芳.(1989). 论基“过度学习”的基点度、价值及原则. *教育评论*(6),24–28.

[112] 杜萍.(2008). *有效课堂管理:方法与策略*. 教育科学出版社.

[113] 高琪,& 张锐.(2017). 课堂纪律的应有价值及其实现. *教学与管理:中学版*(3),32–35.

[114] 郝宁,& 赵琪琛.(2014). 创造性思维酝酿效应研究进展及其实践隐意. *教育生物学杂志*,*2*(2),104–109.

[115] 华春.(2012). *道德判断过程中面孔刻板效应*.(Doctoral dissertation,

南京师范大学).

[116] 黄晓磊,& 黄伟.(2014). 规训视域下论教育中的惩罚. *课程教学研究*(1),17-20.

[117] 季丽琴.(2017). 从"心"出发,化"难"为易——刍议应对难缠的家长的沟通的策略. *华夏教师*(6),30-31.

[118] 娇娇.(2014). 想说服对方,不要用眼神交流. *少年心世界*(2),5-5.

[119] 寇慧,苏艳华,张妍,孔繁昌,胡媛艳,& 王洋等.(2013). 面孔吸引力的影响因素:观察者假设. *心理科学进展*, *21*(12),2144-2153.

[120] 李刚.(2008). 浅析激励与德西效应. *科技信息:学术研究*(9),84-85.

[121] 李虹.(2017). 教师情绪劳动及其优化策略. *牡丹江教育学院学报*(6),61-62.

[122] 李伟健,丁菀,孙炳海,& 俞丽莉.(2015). 教师共情对学生学业成绩的促进:基于动画叙述模拟测量的多层线性分析. *心理发展与教育*, *31* (6),719-727.

[123] 李秀吉.(2016). 浅谈班主任与家长的沟通艺术. *新课程导学*(7),98-98.

[124] 郦腊凤.(2005)."阿伦森效应". *陕西教育(教学版)*(2),1-1.

[125] 柳丽娅.(2014). 浅谈如何帮助学生调控情绪. *赤子(中旬)*, *18*,103.

[126] 马哲,王平,& 游秋云.(2014). 睡眠及睡眠剥夺与学习记忆的相关性探讨. *中华中医药杂志*(4),995-997.

[127] 秦红群.(2017). 詹森效应与考试焦虑症. *家庭医学*(6),42-42.

[128] 沈卉卉.(2010). 大学生的学习动机及创新意识的培养——奥苏贝尔学习理论的动力机制对教育教学的一点启示. *经济研究导刊*(4),238-239.

[129] 宋立华.(2016). 教育应拒绝短板理论的演绎. *中国教育学刊*(11),101-101.

[130] 王磊生.(2008).*教师语速、学生工作记忆对课堂学习的影响*.(Doctoral dissertation,河南大学).

[131] 王科学.(2013).处理课堂问题行为的原则.*祖国:教育版*,(10),262-263.

[132] 王彦.(2009).试论新木桶原理在高等教育管理中的运用.*高教与经济*(2),5-8.

[133] 王志芬.(2016).教师要微笑着面对学生.*中国校外教育*(2),64.

[134] 吴国东,汪翔,& 蒲勇健.(2010).内在动机与外在激励:案例、实验及启示.*管理现代化*(3),33-35.

[135] 吴云卫.(2017).考试前跑步成绩好.*保健与生活*,(2).56.

[136] 项光勤.(2010).关于认知失调理论的几点思考.*学海,2010*(6),52-55.

[137] 雪莉·特克尔(2014).*群体性孤独*.周逵,刘菁荆,译.杭州:浙江人民出版社.

[138] 袁博,董悦,& 李伟强.(2017).道歉在信任修复中的作用:来自元分析的证据.*心理科学进展,25*(7),1103-1113.

[139] 张继安.(1992).教师能力发展中的"高原现象".*中小学教师培训*(10),4-6.

[140] 张玲波.(2015)."我信息",让沟通更有效.*班主任之友(中学版)*(4).

[141] 张鲁宁.(2017).教师微笑是如何表达意义的?——教师微笑的现象学分析.*基础教育,14*(4),5-10.

[142] 赵莉莉.(2010).*中学生习得性无助感及其与学业自我效能父母教养方式的关系*.(Doctoral dissertation,河南大学)

[143] 庄可.(2011).谈学校管理中的教师自我激励.*教育探索*(5),87-90.